省域高职教育举办体制变革研究

——基于隶属关系对河南省高职院校办学影响的分析

SHENGYU GAOZHI JIAOYU
JUBAN TIZHI BIANGE YANJIU
—— JIYU LISHU GUANXI DUI HENANSHENG GAOZHI
YUANXIAO BANXUE YINGXIANG DE FENXI

汤敏骞●著

四川大学出版社

项目策划：陈克坚
责任编辑：陈克坚
责任校对：傅　奕
封面设计：璞信文化
责任印制：王　炜

图书在版编目（CIP）数据

省域高职教育举办体制变革研究 ： 基于隶属关系对
河南省高职院校办学影响的分析 / 汤敏骞著． — 成都 ：
四川大学出版社，2020.9
（大学文库）
ISBN 978-7-5690-3467-7

Ⅰ．①省… Ⅱ．①汤… Ⅲ．①高等职业教育－教育体
制改革－研究－河南 Ⅳ．① G521 ② G649.21

中国版本图书馆 CIP 数据核字（2020）第 135696 号

书　名　省域高职教育举办体制变革研究
　　　　——基于隶属关系对河南省高职院校办学影响的分析
著　　者　汤敏骞
出　　版　四川大学出版社
地　　址　成都市一环路南一段 24 号（610065）
发　　行　四川大学出版社
书　　号　ISBN 978-7-5690-3467-7
印前制作　四川胜翔数码印务设计有限公司
印　　刷　四川盛图彩色印刷有限公司
成品尺寸　170mm×240mm
印　　张　14.25
字　　数　270 千字
版　　次　2020 年 9 月第 1 版
印　　次　2020 年 9 月第 1 次印刷
定　　价　58.00 元

扫码加入读者圈

四川大学出版社
微信公众号

序

对于高职教育，我无专深研究，只是颇多关注，并主持或参与完成多所高职院校的规划编研任务。老汤原本在一所高职院校工作，在讨论他博士论文选题的时候，我的第一想法是：他的选题应选在高职教育研究领域。至于论文题目，我请他把所在省份的高职教育发展历程与现状搞清楚之后再说。

坦率地讲，之所以这样要求，与我当时质疑高职教育管理体制是否存在"条块分割"之弊有关。解决条块分割问题曾是我国高等教育管理体制改革的重中之重，一些地方和较多学者关于高职教育管理体制改革的构想也聚焦于此。我的基本判断是：高职教育有自己的特点，行业企业参与办学最能体现高职教育的特点；在省域范围内继续压低发展高职教育的责任主体，有难度和风险。也就是说，省域范围内高职教育管理体制改革有特殊性，绝对不能简单复制我国普通高等教育管理体制改革之路。

在老汤掌握有关政策、事件和数据之后，他也愿意锁定和解决这个问题，并开始致力于方法与架构方面的创新设计。我个人认为，从隶属关系对高职院校办学的影响入手，是评判高职教育管理体制功过是非的最佳角度。当然，从哪几个方面和拿什么尺子来分析隶属关系对高职院校办学的影响，并不是一件容易的事情。本研究选取办学定位、重点建设、运行管理与办学条件四个方面，兼顾公平与效率两个尺度，来研究隶属关系对高职院校办学的影响，总体上是较为合理的，也是颇有见地的。特别是本研究倾向于采用收集到的证据材料，来呈现隶属关系对高职院校办学的影响，较之问卷与访谈方法来说，更为客观可信，当然也会增加一些难度。

需要说明的是，老汤与我关于高职教育管理体制改革的基本判断，还是有一定差别。老汤是一个不善于说"不"的人，更何况是对我。我能想象到他在平衡我的指导意见与个人研究观点之间举棋不定乃至顾此失彼的处境，所以我也不会轻易否定他的一些想法。我也懂得"望山跑死马"的道理，学生要把导师提出的问题归纳整理成一篇博士学位论文，很可能就是这种情形。导师眼里的那座山，也许清晰可见，但要让学生走近并翻越那座山，实际上极其艰难。

出版著作本是一件令人高兴的事，可我感受到的主要是压力。老汤的这本著作是在其博士学位论文的基础上修修补补而成，显然与我有关。我的压力来自两个方面：一是出版这项研究成果，老汤用了差不多 10 年时间，要经历多少辛酸与折磨，可想而知！二是这本著作中还存在较多有待修改完善的地方，我作为导师，由于指导水平不够，必须要承担一定的责任。这也是我答应作序的缘由所在，既是出于对老汤的特别敬重之情，也是想表达自己的忐忑之虑，并借此机会申明：有什么问题，我们共同面对！

陈廷柱

2020 年 3 月 24 日

目　录

绪　论

在中国当下的行政体制中，政府通过安排高职院校与行政主管部门建立隶属关系，实现对高职教育的行政管理和资源配置。由于不同的行政主管部门掌控的资源不同，处在不同隶属关系下的高职院校获得的资源就存在差异。按照一般的理解，高职院校之间只有获得公平的办学条件，才能达到办学能力平等，实现最优办学效率。因此，隶属关系既可能影响高职教育公平状况，也可能影响高职教育整体效率。

笔者自 1992 年结束学校学习阶段进入职业教育领域从事教育工作以来，先后在两所职业院校供职，1992—2004 年在河南省郑州市第一商业技工学校工作，2004 年 9 月调入河南职业技术学院工作。河南职业技术学院隶属于河南省人力资源和社会保障厅，教育教学业务接受河南省教育厅指导。笔者在河南职业技术学院教务处工作期间，深度参与 2005 年、2010 年两轮高职高专院校人才培养评估工作和 2006—2008 年国家级示范性高职院校建设计划立项单位三度遴选入围，2008—2011 年进行的国家级示范性高职院校建设与验收工作（省级示范高职院校建设工作同期启动并完成建设与验收），对该校的隶属关系和内部运行有了较深的了解。河南职业技术学院在申报教育部、财政部设立的"国家示范性高等职业院校建设计划"立项建设单位的省级教育部门遴选过程中，2006 年负于隶属于河南省教育厅的黄河水利职业技术学院、隶属于中国平煤神马能源化工集团有限责任公司的平顶山工业职业技术学院，2007 年负于隶属于商丘市人民政府的商丘职业技术学院，一直到 2008 年才在省级层面出线，获选全国第三批也是最后一批立项建设单位，并于 2011 年完成建设任务、通过教育部和财政部验收评审。彼时笔者隐约感到河南省入选国家示范性高职院校建设单位的四所高职院校虽然同为公办性质的专科高职院校，但由于分别隶属于不同的行政主管部门（单位），实行不同的举办体制，以致办学定位、重点建设项目和办学状态等方面均有差异。在申报和建设国家示范性高职院校建设单位的过程中，各高职院校的行政主管部门（单位）利用资源优势，为隶属高职院校充当后盾，支持申报和建设直至形成最终的建设成果和建设水平。尽管四所高职院校都成功入围并完成建设任务，但各自的建设结果和其后的发展水平并不完全相同。这是形成本选题的原始诱因。

当前经济社会的转型发展对高素质技术人才的需求、人民群众对优质高等教育的需求以及高职教育实现公平发展和效率发展的内在需求，要求研究和理顺高职教育举办体制，释放高职院校的办学活力，使高职教育为国家和区域社会经济发展发挥更大的作用。这是本选题的现实动力。

本书以中观层次的省域为主要论域，以公平与效率为内在逻辑，以河南省公办高职院校为研究样本，分析省级教育部门、省级行业厅局、地级市政府以及国有企业等四种行政主管部门隶属下高职院校的办学定位、重点建设项目、办学状态等方面的特点和差异，探索隶属关系对高职院校办学的影响及其作用机理，寻求高职教育举办体制变革之路，为高职教育发展提供理论支持和实践指南。

一、问题的提出与研究意义

（一）问题的提出

改革开放以后，中央采用省域"块块"取代以往行业"条条"作为基本单位的社会组织模式，鼓励各省根据资源禀赋、比较优势自主发展。经济社会发展的区域主体功能模式，要求教育凸显地方性，融入地区发展进程，为区域提供培养技术人才、开展技术研发与技术转移以及其他社会服务。

与社会组织模式转变相适应，到 20 世纪 90 年代中后期，中央政府适时推行淡化和改变学校单一的隶属关系、加强省级政府统筹、变条块分割为条块有机结合的高等教育管理体制改革，确立起中央和省两级管理、以省级政府为主的高等教育新体制，中央部门办学问题随之基本消解。改革期间，中央推出举措，倡导改制组建职业技术学院，大力发展高职教育，使高职教育开始走上快车道。[①] 在全国范围、宏观层次以中央部门高校为主要对象的普通高等教育管理体制改革后，高职教育完成了从部门办学向地方办学的转变，基本的空间范围和系统地位转换为当下的省域范围、中观层次，高职教育举办主体由传统的中央单一主体向以省、地级市等地方政府为主导，行业企业参与的多元举办主体转变。

---

① 纪宝成. 深化高教管理体制改革的思路和目标 [J]. 中国高等教育, 1997 (10)：13—15.

　　目前，高职教育实行中央和省级人民政府两级管理，以省级人民政府为主的管理体制。省域高职教育主要由省级教育部门、省级行业厅局①、地级市政府、国有企业四类主体举办，高职院校据以划分为政府（部门）举办高职院校、企业举办高职院校，政府举办的高职院校进一步分为省属高职院校、（地级）市属高职院校，省属高职院校又分为省级教育部门主管高职院校、省级行业厅局主管高职院校。所以，省域高职教育举办格局是，省级政府部门和地级市政府分割办学，省级行业厅局主管高职院校数量超过省级教育部门主管高职院校数量。曾有统计显示，截至 2009 年，全国独立设置的高职院校达到 1215 所，省级政府举办 367 所，占比 30.4％；地级市政府举办 399 所，占比 33.1％；行业企业举办 155 所，占比 12.8％。② 另有统计显示，地方政府教育部门、非教育部门举办高职院校分别占比31.29％、68.71％。③

　　以上两组关于省域举办高职院校的数据说明，一是非教育部门举办的高职院校数量是教育部门举办的高职院校数量的 2 倍多，非教育部门是举办高职院校的主力，表明行业部门"独大"的高职院校举办主体结构问题经过普通高等教育管理体制改革虽然在中央层面已经被基本消除，但省域层面的高职教育举办体制仍然凸显出相似特征；二是地级市政府举办的高职院校数量在各种举办主体之间占比最高，足以与省级政府部门"分庭抗礼"，形同改革前中央高校"条块分割"体制结构在省域层面的再现；三是企业举办的高职院校数量占比不大，企业在高职教育举办格局中的空间和作用有待开拓与落实。当时教育部要求，省级政府要利用政府机构改革的契机，调整各业务厅局所属学校的举办体制，将非教育部门举办的高校划归教育部门管理，使地方高校以地方教育部门管理为主，原则上各业务厅局不再办学。④ 对照这样的要求回望改革实践发现，改革的实际结果是高职教育举办体制呈现出贴

---

　　① 根据教育部等六部门 2014 年 6 月 16 日印发的《现代职业教育体系建设规划（2014—2020年）》（教发〔2014〕6 号）所作"根据高等学校设置制度规定，将符合条件的技师学院纳入高等学校序列"的规定，人力资源和社会保障部门直接管理的部分技师学院将被视为高职教育性质的高等学校纳入现代职业教育体系。本书暂不将其纳入研究范围。

　　② 教育部. 独立设置的高职院校由 1999 年的 474 所增加至 2009 年的 1215 所［J］. 职业技术教育，2010（36）：20.（但笔者将该引文中所及包括民办在内的高职院校数量按照四种举办方类型相加之和为 1207 所）

　　③ 李运萍. 高等职业教育资源配置状况及其发展对策［J］. 职业技术教育，2012（31）：44-49.

　　④ 周远清. 高教管理体制改革和布局结构调整取得历史性的重大进展［N］. 中国教育报，2000-12-15（1）.

近行业、贴近地方的特征，表明改革有悖于"初心"。所以，当时的改革只是成功地解决中央层面的问题，但继之在省域层面却又重现中央层面曾经发生的问题，说明省域层面的改革并未达到原初设定的改革目标。高职教育举办体制由此成为问题。

目前高职教育的举办体制表现为条条分割、块块分割和条块分割的结构特征，本质是高职教育的举办权存在着政府层级纵向分割、管理部门职能横向分割与交叉并存的格局，但主要的问题是条块分割。"条块分割"的高职教育举办体制对高职院校发展的作用表现在正反两个方面。正的方面的作用是，"条块分割"的高职教育举办体制对高职院校的发展产生积极的促进作用，省级政府通过省级教育部门、其他行业厅局与地级市政府分割履行职能，分工合作，从不同的政府层次和社会领域发力，齐抓共管，推进各种隶属关系的高职院校持续发展。反的方面的作用是，"条块分割"的高职教育举办体制在运行中，由于各管理部门出台的相关政策主要从各自职能出发，无法跳出部门视野，"大职教观"的理念缺乏行政架构的整体性支撑，[①] 以至于在实践中出现学历证书和职业资格证书难以对接、按照隶属关系差序分配政府财政拨款等制度"瓶颈"，使同一行政区域的高职教育在院校设置、专业设置、资源配置等多个方面都无法统筹规划，高职院校之间难以开展公平竞争。

2012 年国家社会科学基金教育学重点课题 "《职教法》修订的实证研究" 课题组对国家教育行政学院第 40 期高校领导干部进修班来自全国 30 个省（自治区、直辖市）120 所高职院校的党委书记、校长进行调研，收集的近 200 条书面建议中关于管理体制方面的约占 30%。调研对象一致认为"管理体制是高职教育面临的最大体制性障碍，高职院校的发展必须突破管理体制障碍"[②]，表明高职教育举办体制和管理体制已然成为制约高职院校整体发展的重要因素。

至此，改革遗留待决问题与眼下高职教育"体制障碍"问题出现重合：高职教育体制对高职院校办学影响如何？现行高职教育举办体制应否改革？如需改革，又该如何改革？是沿用曾经的普通高等教育管理体制改革目标模式，消解行业部门办学体制，将高职院校以省级行业厅局举办为主的体制格

① 董仁忠. "大职教观"视野中的职业教育制度变革研究 [D]. 上海：华东师范大学博士学位论文，2008：104.

② 佛朝晖，邢晖. 转型期高职院校发展的政策期待——基于对 120 名高职院校书记、校长的调研分析 [J]. 职业技术教育，2013（1）：16—19.

局进行再改革，大部分划转由地级市政府举办，少部分交由省级教育部门管理，形成省域高职教育由省、地两级政府举办，以地级市政府举办为主的新型举办体制格局，还是在保持现有中央、省、地级市三级政府宏观架构不变的前提下，保留乃至扩大省级行业厅局的高职教育举办规模，走出一条不同于普通高等教育管理体制改革的高职教育特色道路？这些问题从表面看来主要关乎高职教育实践，实则暗含着对高职教育属性作为其前提的正确理解，关涉对高职教育基本规律的准确把握，值得深入研究。

（二）研究意义

高职院校向社会提供高等教育层次的职业教育，属于非义务教育，但由于是"面向人人"提供职业技术和谋生技能的教育，因而具有强烈的公共性。在现实的社会结构和政策框架下，梳理不同隶属关系高职院校发展脉络，找准隶属关系对高职院校发生作用的"密码"，彰显和强化高职教育的职业属性、高教属性，使高职院校公平发展，提高办学效益，在多领域、多地区办出国内国际先进水平和世界一流院校，更好地为国家和地方经济社会发展服务，具有重要的理论意义和实践价值。

理论方面，本书从隶属关系的视角切入，对高职教育举办体制与办学体制两个概念作出界定，为"举办体制"正名。以公平和效率两个价值目标的关系为基础，建构隶属关系视角下公办高职院校组织分析的理论框架。采用访谈法开展案例研究，对公办高职院校的隶属关系"解剖麻雀"，分类总结各种隶属关系高职院校类别的基本特征及其相互之间的差异，明确高职院校举办主体、投资主体、管理主体三者之间以及三者与办学主体之间的权责关系（其中主要是包括在一个隶属关系中的举办主体、办学主体两者之间的关系），揭示隶属关系对公办高职院校办学的影响机理，为高职教育管理理论研究提供理论原料积淀。

实践方面，本书以河南省为例，梳理改革开放以来公办高职院校隶属关系的沿革存续状况，分析隶属关系对不同公立高职院校办学的影响，客观研判各种隶属关系下公办高职院校的应然走势，据此提出变革高职教育举办体制的政策建议，以求释放抑制高职院校发展的体制压力，增强高职院校的办学活力。

二、核心概念界定

本书主要涉及高职院校和公办高职院校、举办体制和隶属关系、管理体制和办学体制等三组核心概念，兹作如下界定。

(一) 高职院校、公办高职院校

高职院校是指高职教育 (对高等职业教育的简称) 的实施机构,包括独立设置的高等职业学校 (名称为 "职业技术学院" 或者 "职业学院"),高等专科学校,地方职业大学,成人高等学校,附设在大学、专门学院内的专修科 (专科班) 和职业技术学院等五类,实行三年修业年限为主的单轨制学制。高等职业学校、高等专科学校合称 "高职高专院校" "高等职业院校" 或 "专科高等职业院校",简称高职院校。鉴于当前高等专科学校的数量已经较少,地方职业大学的属性尚有争议,故而本书所说的高职院校,主要指独立设置的高职院校,即职业技术学院或职业学院。下文所说的高职院校如果没有特指,均不包括高等专科学校、地方职业大学。

公办高职院校。高职院校作为事业单位,根据国家统计局所作相关规定,按照经费来源和管理方式确定经济成分的所有制性质。国家统计局于1998 年 9 月 2 日印发《关于统计上划分经济成分的规定》(国统字〔1998〕204 号),将经济成分划分为公有经济和非公有经济两种,指出公有经济包括国有经济和集体经济两种形式,其中国有经济的资产归国家所有,集体经济的资产归公民集体所有。[①] 该文件的附件 4《关于对统计上划分经济成分规定的修订说明》在第四部分 "几个具体问题的说明" 第 2 项就 "机关、事业单位和社会团体经济成分的划分问题" 作出规定,将事业单位经济成分的具体分类办法规定为 "由国家财政预算拨款或列入财政预算外资金管理以及经费主要来源于国有主管部门或国有上级单位的事业单位,列为'国有'。经费主要来源于集体单位的事业单位,列为'集体'"。鉴于公办高职院校的办学经费主要来源于国家财政预算拨款或列入财政预算外资金管理,或办学经费主要来源于政府行政主管部门或国有上级单位,全部资产归国家所有,其经济成分应认定为国有经济,组织性质属于公办性质。综上所述,公办高职院校是指由国家机关或其他组织利用国有资产举办的高职院校。

(二) 举办体制、隶属关系

举办体制是指在高职院校创设、运行、注销阶段,为保证高职院校的设置、办学和终止而发生在举办主体、办学主体 (即高职院校) 两个主体之间的关系总称,包括机构设置、隶属关系和权责关系三个组成部分。隶属关系在举办体制中处在核心地位,是机构设置和权责关系的基本依据。研究隶属

---

① 国家统计局. 关于统计上划分经济成分的规定 [J]. 中国统计,1998 (11):5—7.

关系，等于从本质上把握举办体制。高职院校举办体制将按照教育法律、法规的基本原则，明确举办主体的资格条件，规定举办主体和办学主体的权利、义务。

隶属关系是行政隶属关系的简称，是指政府在行政管理过程中与所属机构之间建立的行政从属关系。隶属关系按行政关系相对主体之间关系的强制性质分为领导关系、指导关系两种基本类型。在法律意义上，隶属关系属于行政法框架内的行政权力主体与行政系统外的行政权力相对主体之间的行政法律关系，行政权力主体与行政权力相对主体两者之间的行政法律地位并不平等，并非民商法框架内的平等主体之间的民商事法律关系。

高职院校隶属关系是指高职院校的行政主管部门与高职院校之间建立的纵向的上下级领导管理关系。公办高职院校的行政主管部门主要是出资设立和主管（举办、主办）高职院校的各级政府（部门）或者国有企业。行政主管部门为非教育部门时，高职院校既要接受行政主管部门的行政领导，又要接受省级教育部门的业务指导，属于"双重领导制"或"双重负责制"。行政主管部门具有对所属高职院校的经费拨付、内部机构设置、干部任免、人员调配等事务的行政领导和监督检查权力，两者之间的关系以行政权力为基础，以命令与服从为表征，以资源配置为内容。在行政主导的高职教育公共管理体系中，隶属关系是主体之间其他各种关系的基础和根本。主体之间的管理关系、投资关系等都是在隶属关系建立之后，再根据隶属关系确定各自的主体以及内容和形式。在经济意义上，隶属关系的实质是资源配置关系。

（三）管理体制、办学体制

管理体制是指在高职教育系统中，作为管理主体的高职教育管理部门上下级相互之间及其与管理对象高职院校之间的组织机构设置、隶属关系和权责划分，涉及的主体包括中央、省、地级市三级政府，作为各级政府组成部门的教育部门和非教育的行业主管部门（单位），以及各级政府（部门）与所管理的社会组织。在本书中，高职教育管理体制的核心部分，是指高职教育管理部门相互之间、行政主管部门与隶属高职院校相互之间的组织机构设置、隶属关系和权责划分。高职教育行政管理体制主要分为宏观高职教育管理体制、中观高职教育管理体制、微观高职教育管理体制等三个层次。宏观高职教育管理体制涵盖中央、省两级政府及其所属部门，中观高职教育管理体制涵盖省、地级市两级政府及其所属部门。微观高职教育管理体制即高职院校内部管理体制，是指高职院校内部的组织机构设置及其相互关系，是宏观高职教育管理体制、中观高职教育管理体制在高职院校层面的延伸。高职教育管理体制既关系高职教育的宏观布局结构、资源配置格局，也影响高职院校微观的干部人事管理、财政拨款管理、教学运行管理等。现行的高职教育行政管理体制，还包括中国独有的中共各级党务部门相互之间以及中共上级党务部门对高职院校基层党务进行领导和管理的政党领导体制，本书对此不作分析。

办学体制是 20 世纪 90 年代普通高等教育管理体制改革中常用的概念。有学者提出，高等教育的办学体制主要是指高等学校与举办者之间的关系，核心问题是举办权掌握在谁的手里，具体分为两个层面：一是由谁举办，二是怎么办。① 在第一个层面中，办学主体是指高等学校的举办者（所有者），享有对高等学校的举办权（所有权）；在第二个层面中，办学主体是指高等学校的办学者（经营者），即高等学校校长及高等学校自身，享有对高等学校的办理权（经营权）。这一定义指称的主体包含举办者、办学者两个，在不特指的情况下，容易使人混淆，所以该定义的内涵具有模糊性。周远清（2001）曾经说过，办学体制实际上就是"举办体制"。② 他是在上述定义的第一个层面上使用的办学体制概念。蔡克勇早在 1997 年就曾经指出我国长期混淆使用"举办"与"办学"两个概念。他将"举办"界定为投资兴办学校，将"办学"解释为开展教学科研活动，办好学校，培养人才。③ 因此，本书弃用"办学体制"这个语义含混的概念，而使用"举办体制"作为标准的表述。④

三、文献综述

为研究和确定隶属关系对高职院校办学的影响，笔者在河南省图书馆、华中科技大学图书馆、郑州航空工业管理学院图书馆查询了文献资料，也通过中国知网、万方数据知识服务平台等大型数据库、百度搜索引擎等网络工具获取相关文献。

国内学者对职业教育管理体制问题较为关注，对存在的问题与对策等多个方面作过深刻分析，而对晚近发展起来的高职教育的举办体制问题则缺乏深度研究。发达国家的高职教育管理理论、政策和实践以及国内学者对职业

---

① 刘铁. 中国高等教育办学体制研究 [D]. 厦门：厦门大学博士学位论文，2003：4-5.

② 周远清. 我国高等教育改革与发展的回顾与展望 [J]. 高等教育研究，2001（1）：1-8.

③ 蔡克勇. 我国高等教育体制改革及其综合效益分析 [M]. 北京：人民教育出版社，1997：9.

④ 笔者认为"创办""开办"比"举办"在通常的意义上能更加直接、确定地表示投资兴办学校之意，但"举办体制"的说法已经具有语用基础，所以本书使用"举办体制"作为统称。

教育管理体制的研究为本书提供了基础文献。下面以隶属关系为视角，从高职教育属性、中国高职教育管理体制、举办体制对高职院校的影响、国外高职院校举办体制、高职院校举办体制变革走向现有研究评价与问题再聚焦五个方面进行评述。

（一）高职教育属性研究

《教育大辞典》对高职教育的定义是："高等职业教育属于第三级教育层次的职业教育和技术教育。包括就业前的职业技术教育和从业后的有关继续教育。"[①] 联合国教科文组织 1976 年版《国际教育标准分类》描述第 5 级高等教育第一阶段是："对所学学科中的理论性、一般性和科学性原理不太侧重，花时不多，而侧重它们在个别职业中的实际应用。故所列课程计划与相应大学学位教育相比，修业期限要短一些，一般少于 4 年。"1997 年《国际教育标准分类》修订版将高等教育第 5 级分为 5A 和 5B，其中 5B 的课程计划是"实际的、技术的、具体职业的特殊专业课程"，"主要设计成获得某一特定职业或职业群所需的实际技术和专门技能——对学习完全合格者通常授予进入劳动力市场的有关资格证书"，它"更加定向于实际工作，并更加体现职业特殊性，不直接通向高等研究课程"。上述这两个界定均指向中国当前存在的大学专科阶段的高职教育。2011 年版《国际教育标准分类》将高等教育阶段分为短期高等教育、学士或同等学位、硕士或同等学位、博士或同等学位 5 级到 8 级四个级别[②]，职业教育课程被包括在高等教育阶段全部四个级别之中，其中短期高等教育被设计为独立存在的一个阶段，安排在高等教育的第一级即 5 级，向上直通高等教育的最高阶段——博士或同等学位这一阶段所在的第 8 级。显而易见，职业教育课程在 2011 年版《国际教育标准分类》中的地位被显著地加以突出和提高。这里的短期高等教育与中国专科层次高职教育相当[③]。高职教育在 1976、1997 和 2011 年版三个《国际教育标准分类》版本中的地位提升和内涵细化，体现了世界各国在高职教育发展方面的共识的变化轨迹，对中国发展高职教育具有重要的参考意义。

综上所述，在本书中，高职教育是指以应用型职业人才为培养目标，以技术技能为教学和研究的主要内容，以专科为主要层次，以学校为本位的教

① 顾明远.教育大辞典（第三卷）［M］.上海：上海教育出版社，1990：134.

② 杨仲山，郑彦.ISCED（2011）：理论发展与分类变化［J］.统计研究，2012（12）：27－28.

③ 赖晓琴.基于《国际教育标准分类法（2011年）》的现代职业教育体系构建［J］.职业技术教育，2012（28）：20.

育类型。

既有研究对高职教育属性的讨论，多从职业属性和高教属性两个方向展开。

首先，高职教育姓"职"（"职"是高职教育的第一属性）。学者从高职教育的本体出发，提出"职业性说""技术技能导向性说"和"应用性说"等关于高职教育属性的观点。按照亚里士多德在《形而上学》中提出的本体理论，实体在时间上在先存在和独立地存在，实体是全部其他东西（即属性）的基础和主体，实体因而被称为第一实体。高职教育的本体即高职教育"是其所是"，是对高职教育"是什么"问题的回答。按照亚里士多德的本体理论，实体的属性即依附于实体得以存在而为实体所具有的"偶然意义"，按照与实体的从属关系远近使实体被不断地划入种和属，实体的属性因而被称为第二实体，即通常所谓的本质属性。高职教育的属性附属于高职教育，因而不能离开高职教育单独存在，高职教育因具有与归于同一种属的其他实体相区别的本质属性而得以独立存在。"职业性说"的立论依据是高职教育的功能，认为高职教育面向职业或职业岗位[①]，或者主要面向职业岗位[②]，不仅为用人单位培养合格劳动者，也为个人立业服务，所以高职教育的本质属性应定性为职业属性。[③] 有学者以职业教育举办主体的性质立论，基于对德国企业本位职业教育的研究提出，学校在德国职业教育中处于辅助地位，凸显职业教育具有"职业性"的本质特征。[④] "技术技能导向性说"根据职业活动的内容立论，认为个人只有具有从事职业必须掌握的技术技能才能维持职业活动，职业是个人通过技术技能获取生活来源的工作类别，所以技术技能导向性是高职教育的本质属性。[⑤] "应用性说"从人才类型性质和教育内容立论，认为高职教育已经出现专科向本科以上层次高移的趋势，而高技能性是专科层次高职教育的本质属性，技术性或者高等专业技术性属于本科以上高职教育的本质属性，应用理论、技术是各层次高职教育培养的应用型人才的共同要求，所以各层次高职教育的本质属性应统一总括为应用性。[⑥]

① 王浒. 谈谈高等职业教育 [J]. 天津职业大学学报（综合版），1995（1）：9—14.
② 裴云. 对高职教育本质的解析 [J]. 扬州大学学报（高教研究版），2003（3）：17—20.
③ 俞启定. 职业教育应突出"职业"性 [J]. 中国职业技术教育，1997（3）：40—41.
④ 陈莹. 论德国职业教育本质特征及其发展动力 [M]. 上海：上海三联书店，2015：23，50.
⑤ 王娟. 职业教育本质属性的历史比较与现实思考 [D]. 长沙：湖南师范大学硕士学位论文，2005：29.
⑥ 袁广林. 高等职业教育本质属性的再认识 [J]. 职业技术教育，2010（4）：5—10.

与高职教育的本质属性和培养目标不同，普通高等教育的培养目标是具备广博深厚学识与创造性才能的"通才"①，或者按照一般规范的说法是专门人才，目的是"学科发展"②，也或者称为学术型人才，目的是发展理论、技术③。总之，高职教育与普通高等教育相区别的关键点在于，高职教育遵循社会需求逻辑，追求人与职业的结合，为区域、行业培养技术技能人才，而普通高等教育遵循学科理论逻辑，追求人与知识的结合，实现学科知识的增长。以上关于高职教育所具有的"职"的属性的观点，主要根据高职教育的功能，或者教育内容，或者人才性质立论，是高职教育为符合社会行业组织及其组成单元——企业事业组织的职业岗位需求和职业知识与技能要求而对自身规定性的抽象概括。以上几种观点都在试图追问高职教育的本原起点和最终目的，其中"职业性说"具有简明的概括性和确定的原初性，使高职教育因而与普通高等教育区别开来，似更为切近高职教育的本质属性。

其次，高职教育姓"高"。学者们从对职业、人才的分类出发对高职教育人才培养目标进行研究，以揭示高职教育的第二种属性——所处教育层次的高等性（即高教性），并与职业教育类型中低一个层次的中等职业教育相区别。在高职教育的理论研究方面，杨金土是一个主要的代表人物。杨金土等认为社会人才类型与学校教育类型存在对应关系，在学术型、工程型、技术型和技能型四类人才中，高职教育的培养目标主要是技术型人才。④ 裴云提出，针对职业岗位培养技术型人才的高职教育培养目标反映了高职教育的本质属性，中国的高职教育相当于西方国家培养技术员、工程师层次职业人才的"高等专业技术教育"。⑤ 姜大源认为，职业教育类型中划分出不同的教育层次以培养不同层次的职业技术人才，是因为职业教育与行业企业的劳动分工层次天然关联。在行业企业的生产过程中，技术技能复杂程度上的差异性要求将职业岗位人员的工作能力细分为不同等级与之对应，这种劳动分工的技术含量差别要求职业教育类型内部区分出人才目标层次，由高职教育与中等职业教育分工进行培养。⑥

---

① 王洴. 谈谈高等职业教育［J］. 天津职业大学学报（综合版），1995（1）：9—14.

② 裴云. 对高职教育本质的解析［J］. 扬州大学学报（高教研究版），2003（3）：17—20.

③ 袁广林. 高等职业教育本质属性的再认识［J］. 职业技术教育，2010（4）：5—10.

④ 杨金土，孟广平，严雪怡，等. 论高等职业教育的基本特征［J］. 教育研究，1999（4）：57—62.

⑤ 裴云. 对高职教育本质的解析［J］. 扬州大学学报（高教研究版），2003（3）：17—20.

⑥ 姜大源. 高等职业教育的定位［J］. 武汉职业技术学院学报，2008（2）：5—8，11.

（二）中国高职教育管理体制研究

技术型人才的养成既需要在学校通过理论学习获取知识与能力，也需要在实际工作场所经过实际训练获得职业技能并巩固理论知识。因此，高职院校的教育目标、专业设置、培养规格、课程体系、教学内容都应结合行业、企事业单位的需要及其职业或岗位的技术操作规范确定，而且高职院校的人才培养也需要用人单位的直接参与才能完成。[①] 学者据此提出，用人部门参与是高职教育的一个内在要求，高职院校应与社会用人单位等实际部门合作办学。有学者研究提出，高职教育具有办学机制社会性的特色，[②] 或者说，高职教育具有与实际部门紧密联系的特色。[③] 高职教育办学特色上的两种观点都说明，高职教育因与行业、企业等社会实际部门具有内在的密切联系，应当采取不同于普通高等教育的举办体制和管理机制。概括而言，学者对中国高职教育管理体制结构的研究，一方面涉及高职教育管理权限在省、（地级）市两个地方政府层级之间的纵向分配问题，相关观点可概括为"政府层级说"；另一方面涉及在一个地方政府层级内部的不同职能部门之间的高职教育管理权限的横向划分问题，相关观点可概括为"部门职能说"。

"政府层级说"的理论基础是科层制理论，实质是省域高职教育管理权限在省、地级市两级地方政府之间纵向上的权责划分问题。学者为此提出集权管理型和分权管理型两种理论模式，对应实践中存在的"省级统筹说"和"地级（市）统筹说"两种高职教育管理分权思路。

"省级统筹说"与集权管理型体制相对应，是根据高等教育由省级政府统筹管理，高职教育在教育层次上属于高等教育范畴而提出，主张省域高职教育由省级政府在统筹决策、管理责任中发挥主要作用，地级市政府仅负责对本地的中等职业教育进行统筹管理。省级政府在发展高等教育方面具有政策创新、财政支持的主观能动性，能结合省域实际情况贯彻执行国家教育政策和自主制定地方高等教育政策，根据省域经济发展水平确定和落实高等教育财政支持力度。[④]《中华人民共和国教育法》第十四条规定，高等教育由国务院和省、自治区、直辖市人民政府管理，所以"省级统筹说"在法律框

---

① 杨金土，孟广平，严雪怡，等．论高等职业教育的基本特征［J］．教育研究，1999（4）：57−62．

② 王浒．谈谈高等职业教育［J］．天津职业大学学报（综合版），1995（1）：9−14．

③ 北京联合大学高等职业教育研究总课题组．高等职业教育研究报告［J］．北京联合大学学报，1995（4）：15−17．

④ 刘自团．我省省域高等教育发展的特征研究［J］．中国高教研究，2011（7）：24−27．

架中具有教育基本法的直接法律依据。据调研，2010 年 11 月参加教育部职业教育专题研讨班的全国 22 个省级教育部门的分管职业教育厅长（主任）大都同意"高职的统筹权在省里，中职统筹要在省级的指导下发挥地市和县一级的积极性"的职业教育管理分权意见，要求加强省级政府的统筹力度，① 表明高职教育的"省级统筹说"在现实中具有广泛的认可度。

　　"地级（市）统筹说"与分权管理型体制相对应，是根据职业教育由地级市政府统筹发展，高职教育在教育类型上属于职业教育范畴而提出，主张省域高职教育在中央政府的统一领导和省级政府的宏观指导下，由地级市政府负责将包括省级教育部门和行业厅局举办的驻在本地的高职教育一并纳入本地职业教育发展规划进行统筹管理。刘春生认为地级市对职业教育进行统筹管理的理论依据在于，一是职业教育培养人才服务面向的地方性（区域性）决定发展职业教育的责任主要在地方；二是地级市政府在行政区划中，处在地方高层的省级政府与地方基层的县乡政府两者中间位置，拥有立法、财政、行政规划等手段，具有典型区域应有的"均质性"和"结节性"两种属性，所以应担负职业教育管理的关键责任。② 在这一理论的指导下，市属高职院校一般实行以（地级）市为主，省、（地级）市双重领导的举办和管理体制。但是高职教育管理的"地级（市）统筹说"具有两个制度障碍：一是地级市政府的存在没有宪法依据，有学者据此建议逐渐减少地级市建制；③ 二是《中华人民共和国教育法》第十四条仅授权地级市政府领导和管理中等及以下教育的权力，由此推知地级市政府无权领导和管理高职教育，这一分权法条与 2002 年 8 月国务院发布的文件中规定由地级（市）政府承担统筹辖区包括高职教育在内的职业教育发展责任的行政性要求存在冲突。由于地级市政府对包括高职教育在内的高等教育管理权限没有刚性的法律依据，通常地级市政府也就没有安排统一的职能部门负责对接高等教育事务，副厅级市属高职院校一般是直接接受省级教育厅局的业务指导，与地级市政府所属的正处级教育部门一般没有业务往来关系。根据这种现实状况，地级市政府对高职教育的统筹管理权通常难以落实。当下只有若干副省级城市专门设置中共教育工作委员会或高校工作委员会，负责对辖区高职教育以及其

　　① 邢晖. 对职业教育若干问题的政策建议——全国分管职业教育厅长学习贯彻《纲要》专题研讨班综述 [J]. 中国职业技术教育，2010（34）：61.
　　② 刘春生. 强化职业教育市（地）统筹管理的理论思考 [J]. 教育研究，2003（2）：90-95.
　　③ 周振超. 当代中国政府"条块关系"研究 [M]. 天津：天津人民出版社，2009：247.

他高校进行统筹指导。该新设机构通常与市教育局合署办公①。但这种制度安排对一般地级市没有示范意义。

"部门职能说"的理论基础是传统的管理职能理论和晚近期出现的整体性治理理论，实质是在同一地方政府层级内部横向上的高职教育管理部门设置和权限划分问题。学者提出的高职教育管理部门设计方案可概括为统一管理型（单部门集中管理型）和分散管理型（多部门分工管理型）两种模式。高职教育实行"在国务院领导下，分级管理、地方为主、政府统筹、社会参与"的管理体制，全国由中央统一领导，国务院教育行政部门、劳动行政部门两个部门主导和多个行业主管部门负责，分中央、省、（地级）市三级管理，地方层面以省级政府统筹为主，实行多个政府部门分工管理的分散管理型模式。省级各相关部门在高职教育管理方面的分工是：行政主管部门主要负责高职院校的人事行政管理和基建经费管理，领导班子配备归口中共省委组织部门（以下简称省委组织部），政治思想工作由中共省委高等学校工作委员会（以下简称省委高校工委）负责，核拨事业经费由省级财政部门负责，布局层次、办学规模、专业设置、招生就业、教学业务、教师职称等由省级教育部门分别会同省级发展改革委员会、人力资源和社会保障部门管理。这种管理模式导致高职教育整体由多个政府部门分别管理，多头领导、政出多门乃至政策"打架"，教育资源（院校布局、专业布点等）配置分散、重复，政府的统筹乏力低效，容易形成办学效益低下、人才培养浪费。

尽管国家从法律和政策多个层面对高职教育管理体制作过界定，但都失之笼统，使高职教育管理体制在现实中仍然被诟病为高职教育发展的"体制障碍"，引来诸多非议。在近年的一项研究中，多头管理的体制性障碍被认为是制约高职教育发展的重要原因，其中 26％的受访者认为地级市职业教育管理体制存在"多头管理、政出多门"问题，建议地级市政府向职业院校、行业协会和中介机构放权，统筹地级（市）职业教育发展规划，明确职业教育管理权力的职能部门归属，优化区域职业院校布局、专业结构和招生等资源配置。② 在高职教育管理整体格局基本不变的前提下，有学者提出加强顶层设计的思路，即中央成立直属国务院领导的专管机构对职业教育进行

---

① 李振江. 青岛市高等职业教育发展状况、问题与对策研究［D］. 济南：山东师范大学硕士学位论文，2007：42—46.

② 佛朝晖. 地市政府应强化统筹主导职业教育的责任——对地市职业教育行政管理现状的调查与思考［J］. 职教通讯，2014（25）：64—68.

宏观管理，逐步走向统一管理型的管理体制。① 根据这一思路，中央层面于
2004 年 6 月 4 日经国务院批准建立由教育部牵头，发展改革委、财政部、
人事部、劳动保障部、农业部、扶贫办共 7 个部门和单位组成的职业教育工
作部际联席会议制度，负责统筹全国职业教育工作。2005 年 10 月《国务院
关于大力发展职业教育的决定》提出："县级以上地方政府也要建立职业教
育工作部门联席会议制度。"该制度成为中央和地方各级政府协调职业教育
工作的基本制度。

　　另外，有学者基于对现有体制弊端的分析提出另一种解决思路。在邢晖
等学者的一项研究中，调研对象一致认为政府部门多头管理、管理体制混乱
阻碍高职教育发展，但是单一部门模式也无济于事，应保持现有管理体制架
构基本不变，仍然由教育、人社和其他行业部门各自归口管理，由地方政府
加强统筹。② 励增艳等提出统整政府部门之间的职能分工，将政府教育部门
的职业教育管理职能进行适当的简化，确定其主要负责主导职业教育的发展
方向和办好示范性职业院校，在现行举办和管理体制之外，另行培育能将教
育和生产相结合的行业组织，使之充分发挥作用。③

　　在国内的相关研究中，张少辉所作博士学位论文《山东高职教育发展的
调查分析与评价研究》，其选题意味着将省域高职教育作为研究层次，与本
书具有一定的相似性，研究则以山东省济南市 11 所高职院校为主要对象，
通过对样本高职院校的教学管理体系、教学条件和教学效果等教育质量状态
进行问卷调查，分析、评价山东省高职教育的发展形势和效率，进而提出山
东省高职教育可持续发展的对策和建议。④ 通过比较发现，本书与前者差异
较大。本书选取地处我国中部、经济水平较为落后的河南省，与前者选取的
山东省所处区位及其代表性不同；本书对一省公办高职院校进行全样本分
析，与前者研究对象选取有限的样本数量也有不同；本书以公办高职院校隶
属关系为视角，以公平、效率为价值考量标准，着眼于对省域高职教育举办
体制变革进行研究，与前者选取高职院校教学诸因素调查分析教学质量状况

　　① 费重阳. 职业教育管理体制是统一管理型好，还是分散管理型好？[J]. 教育与职业，1985
(1)：40-41.
　　② 邢晖，李玉珠.《职业教育法》重要问题修订意见的调查 [J]. 教育与职业，2014 (19)：
76-78.
　　③ 励增艳，孔存慧. 我国职业教育管理主体存在的问题与对策 [J]. 职业教育研究，2008
(5)：57-58.
　　④ 张少辉. 山东高职教育发展的调查分析与评价研究 [D]. 天津：天津大学博士学位论文，
2010：1，8.

据以评价省域高职教育发展的研究存在诸多不同之处。所以，本书具有特定的研究价值。

（三）举办体制对高职院校的影响研究

西方学者提出学校的外部制约因素包括地理环境、社会经济背景、政府和地方政策、外部管理结构与指导、人事各方面。[①] 国内有学者将制约高职教育发展的环境因素分为社会环境、政策环境和管理体制三个方面。[②] 具体而言，举办体制对高职院校的影响主要表现在隶属关系决定着高职院校的干部人事、财政拨款、教学运行等核心事项。

1. 隶属关系影响高职院校的干部人事管理

隶属关系是确立高职院校干部人事管理体制的前提和基础。国家对高职院校通过赋予行政级别的办法进行"行政控制"，实行由作为高职院校举办者的政府行政主管部门主导选任高校领导干部的基本做法，使高职院校的管理和办学高度行政化。公办高职院校作为副厅级事业单位，校级党政干部正职即副厅级领导干部，由中共省委组织部管理，副职为正处级领导干部，由所从属的省级政府行政主管部门中共党组（或者中共党委）、地级市中共党委提出人选报省委组织部批复后任免，或由省级教育部门会同省委组织部提出干部配备方案。当前高职院校干部人事管理体制的问题主要在于，一是高职院校的校级领导干部由省委组织部或地级市党委按照党政干部的遴选标准和程序，主要从政府部门选任，较少从高职院校内部提任或者从其他本科高校调任，这样选拔出来的部分领导干部由于缺乏现代高校管理者的专业素质和管理能力，对高职教育的特点和规律不太熟悉，习惯用熟悉的管理党政机关的办法管理高职院校；二是高职院校校级党政干部的正职和副职由省委组织部和省级政府行政主管部门分别任免和管理，造成对高职院校校级领导班子内部不同行政级别的成员的管理权力分散和脱节，省级教育部门作为高职院校的业务管理部门被排除在非教育部门直属高职院校校级党政干部任免和管理体制之外，难以保证在非教育部门直属高职院校全面贯彻落实国家的教育法律、方针政策。为解决以上问题，高职院校干部人事管理体制应加以改进。一是中共省委高校工作委员会、省级教育部门应参与不同隶属关系下公办高职院校校级领导班子的管理工作，在选拔任用公办高职院校校级领导班

---

① W.L. 博伊德. 教育大百科全书：教育管理［M］. 高洪源，译. 重庆：西南师范大学出版社，2011：25—27.

② 仲耀黎. 制约高等职业教育发展环境因素探析［J］. 教育与职业，2000（3）：39—41.

子的过程中，省委组织部要加强统筹指导和工作协调，避免各省级政府行政主管部门、地级市中共党委在高职院校校级领导干部管理上陷入各自为政、封闭运转的局面；① 二是要细化举办者对高职院校校级领导班子管理的权责清单，在省委组织部的指导下，省级教育部门集中管理具有示范作用的高职院校的校级领导班子，其他高职院校的校级领导班子交由举办者地级市中共党委或省级行业厅局管理和任免；② 三是要加强对高职院校校级领导干部的在职培训，使他们能主动适应教育事业发展需要和现代高校管理的要求。

2. 隶属关系影响高职院校的财政拨款

1980 年国家实行"分灶吃饭"的财政体制，高教经费由过去的中央统一管理改为中央与地方按隶属关系分级负责、分级拨款。20 世纪 90 年代高等教育管理体制改革后，中央业务部委基本退出高职院校的举办者序列，中央财政不再承担高职院校拨款的基本责任，高职院校主要在地方政府之间按照所隶属的地方政府层级、行政主管部门划分投资责任，隶属关系成为决定高职院校财政拨款渠道的决定性因素。目前政府对高职院校的财政拨款存在多级、多头问题，以及高职教育经费占教育总经费的比例、生均预算经费"双低"问题。高职教育财政拨款级次主要有省、（地级）市两级。省级财政拨款按照高职院校从属的省级教育部门和其他省级行业厅局区分为对应的多个归口，由省级财政部门的教科文卫处、人事教育处、经济建设处、外事外债处等不同处室分别管理。各地级市财政部门拨付所属高职院校的经费因所属地级市之间的经济水平和财政状况差别而并不平衡。③ 高职教育财政投入存在纵向上的层级差距和横向上的地区差距。通常省级教育部门主管学校投入高于省级行业厅局主管学校，省属学校好于市属学校，发达地区市属学校好于欠发达地区市属学校，中央企业学校好于省属企业学校。目前省属高职院校基本能够按照"综合定额＋专项补助"的拨款方式从省级财政部门获得以学生人数为基本依据的教育经费，许多市属高职院校却只能按照学校在职人员数以及学生定额获得教育经费，有的市属高职院校连经费定额也达不到。④ 政府按照基于隶属关系形成的投资体制格局造成高职院校之间"有厚

①　周建松. 基于党委领导制度的高职院校领导班子建设［J］. 学校党建与思想教育，2012（5）：59－61.

②　沈传缘，夏建勇，杜林德，等. 高职院校领导干部管理模式与对策研究［J］. 浙江工业大学学报（社会科学版），2002（6）：297－301.

③　刘洪宇，唐亚武，刘天佐，等. 试论地方高校财政拨款体制的多元化结构［J］. 教育研究，2003（10）：87－92.

④　谢毅哲，谢琛. 高职教育财政拨款存在的问题及对策［J］. 商业文化，2015（6）：93－95.

有薄，厚薄不均"的差异性投资结果，不利于高职院校之间公平竞争。① 为解决高职教育投入严重不足的问题，有学者提出以下解决思路：一是在指导思想上，国家应加大财政性投入占全国 GDP 的比重，明确规定中央财政和地方财政作为高职教育的主体投入必须达到全国 GDP 的一定比例，缩小高职教育与普通高等教育之间的财政投入差距。② 二是在经费来源渠道上，要扭转单纯强调"多渠道"教育投入而弱化、取消政府财政预算为主支持高职教育发展的政策导向，坚持政府投入为主的原则。中央政府应将投资重点转为化解省际教育公平问题，弱化中央高校投入主体作用，加大对中西部地区财政转移支付力度；改变按照隶属关系拨款的投资体制，强化省级政府的投资责任，建立以省级财政拨款为主、地级市政府等举办方投入为辅的经费投入新体制。③ 三是在拨款方式上，政府应调整财政拨款依据，制定生均经费拨款标准与高职院校表现标准相结合的财政拨款公式，以办学规模等作为主要依据进行财政投入，保障财政投入的效果，维护高职教育的公平。④

3. 隶属关系影响高职院校的教学运行

《中华人民共和国高等教育法》第三十二条到第三十八条规定高职院校等高校具有招生、专业设置、教学、科研、跨境难度交流、内部机构设置和人事管理、财产等七项办学自主权。在政府职能转变和高等教育管理体制改革的进程中，高职院校在招生和办学规模、专业设置、教学安排、经费使用等方面的自主权越来越大。目前高职院校的办学自主权受控于所属的行政主管部门，但不同行政主管部门对所属高职院校的干预程度和干预方式不同，使高职院校的办学能力和办学状态因行政主管部门不同而存在较大差异。高职院校的招生、专业设置、教学、科研课题的申报、跨境交流、内部机构设置和人员调动、教师职称评聘、工资调整、资金调配等均需首先报经行政主管部门批准，随后前述跨境交流、内部机构设置和人员调动、教师职称评聘、工资调整等人事与劳资事项须再报请省级人力资源和社会保障部门审批，学费标准、设备购置、基本建设、资金调配等财产事项须再报请省级发展改革委员会、省级招标投标管理部门、省级财政部门审批，非教育部门隶

① 林文聪. 福建省高等职业院校发展现状与对策研究 [D]. 福州：福建农林大学硕士学位论文，2012：11—12.

② 李兴洲. 我国高等职业教育投入探析 [J]. 教育研究，2012 (2)：49—52.

③ 谷振清，姚晓明. 河南省与中西部其他地区高等教育经费投入的比较分析 [J]. 郑州大学学报（哲学社会科学版），2012 (3)：96—99.

④ 李建忠，孙诚. 欧美职业教育投入模式及对我国的启示 [J]. 中国高教研究，2014 (8)：96—101.

属高职院校的招生指标、办学规模和专业设置等招生事项须再报请省级教育部门审批。总之，政府主管部门对高职院校的行政干预抑制了高职院校办学的自主责任意识和自主发展能力。要增强高职院校的办学活力，应当认真贯彻有关法律规定，对来自政府主管部门的不当行政干预采取"当减则减"的原则，落实和扩大高职院校的办学自主权。

（四）国外高职院校举办体制研究

鉴于高职教育与社会经济产业各界联系紧密，根据对政府与市场何者为动力来源的不同选择，世界各国高职教育举办体制主要分为三种模式，行政模式、社会模式与合作模式。行政模式是由政府主导，以公平为核心价值，举办体制以单轨制的政府公办学校模式为主，比如法国、意大利；社会模式是由市场（需方）主导，以效率为最高价值，举办体制以单轨制的州立社区学院模式为主，比如美国、加拿大；合作模式是由政府和行业（需方）共同主导，兼顾公平与效率双重价值，举办体制以双轨制的企业与公办学校结合模式为主，比如德国、瑞士。

这里主要以高职教育举办体制独具特点的美国和德国为代表，对中国学者所作的关于两国高职院校举办体制的相关研究进行文献综述。

美国的社区学院与中国专科层次高职院校相当，从举办体制上讲，分为州政府管理的社区学院和州立大学管理的社区学院。本书主要讨论州政府管理的社区学院（以下简称美国社区学院）。美国是典型的联邦制国家，各联邦州享有教育主权，政府不同层级之间对高职教育实行"社会模式"的管理办法。在社区学院管理体制中，联邦、州、学区三级政府都由本行政区域的选民选举产生，彼此分立并存，没有上下级隶属关系，但相互之间也存在分权基础上的合作和控制关系，下位法规不能悖逆上位法规。联邦政府的职能是通过立法提供资助，联邦教育部对社区学院没有直接的行政权力，主要运用影响教育立法和确定教育投资两种手段，负责具体编制预算和组织开展教育研究，收集和发布教育信息，引导各州促进教育公平。州级政府通过州议会、州法院和州教育管理机构（州教育委员会负责决策、州教育厅负责执行）行使社区学院管理权，进行宏观的规划、协调和治理，向社区学院提供财政拨款而不干预社区学院的内部事务。州级政府设置的教育管理机构不仅与联邦政府不同，各州由本级议会或州长决定而设置的社区学院管理机构和管理模式也各不相同。1965年的调查发现，在设置社区学院统一领导机构的各州中，20个州由州教育委员会管理，6个州由州教育厅管理，6个州由州初级学院委员会领导，13个州由州高等教育委员会领导或者纳入州立大学体制，由四年制州立大学直接领导。1980 年的调查发现，美国有 15 个州设置专门委员会领导社区学院，10 个州设置高等教育委员会负责包括社区学院在内的全州高等教育事务，15 个州设置协调各级教育的委员会，5 个州将社区学院纳入州立大学领导。学区是美国各州之下设置的直接管理社区学院、在空间上与一般地方政府的行政区划重叠或跨越，但与一般地方政府互不隶属的专司教育管理的行政层级。社区学院事务由当地选举组成管理委员会（或称董事会）负责决策、学区教育局负责执行，学区利用自有的征税权为社区学院提供教育经费和制定不违背州法的教育政策等。[①] 在各州的社区学院学区里，大多数仅设置一所社区学院，也有学区设置多所社区学院。[②]尽管各州社区学院管理体制差异悬殊，但都可归入统一治理模式、分类治理模式、市场模式和干预模式等四种模式之中。据研究，在分类治理模式、市场模式和干预模式三种管理模式的组合模式下，一州高校的平均质量和顶尖公办高校的数量较为理想，[③] 说明多样化的管理模式有助于增强社区学院办学的效用性和灵活性。

德国高职教育办学主体包括应用科技大学（Fachhochschule，简写为FH）和职业学院（Berufsakademie，简写为 BA），其中职业学院（BA）与我国专科层次高职院校相当。德国是由 16 个州组成的联邦制国家，教育主权由各州行使。不同层级政府之间对高职教育实行"合作模式"的管理。联邦政府负责高职教育"双元制"模式中企业元的管理，州政府、各州下属的地区政府及地区行业协会主要负责"双元制"模式中另一元——学校元的管理。但是德国的联邦、州和地区三级政府之间又具有紧密合作而区别于其他联邦制国家的特点，联邦政府、州政府作为高一级政府可指导和监督乃至强制要求下一级政府接受委托代为行政或者执行事项，但绝非隶属关系意义上的命令与服从关系。根据 2006 年 6 月 30 日《〈基本法〉修正案》、7 月 7 日《联邦制改革方案》对 1949 年《德意志联邦共和国基本法》有关条款的修改，联邦政府通过联邦教育和研究部负责高校学生录取和毕业及文凭互认、学生资助、科研资助以及双元制职业教育中的企业培训事务。联邦一级与高职教育相关的政府机构主要有联邦教育和研究部、联邦劳动与社会秩序部和相关的联邦各业务主管专业部。联邦教育和研究部负责宏观管理职业教育事

---

① 郭朝红，王彬 . 美国学区的特点与运行机制［J］. 上海教育科研，2001（1）：28—29，41.
② 毛澹然 . 美国社区学院［M］. 北京：高等教育出版社，1989：153—157.
③ 王绽蕊 . 美国公立高校治理模式对办学水平影响的统计分析［J］. 比较教育研究，2013（1）：8—16.

务，联邦有关专业部经与联邦教育和研究部协商，负责认可与撤销培训职业以及发布各职业的培训章程等业务，联邦劳动与社会秩序部的主要任务是预测劳动力市场变化和需求以及提供职业培训经费等。[①] 各州享有文化教育领域的立法权和管理权，各州之间的教育政策差异通过联邦各州文教部长联席会议实现协调和统一。州一级政府在联邦、州、地方三级政府中担负对高职教育的主要责任，作为公立高校的直接举办者承担供养职能和管理职能。职业学院等所有的学校均属州一级的国家设施，受各州学校法、学校职业教育法等州法约束。州级政府的机构设置与联邦政府大体相同，州文教部是各州的最高教育行政机构，州经济部、州劳工局等有关部门负责协调本州职业学院、培训企业与相关行业协会之间的关系以及由州负责的联邦经济部等联邦部门委托的其他职业教育管理业务。[②] 根据巴登－符腾堡州《职业学院法》，州文教部内设一个管理委员会（负责职业学院设置与撤销、培训及考试等原则性事务）和三个专业委员会（分别负责制定职业学院所设技术、经济、社会服务专业领域教学计划和培训大纲）。[③] 行业协会作为高职教育的主管机关负责培训企业的资格认定、培训和考试监督、成绩认定与证书发放等事务。各级政府内部建立合作机制，而非单纯的行政管理机制，政府各个相关部门以及德国工商业行会、手工业行会等自治团体都作为社会伙伴，在各个政府层级通过具体的平台开展分工合作，合力完成高职教育管理目标和工作任务。

根据上述研究可知，美国与德国都是联邦制国家，在负责高职教育管理的政府层级安排方面具有相同点和不同点。两国的共同特点是，联邦政府都没有直接管理高职教育的行政权力，但可以通过立法、资助、信息发布等方式对各州高职教育施加影响；州一级政府承担高职教育管理的主要责任，州教育部门利用州法律、政策、经费等方式直接管理高职教育；地方政府在州法律、政策的直接指导下组织地方高职教育机构自治；法律在各个政府层级都会对高职教育产生显著的导向作用。两国的不同之处在于，美国各级政府对高职教育控制薄弱，社区学院自治比较彻底，而德国各级政府对高职教育控制严密，行政管制色彩更为浓重。

两国政府在高职教育管理机构设置方面同样具有相同点和不同点。两国

① 黄日强，何小明．德国联邦职业教育的行政管理机构［J］．河南职业技术师范学院学报（职业教育版），2007（1）：61－65.

② 郑小琴、邹俊．德国州级职业教育的行政管理机构［J］．成人教育，2009（10）：87－88.

③ 王东江．德国高等职业教育的法律基础——《职业学院法》介绍［J］．世界教育信息，2001（2）：8－12.

的相同点是，在联邦和州一级，教育行政部门都受命作为主管机构负责对高职教育进行法律、政策领导，地区一级的管理机构主要负责业务管理。两国的不同点是，美国属于统一管理型模式，三级政府都是由教育部门一个管理系统从上到下负责高职教育事务，而州一级的管理机构设置和工作机制各不相同，州之下则都专设学区处理高职教育的具体事务，高职教育属于学校本位模式，企业参与不多。德国属于分散管理型模式，每一级都由教育部门和其他专业部门等多个政府部门共同负责高职教育，而且各个政府层级相关的管理机构设置、工作机制都大体相同，行业协会代表企业利益参与管理，高职教育属于企业本位模式，学校处在辅助地位。

美国和德国的高职教育举办体制和管理体制孕育出发达而又卓越的高职院校系统，向产业界输送了适量的优质生产技术人员，为各自国家产业和产品誉满全球奠定了人力和技术基础，值得高职教育后发的中国学习和借鉴。

（五）高职院校举办体制变革走向现有研究评价与问题再聚焦

经济合作与发展组织将教育管理分为国家、地区、地方和机构四个层级，其中前两个层级被视作一个国家行政区划的高层，较为关注政治、经济因素对教育管理决策的影响。[①] 按照结构功能相近对应的原则，前述教育管理层级与本书研究涉及的中国高职教育举办体制系统当中的中央政府（包括中央政府各部门）、省级政府（包括省级政府各部门）、地级市政府和高职院校自身大体相当。按照英国比较教育学家弗农·马林森根据责任与决策所在的政府层次对教育体制所作的类型划分，中央政府、省级政府、地级市政府对高职教育的管理分别与中央集权型、地区管理型和本地管理型三种体制大致对应。[②] 随着 20 世纪 90 年代国家层级高等教育管理体制改革（中央集权型）进程的结束，高职教育被纳入中央、省两级政府分级管理，以省级政府为主进行统筹（地区管理型）的新型管理体制。又因为高职教育属于职业教育类型的组成部分，从理想的职业教育管理体制而论，高职院校还应被纳入地级市政府的职业教育规划（本地管理型）。

从新中国成立至今，高职教育管理权在政府纵向层级之间出现过两次大规模的调整。第一次调整是从中央集权到中央、省两级政府分权，第二次调

---

① W.L. 博伊德. 教育大百科全书：教育管理 [M]. 高洪源，译. 重庆：西南师范大学出版社，2011：22.

② W.L. 博伊德. 教育大百科全书：教育管理 [M]. 高洪源，译. 重庆：西南师范大学出版社，2011：23.

整是进一步发展到中央、省、中心城市三级政府分权,行政权力和管理层级逐次下移。目前机构层次的高职院校隶属关系主要集中在省、地级市两级,举办主体主要为省级教育部门和省级行业厅局、地级市政府以及少数国有企业,管理主体涵盖省级教育部门、人力资源和社会保障部门等相关职能部门。这种举办体制兼有单部门集中管理型模式和多部门分散管理型模式的特点,但分散管理型模式的特点较为突出。

既有研究文献显示,在 20 世纪 90 年代的高等教育管理体制改革中,中央部门大部分退出高职院校的举办主体序列,[①] 中央财政不再承担对高职教育投资的主要责任。目前公办高职院校以省域地方政府举办为主,省级教育部门、省级行业厅局、地级市政府、国有企业四种隶属关系并存。隶属关系对高职院校的影响集中体现在人、钱、事三个方面,主要涉及高职院校干部管理权限和管理方式、经费投入体制和教育教学方面的办学自主权,综合作用于高职院校的办学状态与办学水平。在现行高职教育举办体制中,各级政府及其职能部门条块分割、政出多门,财政投入总体严重不足,高职院校之间因隶属关系不同而呈现不同的办学状态和办学水平。

有学者认为,中国高职教育现行"条块结合,以块为主",由教育部门、人力资源和社会保障部门、部分行业主管部门等多头分块领导、多条分级管理的管理体制难以适应已经变化的经济体制,其中最大的问题是条块交叉分割。[②] 为判断现行高职教育举办体制的未来走势,需要解决两个问题:一个问题是,针对"政府层级说",在坚持中央政府对高职教育进行国家层次统一领导的前提下,省域是以省级政府进行地区管理为主,还是以地级市政府进行本地管理为主,在省、地级市两级政府中以何者为主,会更加有利于省域高职院校提升效率,实现公平?另一个问题是,针对"部门职能说",未来是维持现行多个政府部门共同参与的多部门分散管理型模式不变,还是变革为由一个政府部门单独管理的单部门集中管理型模式?怎样才能既充分发挥现有隶属关系格局的优势,又能摒除现有隶属关系格局的弊端,发展成为理想的新型隶属关系模式,激发高职院校进入最优的办学状态和办学水平,使高职院校整体保持充沛的活力,普遍成就理想的办学效率?

---

① 据统计,2013 年全国有中央直属高职院校 24 所,其中非教育部门举办 8 所,中央国有企业举办 16 所。详见:王维华. 中央财政加大高等职业教育经费投入的若干思考[J]. 教育财会研究,2014(12):47.

② 宋旭峰. 关于高等职业教育管理体制的几个问题[J]. 辽宁高等教育研究,1997(4):35—36.

以上两个问题实际上包括以下几个具体问题，即在省域高职院校现有的四种隶属关系中，政府、国有企业何者适合担当主要的举办主体；在政府举办者中，省级政府、地级市政府何者适合担当主要的举办主体；在省级政府各类职能部门举办者中，省级教育部门、省级行业厅局何者适合担当主要的举办主体。一言以蔽之，哪一种隶属关系，甚或综合多种隶属关系优势的举办体制，更加符合高职教育规律的要求，能够使高职院校办学状态稳定、办学水平优异，在公平和效率的双重价值考量下适宜作为未来样本。就笔者目力所及，这样的实证研究尚付阙如。

当前中国的基本国情是人口众多，东中西部三个经济带之间社会经济发展不均衡，全国经济总量虽然近年跃居世界第二，但人均经济指标仍居世界后列，与美国、德国等发达国家的国情殊为不同。要发展中国高职教育，对于美国、德国等高职教育先进国家的历史经验和实际做法，一方面要大胆借鉴，另一方面也不能照搬照抄，必须结合实际国情，探索完善中国特色高职教育的举办体制，最大限度地激发高职院校的活力。

本书将在国内外既往理论研究和实践探索的基础上，以河南一省为例，在公平与效率价值的双重考量下，对省域之内隶属于不同政府层级、不同行政主管部门的高职院校教育资源配置的公平性和办学效益的效率性进行实证研究，比较分析现行举办体制格局下各隶属关系高职院校类别办学状态，预判省域高职教育举办体制的变革走向，并提出相关对策。

四、理论框架

本书以隶属关系为视角，采用公平和效率作为价值标准，考察一省高职院校办学状况，以此探寻省域高职院校举办体制的变革走向。

（一）高职院校组织系统结构模式

按照对组织系统权变理论的理解，本书提出，高职院校内部存在着在隶属关系视角下由办学定位、重点建设项目、办学状态等三个方面构成的"压力应对型"组织系统结构。办学定位、重点建设项目、办学状态分别对应高职院校内部战略层面、协调层面、作业层面的三个分支系统。笔者根据这一组织系统结构，确定本书的篇章结构。

组织系统权变理论认为，在系统理念的关照下，组织处在宏大的外部环境系统之中，而且组织自身也是一个由内部结构要素组成的开放系统，应自我调整进行对外部环境系统的"外适应"；在权变理念的关照下，组织应因机而变设计内部分支系统，各分支系统应相互支持进行对内部环境系统的

"内适应"。① 按照组织系统权变理论的观点看，每一所高职院校都是一个处在省域社会系统中的开放的子系统，省域社会系统构成高职院校的外部环境。为适应省域社会经济发展、科技进步和行业企业用人及适龄人群自我发展等各方面的外部环境需要，高职院校应进行自我调整，以便建立对外部环境系统的"外适应"。另一方面，高职院校应建立按照专业分立的内部组织结构并进行整体化协调，将从外部环境持续输入的人、财、物、信息等资源经过加工转换为教育产出，再向外部环境持续输出，输入和输出在外部环境和内部系统之间形成持续循环，以履行办学职能，提升社会经济贡献，维持办学空间。为此，在第一层面上，高职院校应在内部建立战略层面分支系统，厘清自身与外部环境之间的关系，落实办学定位，聚焦组织的战略目标，保持自身运行的外部环境和谐。在第二层面上，高职院校要在外部和内部之间构建协调层面分支系统，整合外部的政府行政主管部门和内部自有的体制机制核心竞争力，对接高职院校外部的项目体制，竞争项目资源。在第三层面上，高职院校要在内部构建作业层面分支系统，组织开展教学与研发活动，进行资源转换和输出，优化办学状态。

办学定位要由行政主管部门和高职院校根据职能职责和外部环境确定。按照美国营销学者艾·里斯和杰克·特劳特在"定位理论"中所下的定义，定位是指不改变产品本身，而基于产品现实地位和目标市场特点，企业采用差别化的营销方式塑造独特的形象和名誉影响潜在消费者，培育和强化不可替代的消费者心理位置，使产品占领预期的优势地位。② 定位理论既适用于企业和产品，也适用于组织和个人。在市场环境中，高职院校应通过办学定位回应组织存续理由，定义战略起点，规划使命愿景，凝聚组织文化。在办学定位方面，行政主管部门担负着为高职院校定基调、把方向的职责，要早在高职院校的筹建阶段就为之制定办学定位，并在申请设置高职院校时提交审核批准。在完成筹建进入发展时期以后，高职院校要适时根据历史传统、办学环境、办学能力和行政主管部门意愿，将最初的办学定位调整为动态性的发展定位，以便增强办学定位对高职院校发展的针对性、指导性。

重点建设项目反映行政主管部门的社会影响力和高职院校的办学实力与同业竞争力。项目制在高职教育领域的应用，是中央、省级政府结合政策目

① 弗里蒙特·E.卡斯特，詹姆斯·E.罗森茨韦克.组织与管理——系统方法与权变方法[M].李柱流，刘有锦，苏沃涛，译.北京：中国社会科学出版社，1985：131-143.
② 艾·里斯（Al Ries），杰克·特劳特（Jack Trout）.定位：有史以来对美国营销影响最大的观念[M].谢伟山，苑爱冬，译.北京：机械工业出版社，2016：3.

标将公共财政资金设置为竞争性的教育投资项目，以公开的"质量"目标与隐藏的"效率"价值为表里，弱化"公平"价值目标，在教育部门"条条"中通过权—钱逻辑和评审发包—竞争抓包的过程设置对高职院校"块块"进行非预定激励，意图以点带面起到政策示范效应。在项目制实施过程中，教育部或者省级政府安排省级教育部门等下一级行政主体组织配合，高职院校吸纳行政主管部门及其行政资源组建优势团队竞逐项目和建设、验收，管理主体、办学主体和举办主体三方合力完成落实政策意图、分解专项资金的工作部署。行政主管部门加入所属高职院校成立的项目团队，多数情况下是项目设置部门根据不同的举办主体在所属高职院校发展方面支持力度高低有差的实际情况，对举办主体提出的履行举办职能的要求。行政主管部门的作用主要表现在竞争抓包环节。行政主管部门加入项目团队以后，能够通过与同级的相关政府部门甚至高一级政府及其职能部门的协调，发挥所属高职院校所希望的"四两拨千斤"的作用，加大所属高职院校项目的"社会资本"竞争力，为高职院校成功竞逐重点建设项目增加胜算。

办学条件公平性和办学成果差异性综合体现了不同隶属关系的高职院校的办学状态。办学条件与办学成果之间是经济学意义上的投入与产出关系。办学条件是高职院校的物质存在形式，体现政府配置教育资源的实体结果，制约瓶颈是教育需求扩张和质量提升的同步性引发凸显的教育资源供给的有限性状况。办学成果即高职院校的教育产出，与办学条件或者教育资源配置相对而生。办学效率是衡量办学成果的重要指标。办学条件反映资源配置的公平状况，办学成果体现办学效率状况。办学状态优劣取决于办学条件与办学成果二者配置合理与否。

本书通过对四个隶属关系不同的高职院校案例的分析，揭示隶属关系对高职院校办学的内在机理的影响。针对高职院校干部人事事务、财政拨款事务、教学运行事务等办学事项，行政主管部门与高职院校联合建立一体化的体制机制。行政主管部门通过对体制通道和工作机制的主导，操控高职院校的干部人事、财政拨款、教学业务等办学事项。在一体化的体制机制中，行政主管部门与高职院校之间保持类似于产业供应链中的上游供应者和下游运行者之间的产业资源供需关系，行政主管部门相当于上游供应者，高职院校相当于下游运行者。建立和维护长期稳定的合作伙伴关系，是上游供应者对下游运行者采取的一种产业供应链成员间的组织激励措施，目的是兼顾供需双方的绩效和共同利益，使产业供应链保持顺畅运行，实现协作共赢的系统目标。在产业供应链中，上游供应者的组织激励对下游运行者的运营态势具有决定性作用。作为上游供应者，行政主管部门为了保持对所属高职院校的控制，必将对所属高职院校进行持久和稳定的组织激励。作为下游运行者，高职院校为了稳定行政主管部门对自己的供给，保障组织激励，也将会自我调整，接受和适应举办主体的控制。在省域高职教育体系中，对应于不同的举办主体和隶属关系，同时存在多条运营机制趋同的"产业供应链"。由于各条"产业供应链"当中处在上游的不同的行政主管部门施加的影响不同，使处在下游的高职院校的干部人事、财政拨款、教学事务等办学事项的数量质量以及张弛节奏都有所不同，使彼此的办学条件和办学效果难以均衡，从而综合呈现为各具特色的每一个高职院校个体。

（二）公平、效率及二者的关系

公平"作为一种道德要求和品质，指按照一定的社会标准（法律、道德、政策等）、正当的秩序合理地待人处事，是制度、系统、重要活动的重要道德性质"[①]。公平是人类追求的价值目标，是权力和利益比较的主体关系范畴，具有历史性和相对性。人类在追求教育公平的道路上，将经历起点公平、过程公平和结果公平的变化，从受教育者分享均等的受教育机会，到均等地配置学校教育资源，最后通过差别补偿机制使所有受教育者的学业成就均等。在本书中，教育公平主要是指教育过程公平，即省域高职院校之间获得均等的教育投入和办学条件，使受教育者在不同地区、不同高职院校都能享受同等质量的教育。

美国学者约翰·罗尔斯在所著《正义论》中提出自由原则、机会平等原则、差别补偿原则的正义三原则，[②] 蕴含着两种性质的公平：一是"均等性"的公平，即平等地对待处境相同者；二是"非均等性"的公平，进行有利于处境不利者的不均等分配。瑞典学者托尔斯顿·胡森、美国学者詹姆斯·科尔曼、美国学者马丁·特罗都曾经作过教育公平研究。瑞典斯德哥尔摩大学教授托尔斯顿·胡森认为应建立统一的公立学校教育系统，消除区域或贫困对处境不利学生的影响，提供均等的学业成就机会，追求教育结果公平。[③] 美国加利福尼亚大学伯克利分校教授马丁·特罗将高等教育概括为精英、大众、普及三个发展阶段，认为在高等教育大众化阶段，多样性的高等

① 辞海编辑委员会.辞海（1999 年版缩印本）[Z].上海：上海辞书出版社，2002：338.

② 约翰·罗尔斯.正义论 [M].何怀宏，等译.北京：中国社会科学出版社，2000：82－84.

③ 胡森.平等——学校和社会政策的目标 [C]//张人杰.国外教育社会学基本文选（修订版）.上海：华东师范大学出版社，2009：160－161，162－163.

教育机构之间地位平等，按照互通的多样化学术标准、不等额的教育经费标准完成不同的教研任务，使学业基础不同的学生进入各个层次的高等教育机构学习，实现教育机会平等。① 美国约翰·霍普金斯大学教授詹姆斯·科尔曼提出，美国学校的教育公平问题，应从关注学校教育资源投入均等（学校之间的平等）转向追求学生学业成就均等（学生之间的平等）。② 新中国从成立到现在，中国教育起点公平问题已经得到妥善解决，当前正在步入教育过程公平阶段，主题是解决教育资源在区域、校际的配置不均衡问题。

省域高职院校校际公平状况取决于政府对高职教育资源配置的公平状况（即教育决策者的主观方面因素③，或者称为教育内部决策因素④），而非政府之外的社会其他方面。目前教育公平没有被作为中国政府教育统计的独立维度，无法直接呈现全国、分省以及各省域内分区、校际的教育公平状况。省域亟须构建科学的指标体系对高职教育公平状况进行评估比较，为未来的合理调整提供事实依据。

美国和欧洲的政府机构与专家在教育资源配置公平测度内容、原则与指标体系方面的研究成果翔实丰富，相关政府法案和法院司法裁决均予以认可引用，⑤ 可资中国借鉴。中国的杨东平、周金燕著文批评"总量－人均"教育公平评价模式，主张研制具有操作性的指标进行持续测量，⑥ 继王善迈提出教育基尼系数概念，主张采用教育基尼系数结合洛伦茨曲线计算教育公平程度⑦，更有方芳⑧、戴文静⑨等学者应用基尼系数方法对职业教育公平或省际高职教育均衡状况进行度量分析。

本书基于过往的研究，提出省域高职教育公平状况评估指标，对高职院

---

① Martin Trow，Problems in the Transition from Elite to Mass Higher Education，Conference on Future Structures of Post－secondary Education，Paris 26th－29th June，1973：82－83.

② Coleman Janmes. S. Social Capital in the Creation of Human Capital［J］. American Journal of Sociology，1988，vol. 94，no. 1，pp. 95－120.

③ 钱志亮. 社会转型时期的教育公平问题——中国教育学会中青年教育理论工作者专业委员会第十次年会综述［J］. 高等教育研究，2001（1）：105.

④ 朱永东，叶玉嘉. 我国教育公平研究之十年［J］. 中国高教研究，2007（5）：18.

⑤ 沈有禄. 教育资源配置公平指标体系建构［C］//2008年中国教育经济学年会会议论文集，2008：885－895.

⑥ 杨东平，周金燕. 我国教育公平评价指标初探［J］. 教育研究，2003（11）：31.

⑦ 王善迈. 教育公平的分析框架和评价指标［J］. 北京师范大学学报（社会科学版），2008（3）：96.

⑧ 方芳. 职业教育公平的评价指标体系［J］. 教育与职业，2008（24）：6－7.

⑨ 戴文静，周金城. 关于我国省际间高职教育均衡发展状况的实证研究——基于生均经费支出指标的分析［J］. 职教论坛，2012（22）：22.

校之间、高职院校隶属关系类别之间的教育资源配置存量进行横向的公平程度评估比较，探究隶属关系影响高职院校资源公平分配的机制和问题并提出对策。

效率原本是指物理学上的设备输出物理量与输入物理量的比值。经济学上的效率指资源投入与产出之比，使给定的投入获得最大的产出，实现对稀缺资源的最优配置。效率具有相对性，以有无或者高低为评价标准，属于关系范畴。另外，效率能够带来不同程度的利益和需求满足，属于价值范畴。效率按照资源配置的范围分为全国宏观效率、省域中观效率、组织微观效率。教育效率是指教育资源的有效利用程度，在投入、转化和产出不同阶段分化凸显为着眼于投入的资源配置效率、着眼于产出的生产效率。办学效率即单个学校的教育效率。

效率的哲学基础是功利主义哲学。效率理论通常是指西方经济学上的效率理论，是在资源稀缺的条件下，投入最小的资源耗费，或者改进管理效率、技术生产率和资源的使用率，取得最大限度的产出。西方早期的教育效率研究主要是对教育投资活动及收益率进行经济学演绎，其中 1979 年诺贝尔经济学奖获得者、美国芝加哥大学经济学教授西奥多·W. 舒尔茨创立的人力资本理论在教育经济学领域最为著名。王善迈作为国内著名的教育经济学者曾先期进行教育效率研究①，提出教育因其公共产品性质或准公共产品性质而应由政府保障资源配置②。范先佐认为教育体制意味着教育资源配置的方式，教育资源投入的数量质量、教育管理体制、高校举办体制等因素从宏观、制度上影响教育效率。③ 稍后有李福华④、杨秀芹⑤、金芳⑥等学者从不同视角分析教育资源利用效率，但现有的许多研究以对基础教育、高等教育的研究居多而且欠缺理论深度，对高职教育和高职院校的相关研究极少。

效率是衡量教育质量所达到的经济性的评价尺度，可采用成本收益分析

① 王善迈. 教育投入与产出研究［M］. 石家庄：河北教育出版社，1996：190－191.
② 王善迈. 社会主义市场经济条件下的教育资源配置方式［J］. 教育与经济，1997（3）：2－6.
③ 范先佐. 论教育资源的合理配置与教育体制改革的关系［J］. 教育与经济，1997（3）：7－15.
④ 李福华. 高等学校资源利用效率研究［M］. 北京：北京师范大学出版社，2002：11－13.
⑤ 杨秀芹. 教育资源利用效率与教育制度安排——一种新制度经济学分析的视角［D］. 华中师范大学博士学位论文，2006：22.
⑥ 金芳. 高等教育投资体制效率的研究——从利益视角的探索［M］. 济南：山东教育出版社，2010：8－9.

法，对教育活动的初始状态与结果状态进行比较。资源配置效率即教育资源配置质量经济性指标，对基于供给数量增长的省域高职教育系统本身的规模质量问题，应以增长投入的方式解决。如果单纯强调教育质量的效率方面，将导致资源无限追加和平衡配置，虽然能够弱化高职院校区际、校际差异，但脱离资源总量约束的实际情况，势必以被动稀释的劣质教育为代价，以至于牺牲资源投入的现实价值。效度是衡量教育质量所达到的功能性的评价尺度，可采用价值功能分析法，衡量教育活动功能的结果状态与理想状态的差距。生产效率即教育质量功能性指标，对基于供给品质"优秀"的省域高职教育系统本身的产出质量效度问题，应打破精英教育质量观的垄断地位，以建立多样化教育质量观的方式化解。如果单纯强调教育质量的效度方面，将导致资源配置极端集中，凸显总量约束下的资源匮乏境况，势必以压缩教育供给规模为代价，以致阻遏社会总体教育效率。综上所述，对于教育质量的效率和效度，需要根据政策目标进行有机整合，统一处置。

　　本书基于考察比较，提出省域高职教育效率状况评估指标，对高职院校个体之间、高职院校隶属关系类别之间的教育资源利用效率进行评估比较，探究隶属关系影响高职院校办学效率的规律性特点并提出对策。

　　公平与效率原非对立的概念，但在资源约束的条件下二者密切相关。在社会经济领域，效率反映社会财富的生产状况，公平反映社会财富的分配状态。德国哲学家康德说："目的王国中的一切，或者有价值，或者有尊严。一个有价值的东西能被其他东西所代替，这是等价；与此相反，超越于一切价值之上，没有等价物可代替，才是尊严。"[①] 公平作为获得和感受尊严的"底线"，是人类实践活动的基本价值准则，能够维护社会成员对行政体系的信任，减少社会成员与行政体系的摩擦，客观上增进行政效率。公平是效率的终极目的，效率是为实现公平而衡量活动进展或者资源配置效果的前提、手段或者条件。所以，按照潘懋元先生的说法，"在经济与社会转型时期，对改革与发展问题，一般应采取效率优先兼顾公平的原则"[②]，使社会通过提高效率，实现高层次的公平。但过分强调效率，可能会压制甚至侵害弱势主体的利益，拉大社会贫富差距。所以，要坚持效率与公平并重，做到效率目标短期最大化，公平目标长期最优化。根据省域高职教育当前处在教育过程公平阶段的实际状况，应当确立"效率优先，质量第一，兼顾公平"的价

---

① 康德. 道德形而上学原理［M］. 苗力田，译. 上海：上海人民出版社，2002：53.
② 潘懋元. 谈高等教育的公平与效率［J］. 中国高等教育，2003（3-4）：17.

值体系。

（三）本书的理论框架

本书以公平和效率作为价值标准，根据组织系统权变理论构建高职院校"压力应对型"组织系统结构模式，选取办学定位、重点建设项目、办学状态等角度分析来自隶属关系的影响，并通过案例研究揭示其影响机理。高职院校之间的公平、效率价值消长态势集中反馈于省域高职教育体系的隶属关系结构，当这种态势积累到临界点时，将触动举办体制产生系统性变革。本书根据前述逻辑思路建立相应的理论框架。图 0-1 所示的理论框架示意图即根据以上逻辑思路绘制。

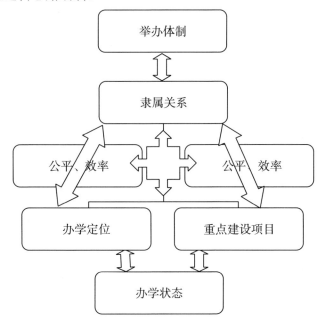

图 0-1　本书理论框架示意图

五、本书的思路、方法与基本假设

本书以省域为研究范围，以单个的高职院校为基本分析单位，以隶属关系为研究视角，按照从高职院校个体到高职院校隶属关系类别，再到省域高职院校体系总体的顺序，将省域各个高职院校归入省级教育厅局、省级行业厅局、地级市政府和国有企业四种隶属关系，按照隶属关系类别进行分类研究。

（一）研究思路

按照问题—分析—结论的归纳推理逻辑路线，采用公平与效率作为价值标准，从隶属关系的视角出发，截取 2015 年数据作为研究区间，按照问题聚焦—理论分析—政策建议的技术路线开展研究。具体研究思路如下。

1. 问题聚焦

基于公平与效率价值，在把握省域高职教育举办体制概况和相关政策的基础上，重点考察不同隶属关系下高职院校的办学定位、重点建设项目、办学状态的类型特点，按照隶属关系类别比较高职院校的办学状态和办学水平，揭示省域高职教育举办体制系统存在的问题。

2. 理论分析

基于隶属关系对高职院校办学所产生的公平与效率价值方面的影响分析，找准驱动高职院校办学的举办体制和管理机制异同，发现四种举办体制各自的优势与不足，提出符合高职教育规律的举办体制系统变革方向。

3. 政策建议

在前述研究的基础上，针对实际的高职院校隶属关系状况，提出省域高职教育举办体制系统变革的政策建议。

（二）研究方法

根据本书主题、内容的要求和笔者的研究能力以及研究方法的可行性，在哲学方法论层次，本书主要采用系统方法论；在一般方法论层次，主要采用两分法中的实证方法，三分法中定性研究和定量研究结合为连续统一体的混合方法研究；在研究的具体方法与技术层次上，根据研究问题的性质，在资料的收集、分析上分别采用不同的研究方法与技术。

1. 哲学方法论：系统方法论

系统方法论认为存在是由子系统生成的集合体整体，又作为子系统建构出存在之外的环境，从存在作为一个系统整体出发，通过分析环境与要素、整体与局部、结构与功能、实体与属性等范畴之间的关系问题，获得对存在整体的认识。

系统方法论在本书中的应用主要体现在以下三个方面：一是将高职院校个体视为一个系统整体，建构由办学定位、重点建设项目、办学状态等三个方面构成的"压力应对型"高职院校组织系统结构，据此形成本书的主体框架结构；二是将项目体制下按照隶属关系分类的省域高职院校视为一个系统整体，据此提出由四种隶属关系的高职院校类别构成省域高职教育体系的"中心外围式"圈层结构；三是将省域高职教育体系视为一个系统整体，据以提出省域高职院校按照隶属关系分类构成具有差异性体制层面与趋同性机制层面的"双层结构"系统。

2. 一般方法论：实证方法；定性与定量相结合的混合方法研究

实证方法。在社会科学研究中，实证方法是研究"是什么"的方法，遵循理性原则，对研究对象进行真实再现，不提供价值判断，符合自然科学的研究精神，与遵循道德原则、反映人们的主观愿望、以价值判断为基础、研究"应该是什么"的规范方法相对应。本书采用实证方法，在主体部分即第二章到第四章分别分析隶属关系对高职院校的办学定位、重点建设项目、办学状态等三个方面产生的现实影响，归纳总结公平与效率价值消长的规律性态势，在肯定现有高职教育举办体制正向功能的同时，提出现有体制的初始行政价值目标与达成结果状况之间存在着差距，据以提出具有针对性的高职教育举办体制变革的政策建议。

混合方法研究。在对复杂现象的研究中，以实用主义为哲学基础，从定性方法和定量方法两种独立方法中整合多元要素综合进行研究设计的方法论，称为混合方法研究。本书在分析隶属关系对高职院校办学定位、重点建设项目的影响时主要采用定性分析的方法，主要使用案例研究的方法和访谈调查的方法，用以归纳总结隶属关系的影响机制以及各个方面表现出的公平与效率消长趋势；在研究办学状态时主要采用定量分析的方法，通过对不同隶属关系高职院校类别的办学条件和办学成果进行量化分析，揭示隶属关系对省域高职院校办学在公平与效率价值目标上的总体影响，奠定对省域高职教育举办体制系统进行基本评价和谋求变革的数理统计基础。两种研究方法共同指向高职院校，在"质""量"之间架起桥梁，以便互补互证，提升本书的科学性。

3. 具体方法与技术：案例研究、访谈法、比较研究，间接调查法、统计分析法

在定性研究方面，资料的收集主要采用多案例研究法、访谈法，资料的分析主要采用比较研究方法。从每一种隶属关系下各确定一所高职院校作为案例，进入案例高职院校采用访谈调查的方式，取得干部人事、财政拨款和教学运行等办学事项在体制机制方面的第一手研究资料。选取 HSZY（隶属于河南省教育厅）、HNZY（隶属于河南省人力资源和社会保障厅）、HBZY（隶属于河南省鹤壁市人民政府）、YCZY（股份制，隶属于河南能源化工集团有限公司，商丘市人民政府参股）四校作为案例高职院校，① 以每一所高

---

① 为保护有关高职院校的隐私，特使用英文字母组合分别指代该高职院校。全书类似情况同此。

职院校人事处、财务处、教务处等三个职能部门的处长作为访谈对象，按照预定的访谈提纲逐一预约进行当面访谈调查。通过访谈，了解不同案例高职院校相关办学事项的体制现状、隶属关系的作用机制以及存在的问题，并与受访者讨论问题产生的原因以及他们对解决这些问题的意见和建议。在以上研究的基础上，从各个相关办学事项方面比较案例高职院校之间的共性特征与个性差异，透视隶属关系影响高职院校体制机制的差异性和趋同性。

在定量研究方面，资料的收集主要采用间接调查法，资料的分析主要采用统计分析法，包括采用泰尔指数方法测算高职院校办学条件公平配置的差异状况，采用 DEA 方法测算高职院校办学效率相对差异状况。

本书使用的高职院校信息类数据，包括高职院校历史沿革、时间节点、办学条件和办学成果等，取自河南省教育厅、各高职院校根据河南省教育厅办公室 2015 年 11 月 3 日印发的《河南省教育厅办公室转发教育部关于报送高等职业教育质量年度报告（2016）的通知》（教办高〔2015〕582 号）要求编制并上报教育部的"高等职业教育质量年度报告（2016）"，获取来源为前述文件中所规定的为各省、自治区、直辖市教育厅（教委）、新疆生产建设兵团教育局以及各高职院校上传"高等职业教育质量年度报告"相关文件而专设的计算机互联网络端口，即"中国高职高专教育网"官方网站所设"高等职业教育质量年度报告"专栏。

（三）基本假设

高职教育应当主要由省级政府行业部门举办，以凸显高职教育内在的职业属性（行业属性）。

省级教育部门、省级行业厅局、地级市政府、国有企业等四种举办主体的性质、职能对高职院校的办学存在显著影响。每一种隶属关系下高职院校的办学定位、重点建设项目、办学状态都带有行政主管部门（单位）的痕迹，表明高职院校办学受到隶属关系的影响，使高职院校之间产生隶属关系影响下的公平缺失和效率差异。

四种举办主体的职能及其对隶属高职院校办学的多样性影响，使高职教育举办体制呈现外显的差异性。另外，举办主体不同的高职院校实质都是由政府单一主体举办，不同举办体制高职院校的管理机制因而呈现高度的趋同性，对高职院校的办学职能产生同一性影响。举办体制差异和管理机制趋同两者共存一体，构成省域高职教育系统的"双层结构"，系统结构功能失调引发高职院校举办体制理性变革。

第一章 河南省高职院校隶属关系概况和相关政策分析

本部分包括两个方面的研究内容，作为后文研究的现实背景和政策基础：一是梳理河南省高职教育主体流变情况，对四种隶属关系的高职院校都分别从举办主体、办学主体两个方面进行分析，包括高职院校举办主体变迁，办学主体建校历史、升格时间和升格年数、地区分布等，分类呈现隶属关系视角下河南省高职教育历史和现状；二是通过梳理国家和省域高职教育管理体制法规政策、河南省高职教育举办体制有关政策，辨识政策主体的基本立场，确认资源配置政策过程、政策内容，厘清省域高职教育举办体制演变的政策逻辑。

第一节 河南省高职院校隶属关系概况

根据教育部发布的《2015 年全国高等学校名单（截至 2015 年 5 月 21日）》，2015 年河南省独立设置的专科层次高职院校共有 77 所，其中公办学校 57 所，包括 10 所高等专科学校、3 所地方职业大学、44 所高职院校。[①]本书对 10 所高等专科学校、3 所地方职业大学存而不论，仅以 44 所高职院校为研究对象。按照隶属关系划分，在 44 所高职院校中，6 所由河南省教育厅主管，16 所由河南省级行业厅局（院）主管，20 所由地级市政府举办，两所由国有企业举办。

---

① 教育部 . 2015 年全国高等学校名单（截至 2015 年 5 月 21 日）[EB/OL] . （2015－05－21）［2016 － 5 － 20］. http：//www. moe. gov. cn/srcsite/A03/moe ＿ 634/201505/t20150521 ＿ 189479. html.

一、省级教育厅局主管的高职院校

（一）隶属关系变化情况

河南省教育厅主管的 6 所高职院校的隶属关系变化情况见表 1-1。在河南省教育厅主管的 6 所高职院校中，除郑州信息科技职业学院始终由河南省教育厅主管、建校至今没有发生过行政主管部门的变动之外，另外 5 所高职院校的隶属关系都曾随着中央或省级政府机构改革（行政体制改革）与政府职能调整的历史演变，经历过行政主管部门从中央或者省级行业行政主管部门到省级教育行政主管部门的变革。

表 1-1　河南省教育厅主管的高职院校情况（2015 年）

序号	高职院校	创校时间	升格基础主体	升格时间	升格年数
1	郑州铁路职业技术学院	1951 年	由郑州铁路教育学院、郑州铁路卫生学校、郑州铁路机械学校、郑州铁路师范学校合并	1999 年 7 月	16
2	黄河水利职业技术学院	1929 年 3 月	黄河水利学校	1998 年 3 月	17
3	河南化工职业学院	1983 年	河南省化学工业学校河南省化工职工大学	2010 年 3 月	5
4	河南机电职业学院	1953 年	河南机电学校	2011 年 5 月	4
5	郑州信息科技职业学院	2002 年	河南广播电视大学郑州信息科技学院（资源）	2003 年 5 月	12
6	河南经贸职业学院	1960 年 4 月	河南省商业学校河南省商业干部学校	2004 年 6 月	11

表 1-1 中，郑州铁路职业技术学院、黄河水利职业技术学院原为中央业务部门主管院校，在中央政府机构改革进程中被下放，变为河南省属地方高职院校。

郑州铁路职业技术学院原属铁道部郑州铁路局主管。根据原国家经贸委、财政部等 6 个部委联合印发的《关于进一步推进国有企业分离办社会职能工作的意见》（国经贸企改〔2002〕267 号）精神，河南省人民政府办公厅 2004 年 11 月 30 日印发《关于做好郑州铁路局在豫职业学校医院幼儿园接收工作的通知》（豫政办〔2004〕123 号）贯彻落实分离企业办社会工作的要求，由河南省教育厅代表河南省人民政府接收办理郑州铁路局在豫境内职业学校——郑州铁路职业技术学院。

黄河水利职业技术学院原属水利部黄河水利委员会主管。根据国务院办公厅 2000 年 2 月 12 日发布的《国务院办公厅转发教育部等部门关于调整国务院部门（单位）所属学校管理体制和布局结构实施意见的通知》（国办发〔2000〕11 号），该校的举办体制调整为中央与地方共建、以地方管理为主，国有资产、人员编制、劳动工资管理等均由省级人民政府负责，主要在本地区招生，为本地区培养人才，为本地区经济和社会发展服务。河南省人民政府 2000 年 3 月 29 日发布《河南省人民政府批转省教委等部门关于第三批在豫国务院部门（单位）所属学校管理体制调整的实施意见的通知》（豫政〔2000〕17 号），决定黄河水利职业技术学院实行中央与省共建、以省管理为主的举办体制，"由省教委负责日常管理"。

表 1-1 中，河南化工职业学院、河南机电职业学院和河南经贸职业学院原由河南省级行业厅局主管，在省级政府机构改革中调整为由河南省教育厅主管。

河南化工职业学院、河南机电职业学院和河南经贸职业学院等 3 所高职院校各自在中等专业学校建校初期，分别隶属于河南省石油化学工业厅、河南省农业厅下属副厅级事业单位河南省农业机械管理局、河南省商业厅，由 3 家省级行业厅局（单位）举办和管理。在河南省政府机构改革进程中，3 个专业经济管理部门性质的举办主体的规格和整体职能乃至机构名称尽管经过多次调整，但都没有改变对所属学校的举办权，直到教育管理职能被划出，不再负责举办和管理学校。在此之前的整个期间，河南省人民政府始终没有变更 3 所学校的行政主管部门，学校的隶属关系一直保持到河南省中等专业学校举办体制集中调整时期，此后河南省教育厅接替 3 个专业经济管理部门，成为 3 所学校的行政主管部门。

（二）获批为高职院校的相关情况

河南省教育厅主管的 6 所高职院校的办学主体情况。从表 1-1 中可知，6 所高职院校除郑州信息科技职业学院之外，另外 5 所学校在升格为高职院校之前，基础主体均为省部级乃至国家级重点中等专业学校或成人高等学校，或是省部级乃至国家级重点中等专业学校与成人高等学校"一套班子，两块牌子"合署办公。

河南省教育厅主管的 6 所高职院校的升格时间，以国务院办公厅 2000 年 1 月 14 日印发《国务院办公厅关于国务院授权省、自治区、直辖市人民政府审批设立高等职业学校有关问题的通知》（国办发〔2000〕3 号）为界，两所原中央业务部门主管高职院校——郑州铁路职业技术学院、黄河水利职业技术学院——在此之前已经由教育部批准设置，故而两校举办高职教育的历史在河南省域高职院校中较为长久；另外4所高职院校在此后由河南省人民政府批准设置，由河南省教育厅根据河南省人民政府2000年9月25日转发《河南省人民政府批转省教育厅关于我省审批设置高等职业学校实施意见的通知》（豫政〔2000〕58号）、河南省人民政府办公厅2001年3月9日转发《河南省人民政府办公厅转发省教育厅关于我省审批设置高等职业学校有关问题意见的通知》（豫政办〔2001〕12号）等文件具体办理。

二、省级行业厅局主管高职院校

中央业务部门主管高校主要为本部门工作需要培养人才，称为部门办学。相应推论，省域非教育部门的省级行业厅局主管的高职院校为省域部门或行业系统培养人才，属于省域层面的部门办学（行业办学）。

（一）隶属关系变化情况

省级行业厅局主管的16所高职院校的隶属关系变化情况见表1-2。

根据《中共河南省委河南省人民政府关于印发河南省人民政府机构改革实施意见的通知》（豫文〔2009〕18号），河南省人民政府设置的工作部门和部门管理机构一共51个，其中河南省人民政府设置的工作部门42个，包括省人民政府办公厅和组成部门25个，直属特设机构1个，直属机构16个；设置9个部门管理机构，分别由省人民政府办公厅或其他组成部门管理，其中河南省国防科学技术工业局是河南省人民政府设置，由河南省工业和信息化委员会管理的部门管理机构。河南省高级人民法院和河南省人民检察院是分别负责审判和法律监督的省级地方司法机关，不是作为省级地方行政机关的河南省人民政府的工作部门。[①]

省级行业厅局主管的16所高职院校的举办主体情况。从表1-2中可知，在主管高职院校的省级行业厅局中，包括13个河南省人民政府组成部门（不含河南省教育厅）、1个省级部门管理机构、1个省级地方法律监督机关，一共有15个省级行业厅局，在河南省人民政府工作部门和部门管理机

---

① 在政治学研究中，与单一制国家的中央政府相对应，地方政府由地方国家行政机关和地方国家立法机关两类机构组成（详见：徐勇，高秉雄. 地方政府学［M］. 北京：高等教育出版社，2013：4.）。由此可知，河南省政府不等于河南省人民政府，河南省政府由作为河南省级地方国家行政机关的河南省人民政府和作为河南省级地方国家立法机关的河南省人民代表大会两个部分组成，河南省人民政府只是河南省的省级地方国家行政机关。

表 1-2　省级行业厅局主管的高职院校情况表（2015 年）

序号	高职院校	创校时间	升格基础主体	举办主体（行政主管部门）	升格时间	升格年数
1	河南职业技术学院	1954 年 12 月	河南职业技术教育学院（1997 年）、河南省技工学校	河南省人力资源和社会保障厅	1999 年 3 月改制	16
2	河南工业和信息化职业学院	1975 年 7 月	河南工程技术学校（河南省煤矿学校、焦作工业学校、河南煤炭工业学校，2002 年联办河南理工大学高等职业学院）	河南省工业和信息化委员会	2013 年 5 月	2
3	河南水利与环境职业学院	1955 年 9 月	河南省郑州水利学校（河南省白马寺水利学校，河南省郑州水利学院，2002 年联办华北水利水电学院水利职业学院）	河南省水利厅	2013 年 5 月	2
4	河南信息统计职业学院	1951 年	河南省计划统计学校（2001 年联办郑州航院信息统计职业学院）	河南省统计局	2013 年 5 月	2
5	河南林业职业学院	1951 年 4 月	河南省林业学校（河南省洛阳农林中等技术学校、河南省洛阳林业专科学校，2002 年联办河南林业专科大学河南科技大学林业职业学院）	河南省林业厅	2013 年 5 月	2
6	河南建筑职业技术学院	1956 年	河南省建筑工程学校（1956 年成立时名称为建筑工程部郑州建筑工程学校）1998 年与河南省建筑职工大学（1958 年成立时名称为河南省建筑红专大学）合署，2002 年举办高职	河南省住房和城乡建设厅	2008 年 3 月改制	7
7	河南艺术职业学院	1956 年	河南省艺术学校（1956 年）、河南省文化艺术干部学校（1979 年）合并，河南省电影电视学校（1956 年）、河南省电影电视广播学校（1984 年建校，2001 年联办中原工学院广播影视职业学院）并入	河南省文化厅	2010 年 3 月	5

续表1—2

序号	高职院校	创校时间	升格基础主体	举办主体（行政主管部门）	升格时间	升格年数
8	河南护理职业学院	1951年	河南省卫生学校（1951年的平原省安阳卫生学校，1961年的安阳地区卫生学校，1983年的濮阳市卫生学校，1986年的河南省安阳卫生学校，2004年的河南省卫生学校）	河南省卫生和计划生育委员会	2011年4月	4
9	河南推拿职业学院	1959年	河南省针灸推拿学校（2001年联办河南中医学院针灸推拿职业学院）	河南省民政厅	2011年5月	4
10	河南司法警官职业学院	1984年	河南省司法警官学校	河南省司法厅	2001年4月23日	14
11	河南工业职业技术学院	1973年10月	洛阳兵器工业职工大学、中原机械工业学校（1978年由五三一机械工业学校更名）合并	河南省国防科学技术工业局	2001年	14
12	河南检察职业学院	1988年2月	河南省检察学校	河南省人民检察院	2003年6月	12
13	郑州工业安全职业学院	1978年	郑州煤炭高级技工学校、郑州矿务局职工大学合并	河南省工业和信息化委员会	2004年6月	11
14	河南交通职业技术学院	1953年	河南省交通学校（河南省交通厅干部训练班、河南交通运输学校、河南省交通学校、郑州交通专科学校、河南省交通职业学校	河南省交通运输厅	2004年6月	11
15	河南农业职业学院	1952年10月	河南省农业学校（河南省郑州农林技术学校、中年农业学校、河南省中年农业大学农业职业学院，2001年联办河南农业大学农业职业学院），河南省农业学校并入	河南省农业厅	2004年6月	11
16	河南工业贸易职业学院	1950年	河南省经贸学校（学校驻地、名称在相应的年份为：1950年位于开封的河南省财政厅粮食干部训练班，1953年位于郑州的河南省粮食干部学校，1965年位于郑州的河南省粮食学校，1997年位于郑州的河南经济贸易学校）	河南省粮食局	2005年4月	10

构总数中占比 27.45%（不含河南省人民检察院）。其中 14 个省级行业厅局都只是主管两所高职院校，唯有河南省工业和信息化委员会（2009 年河南省政府机构改革，组建河南省人民政府组成部门河南省工业和信息化厅，2015 年河南省政府职能转变和机构改革中重组为河南省人民政府组成部门河南省工业和信息化委员）主管两所高职院校。

省级行业厅局虽然经过多轮省级政府机构改革和职能调整，但与所属中等专业学校及其升格为高职院校以后的隶属关系始终没有受到根本影响。

（二）获批为高职院校的相关情况

省级行业厅局主管的 16 所高职院校的办学主体情况见表 1-2。省级行业厅局主管的高职院校具有以下总体特点：

第一，办学主体长期单一稳定。在省级行业厅局主管的高职院校中，绝大多数从中等专业学校时期到升格为高职院校以后，办学主体长期保持单体办学的主体结构，没有经过与其他办学主体的合并或分立，能够减少办学过程中的组织内部冲突，有利于学校逐步形成组织文化，实现稳步发展。

在升格过程中，河南工业和信息化职业学院、河南水利与环境职业学院、河南信息统计职业学院、河南林业职业学院、河南护理职业学院、河南推拿职业学院、河南司法警官职业学院、河南检察职业学院、河南交通职业技术学院、河南工业贸易职业学院等 10 所高职院校均由中等专业学校单一主体升格，占省级行业厅局主管高职院校总数 16 所之比为 62.50%。河南职业技术学院、河南建筑职业技术学院、河南工业职业技术学院、郑州工业安全职业学院等 4 所高职院校由实行“一套班子，两块牌子”合署办公的中等专业学校与成人高等学校合并升格，占省级行业厅局主管高职院校总数 16 所之比为 25%。河南艺术职业学院、河南农业职业学院等两所高职院校由两所以上中等专业学校合并升格，占省级行业厅局主管高职院校总数 16 所之比为 12.50%。

第二，多所高职院校升格前曾与本科高校联办二级学院。河南省人民政府办公厅于 2001 年 3 月 9 日印发《河南省人民政府办公厅转发省教育厅关于我省审批设置高等职业学校有关问题意见的通知》（豫政办〔2001〕12 号）指出，省直部门可利用所属国家重点中专与本科院校（同城市，专业相同或相近）合作，以二级学院的形式联合举办高职院校，保持原行业所属学校的举办体制和投资渠道不变。在这一政策的鼓励下，多所省级行业厅局主管中等专业学校按照要求，与本科高校合作举办高职教育。中等专业学校与本科高校联办高职教育，能够使中等专业学校在本科高校的指导下，提前熟悉高职教育办学模式，获得和积累高职教育办学与内部管理经验，顺利完成办学模式从中等专业学校到高职院校的过渡，在升格以后办出特色乃至优质高职教育。

河南工业和信息化职业学院、河南水利与环境职业学院、河南信息统计职业学院、河南林业职业学院、河南推拿职业学院、河南农业职业学院等6所高职院校在升格以前均有过由建校基础主体与省内本科高校联办本科高校二级学院的办学经历，河南艺术职业学院的建校基础主体之一的郑州广播电视学校也曾经与中原工学院联办中原工学院广播影视职业学院。7所曾与本科高校联办二级学院的高职院校占省级行业厅局主管的高职院校总数16所之比为43.75%。

受前一政策的影响，除河南农业职业学院在2004年完成升格之外，上述高职院校中的其余6所均在2010年之后完成升格，在河南省公办高职院校中升格时间较为靠后。

三、地级市政府举办高职院校

（一）举办主体

地级市政府举办的20所高职院校的举办主体情况见表1-3。

按照中共河南省委办公厅、河南省人民政府办公厅2004年8月18日印发的《中共河南省委办公厅、省人民政府办公厅关于规范各省辖市排列顺序的通知》（厅文〔2004〕64号）所作规范、统一的排列顺序规定，河南省直辖行政区划单位包括郑州市、开封市、洛阳市、平顶山市、安阳市、鹤壁市、新乡市、焦作市、濮阳市、许昌市、漯河市、三门峡市、南阳市、商丘市、信阳市、周口市、驻马店市、济源市等18个，其中济源市为省直辖县级行政区划单位（行政级别被定为副地级市），其余17个均为地级市（包括省会郑州市）。截至2015年底，河南省地级市数量仍如前述。

表1-3显示，河南省下辖的18个地级市（含1个副地级市）中，除去焦作市人民政府没有举办高职院校以外，其余17个地级市政府举办高职院校共20所，其中河南省省会郑州市人民政府举办3所高职院校（即郑州财税金融职业学院、郑州旅游职业学院、郑州职业技术学院），许昌市人民政府举办了2所高职院校（即许昌电气职业学院、许昌职业技术学院），其他14个地级市政府、1个副地级市政府各自举办1所高职院校。

地级市政府举办的高职院校的行政级别一般为副地厅级，实行"省市共管，以市为主"的举办体制，高职院校的党委书记和校长两个校级正职领导

表1-3 地级市政府举办的高职院校情况表（2015年）

序号	高职院校	创校时间	升格基础主体	举办主体	升格时间	升格年数
1	漯河职业技术学院	1983年	漯河市职工大学（1983年）；1999年7月，漯河大学并入（1993年3月，漯河市工业学校并入；2001年1月，河南省乡镇企业成人中等专业学校并入；2002年5月，河南省漯河艺术师范学校并入	漯河市人民政府	1999年3月	16
2	三门峡职业技术学院	1946年	豫西师范学校（1946年成立）、三门峡电大（资源。1979年开办）合并	三门峡市人民政府	1999年7月	16
3	郑州财税金融职业学院	1985年	郑州市财税学校	郑州市人民政府（郑州市教育局）	2013年5月	2
4	郑州旅游职业学院	1985年	郑州旅游学校（学校名称在相应的年份为：1985年的郑州市第二十三中学，郑州市旅游职业中等专业学校，1987年的郑州旅游职业中等专业学校、1988年的郑州旅游学校、2000年的郑州旅游职业教育中心学校）	郑州市人民政府（郑州市教育局）	2004年6月	11
5	郑州职业技术学院	1976年3月	郑州市机电学校	郑州市人民政府（郑州市教育局）	2004年6月	11
6	安阳职业技术学院	1958年	安钢职工大学，2010年安阳广播电视大学、安阳市中医药学校整体并入	安阳市人民政府	2009年4月	6
7	新乡职业技术学院	1975年	2008年新乡市纺织职工大学改制；依托新乡市技师学院，新乡市机电工程学校，整合河南省新乡商业学校、新乡市粮食成人中等专业学校、新乡市体育运动学校、新乡幼儿师范学校等12所职业学校并入	新乡市人民政府	2009年4月	6
8	驻马店职业技术学院	1958年	驻马店广播电视大学、驻马店教育学院、驻马店财税学校、汝南园林学校，驻马店文化艺术学校、驻马店电子工程学校、驻马店职税职工中专学校合并	驻马店市人民政府	2009年4月	6
9	开封文化艺术职业学院	1952年	2010年3月，开封市职工业余大学、河南省广播电视大学（开封分校）合并；2014年9月开封教育学院并入	开封市人民政府	2010年3月	5

续表1—3

序号	高职院校	创校时间	升格基础主体	举办主体	升格时间	升格年数
10	许昌电气职业学院	1958年	许昌技师学院、许昌广播电视大学、许昌市水利技工学校、许昌市粮食职业中专合并	许昌市人民政府	2011年5月	4
11	许昌职业技术学院	1985年	许昌教育学院、许昌财政税务学校、许昌机电工程学校、许昌师范学校合并	许昌市人民政府	2001年	14
12	洛阳职业技术学院	1959年	洛阳市职工科学技术学院、洛阳市卫生学校、洛阳市总工会技工学校、洛阳高级技工学校合并	洛阳市人民政府	2011年5月	4
13	南阳农业职业学院	1951年	南阳农业学校	南阳市人民政府	2013年5月	2
14	濮阳职业技术学院	1950年	2001年濮阳教育学院、濮阳工业学校、濮阳广播电视大学（资源）、濮阳师范学校（合并）	濮阳市人民政府	2001年4月	14
15	商丘职业技术学院	1950年	2001年商丘市财经学校、商丘市农业学校、商丘广播电视大学（资源）合并，2003年商丘市工业学校、商丘商业学校、商丘市体育运动学校、商丘文化艺术学校并入	商丘市人民政府	2001年	14
16	周口职业技术学院	1958年	2001年周口市农业学校、沈丘师范学校、周口市艺术学校、河南省广播电视大学（周口市分校资源）合并，2013年周口卫生学校并入	周口市人民政府	2001年4月23日	14
17	济源职业技术学院	1993年	济源市中等工业学校、济源市文化艺术学校（河南省艺术学校济源分校），1998年河南广播电视大学（济源工作站）并入（合署），济源市工业学校并入	济源市人民政府	2001年4月	14
18	鹤壁职业技术学院	1974年	2001年鹤壁教育学院、鹤壁广播电视大学（资源）、鹤壁中等专业学校（资源）合并，2003年鹤壁师范学校、鹤壁市中等专业学校成人培训学校、2011年鹤壁市体育运动学校并入	鹤壁市人民政府	2001年4月23日	14
19	河南质量工程职业学院	1996年	河南省质量工程学院、平顶山广播电视大学（资源）	平顶山市人民政府	2003年11月	12
20	信阳职业技术学院	1903年	2004年信阳教育学院、信阳师范学校、信阳卫生学校、信阳商业学校合并	信阳市人民政府	2004年6月	11

干部作为副地厅级省管干部由省委省人民政府考核任免，教育教学由省级教育厅局进行业务指导；高职院校与举办主体——地级市人民政府之间是行政隶属关系，人（包括副校级领导干部、中低层级管理干部和普通教师、职工）、财、物由所属地级市人民政府提供和控制。作为地级市人民政府组成部门的地级市教育局，行政级别为正处级，比本地政府举办的副地厅级高职院校的行政级别低半格，故而通常没有直接领导和管理本地政府举办高职院校的行政权力。只有获得地级市人民政府对特定事项的授权时，地级市教育局方才有权对本地政府举办的高职院校进行协调和督促，但对授权范围之外的事项仍不具有行政权。地级市政府举办的高职院校自主决定是否参加地级市教育局组织的教育教学活动。综合而言，地级市政府举办的高职院校的"省管"体制特点表现为党委书记和校长两个校级正职领导干部的刚性"省管"，以及弹性接受省级教育厅局对教育教学事务的业务指导；"市管"体制特点表现为受到具有隶属关系的地级市人民政府的直接制约，来自地级市教育局的业务指导影响最弱甚至形同于无。

（二）办学主体

地级市政府举办的 20 所高职院校的办学主体情况见表 1-3。地级市政府举办的高职院校具有以下特点：

第一，由多所地级市政府举办的成人高等学校、中等专业学校合并升格。在地级市政府举办的高职院校中，除郑州财税金融职业学院、郑州旅游职业学院、郑州职业技术学院和南阳农业职业学院等 4 所高职院校由单一的基础主体升格而来以外，其余 16 所高职院校均由多所中等专业学校或中等专业学校与成人高等学校合并升格而成，被合并学校少则 2 所，多则 10 余所。由多个基础主体合并升格而成的地级市政府举办的高职院校，除与其他隶属关系高职院校同样都面临外部环境适应与一般性的内部协调办学问题以外，还需要重点解决内部多个升格基础主体之间从形式合并走向实质融合的问题。

第二，升格时间较为集中。在地级市政府举办的高职院校中，2001 年获准升格，至 2015 年已有 14 年高职教育举办历史的有许昌职业技术学院、濮阳职业技术学院、商丘职业技术学院、周口职业技术学院、济源职业技术学院和鹤壁职业技术学院等 6 所高职院校，占地级市政府举办高职院校总数 20 所之比为 30%；2004 年获准升格，至 2015 年已有 11 年高职教育举办历史的有郑州旅游职业学院、郑州职业技术学院和信阳职业技术学院等 3 所高职院校；2009 年获准升格，至 2015 年已有 6 年高职教育举办历史的有安阳职业技术学院、新乡职业技术学院、驻马店职业技术学院等 3 所高职院校，两者分别占地级市政府举办高职院校总数 20 所之比为 15％；另在 1999 年、2011 年、2013 年各有 2 所高职院校获准设置；2003 年、2010 年则各有 1 所高职院校获准设置。

四、国有企业举办高职院校

（一）举办主体

国有企业举办的两所高职院校的举办主体情况见表 1-4。

表 1-4　国有企业举办的高职院校情况表（2015 年）

序号	高职院校	创校时间	升格基础主体	举办主体	升格时间	升格年数
1	平顶山工业职业技术学院	1975 年	2001 年平顶山煤炭职工大学、平顶山煤炭高级技工学校合并，2006 年平顶山市工业贸易学校并入，2012 年中国平煤神马集团党校并入	中国平煤神马能源化工集团有限责任公司	2001 年	14
2	永城职业学院	1956 年	永城师范学校、商丘教育学院、永城职业学校合并	河南能源化工集团有限公司	2004 年6 月	11

平顶山工业职业技术学院是由国有企业作为单一举办主体，面向非企业职工的社会适龄人群提供高职教育的高职院校。该校的举办体制既区别于政企、校企或企企等多个举办主体联合或由政府单一主体举办的高职院校，也区别于面向企业内部在职职工提供成人继续教育和岗位技能培训的企业大学。该校升格前后至今，与举办主体中国平煤神马能源化工集团有限责任公司的隶属关系没有变化，升格后教育教学业务接受河南省教育厅的指导监督。

永城职业学院原由商丘市人民政府全权举办和管理，现为由"一政"即商丘市人民政府、"一企"即河南能源化工集团有限公司两个法人单位联合举办的股份制高职院校，改制前后的教育教学业务均由河南省教育厅指导。2010 年 12 月河南省人民政府在印发的《河南省人民政府关于永城职业学院办学体制改革的批复》（豫政文〔2010〕185 号）中，批准该校改制为股份制高职院校，"河南能源拥有永城职业学院 70％的股权，商丘市人民政府拥有永城职业学院 30％的股权。股东以各自认缴的出资额对学院承担责任，按各自实缴的出资比例分享合理回报"，实行河南能源化工集团有限公司和商丘市人民政府共同管理，以河南能源化工集团有限公司为主的举办体制，参照民办学校管理方式来管理学校。综合而言，在该校的举办和管理体制中，国有企业承担 70％ 的举办和管理责任，剩余的举办和管理责任由地级市政府承担。

（二）办学主体

平顶山工业职业技术学院于 2001 年由平顶山煤炭职工大学、平顶山煤炭高级技工学校合并而成；2006 年平顶山市工业贸易学校并入，2012 年中国平煤神马集团党校并入。

永城职业学院于 2004 年 5 月由永城师范学校、商丘教育学院、永城职业学校三校合并经批准备案成立。

第二节　国家和省域高职教育管理体制政策分析

高职教育管理与举办体制是政府按照高职院校的隶属关系结构进行高职教育资源配置的工具。从新中国成立到改革开放至今，国家运用社会主义政权的政治权威和行政权力，采用颁布法律或者中共中央单主体发文、中共中央与国务院双主体联合发文、国务院（政务院）单主体发文、教育部等部门多主体联合发文、教育部单主体发文等形式印发政策性文件指导全国和省域进行宏观、中观两个层面的高职教育管理与举办体制发展与改革，努力增长和科学配置高职教育资源存量。在高职教育发展与改革中，国家在中央层面奉行"效率优先"的政策价值目标，在省域层面奉行"质量第一"的政策价值目标，根据不同时期的主要任务构建或改革教育体制，从建立中央统一集权体制到改革为中央和省两级管理、以省为主的体制，从调动中央部委、省级政府多方面管理高等教育的积极性，到调整和淡化中央业务部门办学，省级政府从受托代管到全面统筹省域高等教育，高职教育举办体制的活力不断得到释放，走出了一条中国特色举办体制改革之路，高职院校的发展从按照指令性计划办学到从无到有逐步扩大办学自主权，不断增长办学实力和提高办学水平，充分保障了社会发展和国民经济建设需要。

这里主要以法律性文件、政策性文件为分析对象，采用政策分析的方法进行研究。在教育管理与举办体制改革过程中，国家出台的有关政策主要包括法律性文件 5 个（见本节"一、国家高职教育管理体制法规"有关内容），以及政策性文件 28 个（见表 1-5）。

表1-5　高职教育管理和举办体制政策性文件一览表（1950—2015年）

序号	文件名称	发文主体	施行时间	文号
1	关于高等学校领导关系的决定	政务院	1950年7月28日	
2	中央人民政府政务院关于修订高等学校领导关系的决定	政务院	1953年5月29日	
3	中国共产党中央委员会、国务院关于教育工作的指示	中共中央、国务院	1958年9月19日	
4	中共中央、国务院对高等学校领导、管理问题两个文件的批示	中共中央、国务院	1963年6月26日	
5	国务院批转教育部、国家计委关于加速发展高等教育的报告的通知	国务院	1983年4月28日	国发〔1983〕76号
6	中共中央关于教育体制改革的决定	中共中央	1985年5月27日	中发〔1985〕12号
7	国务院关于发布《普通高等学校设置暂行条例》的通知	国务院	1986年12月16日	国发〔1986〕108号
8	国务院关于大力发展职业技术教育的决定	国务院	1991年10月17日	国发〔1991〕55号
9	国务院批转国家教委关于加快改革和积极发展普通高等教育意见的通知	国务院	1993年1月12日	国发〔1993〕4号
10	中国教育改革和发展纲要	中共中央、国务院	1993年2月13日	中发〔1993〕3号
11	国务院关于《中国教育改革和发展纲要》的实施意见	国务院	1994年7月3日	国发〔1994〕39号
12	国务院办公厅转发国家教委关于深化高等教育体制改革若干意见的通知	国务院办公厅	1995年7月19日	国办发〔1995〕43号
13	国家教委关于高等职业学校设置问题的几点意见	国家教委	1997年9月25日	教计〔1997〕95号
14	国务院批转教育部面向21世纪教育振兴行动计划的通知	国务院	1999年1月13日	国发〔1998〕4号
15	中共中央国务院关于深化教育改革，全面推进素质教育的决定	中共中央、国务院	1999年6月13日	中发〔1999〕9号
16	高等职业学校设置标准（暂行）	教育部	2000年3月15日	教发〔2000〕41号
17	国务院关于大力推进职业教育改革与发展的决定	国务院	2002年8月24日	国发〔2002〕16号
18	关于进一步发挥行业、企业在职业教育和培训中作用的意见	教育部、国家经济贸易委员会、劳动和社会保障部	2002年12月2日	教职成〔2002〕15号
19	国务院批转教育部2003—2007年教育振兴行动计划的通知	国务院	2004年3月3日	国发〔2004〕5号
20	关于进一步加强职业教育工作的若干意见	教育部等七部门	2004年9月14日	教职成〔2004〕12号
21	国务院关于大力发展职业教育的决定	国务院	2005年10月28日	国发〔2005〕35号

续表1-5

序号	文件名称	发文主体	施行时间	文号
22	国家中长期教育改革和发展规划纲要（2010—2020年）	中共中央、国务院	2010年7月29日	中发〔2010〕12号
23	教育部关于充分发挥行业指导作用推进职业教育改革发展的意见	教育部	2011年6月23日	教职成〔2011〕6号
24	中共中央关于全面深化改革若干重大问题的决定	中共中央	2013年11月12日	
25	国务院关于加快发展现代职业教育的决定	国务院	2014年5月2日	国发〔2014〕19号
26	教育部等六部门关于印发《现代职业教育体系建设规划（2014—2020年）》的通知	教育部等六部门	2014年6月16日	教发〔2014〕6号
27	国家教育体制改革领导小组办公室关于进一步扩大省级政府教育统筹权的意见	国家教育体制改革领导小组办公室	2014年7月8日	教改办〔2014〕1号
28	教育部关于印发《高等职业教育创新发展行动计划（2015—2018年）》的通知	教育部	2015年10月19日	教职成〔2015〕9号

　　需要指出，国家出台的有关职业教育的政策性文件并非当然适用于高职教育和高职院校。在20世纪80年代初期到21世纪前10年，学者和政策性文件使用的"职业教育"或者"职业技术教育"概念多指中等职业教育，高职教育仅作为职业教育的例外进行附带性规范。这一时期，政府管理注重高职教育的高等教育层次属性，国家教育行政部门的高职管理机构和职能附设于高等教育司之下，对高职教育主要作为高等教育的一个普通组成部分进行宏观管理。进入21世纪10年之后，政府管理注重高职教育的职业教育类型属性，尤其从国家教育行政部门的高职管理机构和职能从高等教育司调整至职业教育与成人教育司之下以后，国家教育行政部门印发的高职教育专文逐渐增多。所以，对职业教育政策性文件是否适用于高职教育和高职院校，要根据有关文件发布当时的形势和具体内容进行综合语境分析并加以判断。

一、国家高职教育管理体制法规

　　国家高职教育管理和举办体制法律性文件有法律、行政法规、部门规章三种形式，一共有5个，包括法律3个、行政法规1个、部门规章1个。

（一）法律

　　《中华人民共和国教育法》（以下简称《教育法》），1995年3月18日第八届全国人民代表大会第三次会议通过，2015年12月27日第十二届全国人民代表大会常务委员会第十八次会议进行第二次修正。《教育法》在第十四条、第十五条、第十九条中，对中央、地方各级政府及其所属教育行政部门和其他有关行政部门举办和管理教育的职责作出原则性的法律规定，即国务院教育行政部门主管全国教育工作，各级政府、有关行政部门以及企业事业组织负有举办和发展职业教育的责任，高等教育由国务院和省级政府管理。

《中华人民共和国职业教育法》（以下简称《职业教育法》）第六条、第十一条、第十七条、第十九条和第二十条规定，国务院教育行政部门负责职业教育工作的统筹规划、综合协调、宏观管理，国务院教育行政部门、劳动行政部门和其他有关部门负责职责范围内的职业教育工作，政府行政主管部门和行业组织负责组织、协调、指导本行业的企业、事业组织举办职业学校，县级以上地方各级政府负责对本行政区域职业教育工作的领导、统筹协调和督导评估；政府行政主管部门、行业组织和企业、事业组织负责举办职业学校，实施职业教育。

《中华人民共和国高等教育法》（以下简称《高等教育法》）第十三条、第十四条规定，国务院统一领导和管理全国高等教育事业，省级政府统筹协调本行政区域内的高等教育事业，管理地方高校和国务院授权管理的高校；国务院教育行政部门主管全国高等教育工作，管理国务院确定的高校；国务院其他有关部门负责职责范围内的有关高等教育工作。《高等教育法》第六十八条指出，高校包括高职院校。

在以上三部法律中，《教育法》作为教育基本法，具有高于《职业教育法》和《高等教育法》两部教育部门法的法律效力，是高职教育管理和举办体制的基本法律依据。《职业教育法》不仅原则规定职业教育管理体制，而且根据职业教育的职业属性（行业属性）要求，专门规定政府行政主管部门、行业组织所负有的职业教育管理和举办职责，直接规定职业教育的举办主体为政府行政主管部门、行业组织和企业、事业组织。《高等教育法》明文规定适用于高职教育，那么，高职教育管理和举办体制也应接受《高等教育法》的规范。

（二）行政法规

国务院 1986 年 3 月 12 日发布《国务院关于发布〈高等教育管理职责暂行规定〉的通知》（国发〔1986〕32 号），对不同的高职教育管理和举办主体的权限划分作出基础性的规定，① 并在国家随后颁布的《高等教育法》中加以重申。详见前述《高等教育法》所列相关条款规定。

（三）部门规章

国家教委、国家经贸委、劳动部 1998 年 3 月 16 日联合发布《关于印发〈关于实施《职业教育法》加快发展职业教育的若干意见〉的通知》（教职〔1998〕2 号，以下简称《实施意见》），对《职业教育法》中的高职教育管理和举办体制方面的原则性法律条款进行操作性细化，构建和完善高职教育主体结构和机制框架。《实施意见》在第二部分"努力实现跨世纪发展职业教育的奋斗目标"中提出做到"两个落实"，即"落实政府、行业、企业及社会各方面兴办职业教育的职责和义务，落实各部门对职业教育的管理职责分工"，目标是中心城市的各个大的行业及每个县到 2000 年都建设一到两所骨干职业学校；在第五部分"推进办学体制改革，加强部门分工协作"中提出政府、行业、企业履行举办职业教育的法定职责，要求地方各级政府要办好"起骨干和示范作用"的职业学校，行业主管部门、行业组织应举办或联合举办本行业的职业学校，企业可以单独或联合举办职业学校，建立"在政府领导下，教育部门统筹协调，各有关部门分工协作"的职业教育管理体制。

二、国家高职教育管理体制政策

从 1950 年到 2014 年，国家发布的指导全国高职教育管理和举办体制改革的政策性文件有 11 份。

政务院 1950 年 7 月 28 日公布《关于高等学校领导关系的决定》规定，中央教育部统一领导全国高校，中央业务部门直接领导与本部门业务有关的高校。② 政务院在于 1953 年 5 月 29 日公布的《中央人民政府政务院关于修订高等学校领导关系的决定》中重申，中央高等教育部对全国高校进行统一与集中领导，直接管理综合性大学、与多个业务部门有关的多科性工业高校，中央有关业务部门负责管理与一个业务部门有关的单科性高校，大区、省等地方政府可受中央高等教育部或者中央有关业务部门委托管理某些高

---

① 国务院.高等教育管理职责暂行规定 ［J］.中华人民共和国国务院公报，1986（13）：442-446.
② 关于高等学校领导关系的决定 ［J］.人民教育，1950（5）：67.

校。[①] 中央政府通过发布以上文件，确立中央教育部（中央高等教育部）统一领导全国高校的地位和职权，明确中央其他业务部门、省级政府的相关职责，建立中央集权的高等教育管理体制。

1985 年国家进入"教育改革元年"。中共中央 1985 年 5 月 27 日发布《中共中央关于教育体制改革的决定》（中发〔1985〕12 号），指出既往教育体制的问题是，在教育事业管理权限的划分上，政府有关部门对高校统得过死，而政府应该加以管理的事情又没有管好，要求按照"加强宏观管理，实行简政放权，扩大高校的办学自主权"的思路，全面改革教育管理体制。

随后，中共中央、国务院根据教育体制改革的进程，通过及时指导和检查落实，中央政府完成下放高等教育管理和举办权力清单的顶层设计，省级政府在新体制中的地位被明确和固定下来，中央集权的高等教育管理体制变革为中央、省两级政府分权，以省为主的高等教育管理体制。

中共中央、国务院 1993 年 2 月 13 日发布《中国教育改革和发展纲要》（中发〔1993〕3 号），强调要解决中央与地方的关系，扩大省的高等教育决策权和统筹权。国务院 1993 年 1 月 12 日发布《国务院批转国家教委关于加快改革和积极发展普通高等教育意见的通知》（国发〔1993〕4 号）提出，高等教育管理体制改革的方向是实行中央与省两级管理、两级负责；中央管理部门要简政放权，主要负责大政方针、宏观规划和监督检查，将地方所属高校的政策、制度、计划制定实施和对学校的领导管理责任与权力交给地方，加强地方政府的管理职能。国务院 1994 年 7 月 3 日发布《国务院关于〈中国教育改革和发展纲要〉的实施意见》（国发〔1994〕39 号），细化和落实《中国教育改革和发展纲要》（中发〔1993〕3 号）提出的前述要求。国务院办公厅 1995 年 7 月 19 日发布《国务院办公厅转发国家教委关于深化高等教育体制改革若干意见的通知》（国办发〔1995〕43 号），制定教育体制改革时间表，提出到 2000 年或稍长一点时间，基本形成中央和省两级政府管理、分工负责，以省级政府统筹为主，条块有机结合的体制框架。国务院1999 年 1 月 13 日发布《国务院批转教育部面向 21 世纪教育振兴行动计划的通知》（国发〔1998〕4 号），提出教育体制改革时间表的后续安排，要求在 3 至 5 年之内基本建成高等教育管理新体制，并通过试点逐步把原来由中央掌握的高职教育的招生计划、入学考试和文凭发放等方面的责任和权力下放给省级政府和学校，使省级政府在中央政府的宏观指导下，统筹管理省域

---

① 中央人民政府政务院关于修订高等学校领导关系的决定 [J]. 人民教育，1953（11）：66.

高职教育现有资源。① 中共中央、国务院 1999 年 6 月 13 日发布《中共中央国务院关于深化教育改革，全面推进素质教育的决定》（中发〔1999〕9号），提出缩短教育体制改革时间表，要求用 3 年时间基本完成高等教育管理体制和布局结构调整，国务院向省级政府下放发展高职教育和大部分高等专科教育的权力以及责任。②

在教育体制改革经过 10 余年之后，国家仍然在持续推进对宏观高职教育管理体制的改革完善，省级政府不断获得统筹省域高职教育管理和举办事宜的中央政府扩大授权。中共中央、国务院在 2010 年 7 月 29 日发布的《国家中长期教育改革和发展规划纲要（2010—2020 年）》（中发〔2010〕12 号）中要求进一步完善以省级政府为主的高等教育管理体制。③ 中共中央 2013年 11 月 12 日通过的《中共中央关于全面深化改革若干重大问题的决定》要求扩大省级政府教育统筹权和学校办学自主权。教育部等六部门 2014 年 6月 16 日联合发布的《教育部等六部门关于印发〈现代职业教育体系建设规划（2014—2020 年）〉的通知》（教发〔2014〕6 号）指出，中央政府赋予省级政府在职业院校布局规划、招生考试等方面更多的统筹规划权限，加强省级政府统筹规划。国家教育体制改革领导小组办公室 2014 年 7 月 8 日发布的《国家教育体制改革领导小组办公室关于进一步扩大省级政府教育统筹权的意见》（教改办〔2014〕1 号），要求进一步扩大省级政府教育统筹权，加强省级政府对现代职业教育改革发展的领导，完善以省级政府为主的高等教育管理体制。

三、省域高职教育管理体制政策

从 1991 年到 2015 年，国家发布的指导省域高职教育管理体制改革的政策性文件共有 8 件。国家基于职业教育滞后于社会经济发展的现实状况，要求职业教育确立"质量第一"的价值目标，明确地方政府承担职业教育发展的主要责任，加大对职业教育的资源配置总量，实现高质量的教育公平。

国务院 1991 年 10 月 17 日发布《国务院关于大力发展职业技术教育的

① 国务院批转教育部面向 21 世纪教育振兴行动计划的通知［J］. 中华人民共和国国务院公报，1999（2）.
② 中共中央国务院关于深化教育改革，全面推进素质教育的决定［J］. 中华人民共和国国务院公报，1999（21）：868－878.
③ 中共中央、国务院印发国家中长期教育改革和发展规划纲要（2010—2020 年）［J］. 人民教育，2010（17）：2－15.

决定》（国发〔1991〕55号）指出，职业技术教育的关键责任者是市、县地方政府。这是中央政府第一次在政策性文件中明确要求地级市政府承担发展职业技术教育的关键责任。时隔10年之后，国务院2002年8月24日发布《国务院关于大力推进职业教育改革与发展的决定》（国发〔2002〕16号）再次提出，县级以上地方各级政府要承担发展职业教育的主要责任和发挥主导作用，地级市政府要强化统筹本行政区域职业教育发展的责任。国务院2004年3月3日发布《国务院批转教育部2003—2007年教育振兴行动计划的通知》（国发〔2004〕5号）第三次指出，要强化地级市政府的职业教育统筹责任，推进教育管理体制改革。教育部等七部门2004年9月14日联合发布《关于进一步加强职业教育工作的若干意见》（教职成〔2004〕12号）明确提出，地级市政府在统筹职业教育时，要打破部门界限和学校类型界限，整合职业教育资源，优化职业院校布局结构。

国务院2014年5月2日发布《国务院关于加快发展现代职业教育的决定》（国发〔2014〕19号）要求强化省级政府统筹。教育部等六部门2014年6月16日联合发布《教育部等六部门关于印发〈现代职业教育体系建设规划（2014—2020年）〉的通知》（教发〔2014〕6号）重申，扩大省级政府统筹权，授权地级市政府对区域内职业教育加强统筹规划与管理。在前述政策性文件中，与国务院于1991年、2002年和2005年印发的三份以职业教育发展为主题的专门文件不同的是，一是提升统筹职业教育的地方政府层级，由原来要求地级市政府承担统筹职业教育发展的关键责任、主要责任，改为授权省级政府统筹；二是要求地方政府分解"分级管理、地方为主、政府统筹"的职业教育发展责任，这里的"地方为主"应当理解为包括省级政府、地级市政府和县级政府在内的地方各级政府，但是承担"政府统筹"责任的最低地方政府层级是地级市政府，县级政府并不承担对职业教育的统筹责任。

在以上由国务院或教育部等部门发布的文件中使用的核心概念是职业教育，适用的职业教育管理体制是"在国务院领导下，分级管理、地方为主、政府统筹、社会参与"。如果强调高职教育的职业教育类型属性，高职教育无疑应适用职业教育管理体制的规定。但是，高职教育又具有高等教育层次属性，所以也应适用"中央和省级人民政府两级管理、以省级人民政府管理为主"的高等教育管理体制。两种管理体制的核心差异在于，是由省级政府承担统筹管理责任，还是由地级市政府承担统筹管理责任。这是发生在高职教育管理体制上的政策矛盾。国务院1994年7月3日发布的《国务院关于〈中国教育改革和发展纲要〉的实施意见》（国发〔1994〕39号）强调指出，高等教育在中央和省两级管理，以省级政府为主的体制下，有条件的经济发展程度较高地区的中心城市办学要由中央和省两级政府统筹。根据这一政策性文件的规定，中心城市举办高校并不在该市政府的统筹范围之内，而应纳入高等教育范畴，实行由中央和省两级政府统筹的管理体制。按照这一规定，地级市政府举办的高职教育属于高等教育范畴，应由中央和省两级统筹，而不应该由地级市政府进行统筹。

首先，地级市的行政区划设置涉嫌超越宪法规定，将导致赋权给地级市的职业教育政策归于无效。尽管地级市在中国的政治理论和施政实践中已经成为介于省、县之间独立的一级行政区划，但是由于地级市本身的存在缺乏宪法依据，因此，赋权给地级市的职业教育政策将从根本上失去法律效力。根据《中华人民共和国宪法》第三十条关于行政区域划分的规定，其中并无地级市的行政区划设置，所以该法第九十五条对地方各级人民代表大会和地方各级人民政府的规定也并无地级市人民代表大会和地级市人民政府的设置。这一现象应通过立法审查机制从根本上加以解决。本书不对地级市的法律地位展开法理和法源分析，而是采取承认现实的态度，对地级市政府统筹管理辖区职业教育和举办高职院校问题从教育管理的学理角度进行分析研究。

其次，《教育法》《高等教育法》两部法律与《职业教育法》之间关于地级市政府对高职教育的权限规定存在法律冲突。《教育法》第十四条"高等教育由国务院和省、自治区、直辖市人民政府管理"的赋权性规定与《高等教育法》第十三条"国务院统一领导和管理全国高等教育事业。省、自治区、直辖市人民政府统筹协调本行政区域内的高等教育事业，管理主要为地方培养人才和国务院授权管理的高等学校"的规定都排除地级市政府的高等教育管理职权和高职教育管理职权，合乎法理的推论是，地级市政府无权管理处在职业教育类型中的高等教育层次的高职教育。抛开地级市的存在本身涉嫌违宪问题不论，从地级市行政区划存在的事实出发，按照《职业教育法》第六条"各级人民政府应当将发展职业教育纳入国民经济和社会发展规划"和第十一条"县级以上地方各级人民政府应当加强对本行政区域内职业教育工作的领导、统筹协调和督导评估"的规定，地级市政府属于其中的"各级人民政府"以及"县级以上地方各级人民政府"，自然"应当将发展职业教育纳入国民经济和社会发展规划"和"应当加强对本行政区域内职业教育工作的领导、统筹协调和督导评估"。鉴于高职教育具有职业教育类型属性，所以既应当纳入地级市政府国民经济和社会发展规划，也应当接受地级市政府的领导、统筹协调和督导评估。综上所述，《职业教育法》与《教育法》《高等教育法》两部法律对地级市政府教育权限的有关规定存在法律冲突。解决前述法律冲突的办法，应当从《中华人民共和国立法法》（以下简称《立法法》）中寻找和确定。[①]《教育法》是由全国人民代表大会制定和修改的在教育方面带有根本性和全局性的"其他基本法律"，在教育法律体系中属于上位法。按照基本法律高于非基本法律的法律效力规则，《教育法》对下位的由全国人民代表大会常务委员会制定和修改，调整对象为具体教育部门的"非基本法律"《职业教育法》进行指导和限制。所以，《职业教育法》对地级市政府的授权违背《教育法》规定的法律内涵和《立法法》规定的立法规则，应作相应调整。如此一来，作为同属教育基本法律下位法的同位、同效的两部部门法，《职业教育法》与《高等教育法》的法律冲突也就随之消失。

正是由于高职教育属性处在人们各执一端的学术争议中，而且国家在法律性文件、政策性文件中又没有明文赋予地级市政府统筹辖区高职教育的显性权力，这两个方面的原因共同阻挠着人们在对高职教育是否应该包括在职业教育类型之内的问题上形成清晰的认识，也因而阻碍人们在高职教育是否应该被纳入地级市政府职业教育工作职责的问题上达成共识。所以，地级市政府面临将高职教育纳入工作范围的理念模糊和法律冲突，在推进统筹本行政区域职业教育发展的任务方面步履维艰。

或许正是基于以上理论和实践困局，教育部于 2015 年 10 月 19 日发布的《教育部关于印发〈高等职业教育创新发展行动计划（2015—2018 年）〉的通知》（教职成〔2015〕9 号）要求深入推进地级市高职教育综合改革试点，督促地级市政府进一步明确管理高职教育的职责与权限，或许是希冀积累实践经验促成理论认识。结合国家在改革开放过程中通常采取先试点再推广的政策路径惯例。笔者认为，此前国家并无意要求地级市政府统筹管理本地高职教育，今后将以本次试点为契机，明晰地级市政府分享高职教育管理权限，建构中央、省、地级市分级分权组成的高职教育管理体制。由此推论，中央政府将普通高等教育的统筹权力仅仅下放到省一级政府，而对高职教育的权力则可能下放到省级政府下一级的地级市政府，可见对高职教育的管理权下放得更加彻底。

---

① 《中华人民共和国立法法》于 2000 年 3 月 15 日经第九届全国人民代表大会第三次会议表决通过，自 2000 年 7 月 1 日起施行，根据 2015 年 3 月 15 日第十二届全国人民代表大会第三次会议《关于修改〈中华人民共和国立法法〉的决定》修正。

第三节　省域高职教育举办体制政策分析

经过 20 世纪 90 年代普通高等教育管理体制改革，原来举办格局下的中央业务部门已基本退出高职院校举办主体序列，省域高职教育举办体制系统随着形势发展逐渐成熟。省域高职教育举办体制系统经过的历史路线是，改革开放早期国家提出"大家来办"的基本方针，经过"政府主导、依靠企业、充分发挥行业作用、社会力量积极参与"的多元举办体制时期，一直到晚近定型为"政府主导、行业指导、企业参与"的总体结构。当前高职院校主要由省域地方政府举办，省级教育部门、省级行业厅局、地级市政府、国有企业成为主要的举办主体。

本书仅对省域地方高职院校展开政策分析，对目前已经为数不多的中央业务部门举办高职院校不作研究。从 1950 年到 2015 年，国家发布的指导省域高职院校举办体制改革的主要政策性文件有 28 件。

一、省级教育厅局主管的高职院校举办体制政策

从 1963 年到 1999 年，国家发布的关于省级教育厅局作为高职院校举办主体的主要政策性文件有 3 个。

中共中央、国务院 1963 年 6 月 26 日发布《中共中央、国务院对高等学校领导、管理问题两个文件的批示》，其中的《中共中央、国务院关于加强高等学校统一领导、分级管理的决定（试行草案）》维持 1953 年 5 月 29 日《中央人民政府政务院关于修订高等学校领导关系的决定》列示省级政府高教（教育）厅局的主要职责。该文件规定，省级高教（教育）厅局代表省级政府负责办理本地区高校行政管理工作，代为直接管理部分高校，并向教育部负责。该文件由中共中央、国务院联合发布，在中国政治环境下具有高度的权威性，标志着由省级高教（教育）厅局代表省级政府办理本省高校行政管理工作、代管部分高校的中观省域举办结构正式建立。

中共中央、国务院 1999 年 6 月 13 日发布的《中共中央国务院关于深化教育改革，全面推进素质教育的决定》（中发〔1999〕9 号）提出，大力发展高职教育，省级政府可举办综合性、社区性的职业技术学院（或职业学

院）。① 按照中共中央、国务院 1963 年 6 月 26 日发布的《中共中央、国务院对高等学校领导、管理问题两个文件的批示》对省级高教（教育）厅局工作职责的规定，结合国务院 1986 年 3 月 8 日《国务院关于发布〈高等教育管理职责暂行规定〉的通知》（国发〔1986〕32 号）对省级人民政府高等教育管理职责的授权规定，前述中发〔1999〕9 号文件中的"省级政府"应理解为由省级教育厅局作为代表，负责具体办理、直接管理综合性和社区性的职业技术学院（或职业学院）。

二、省级行业厅局主管的高职院校举办体制政策

从 1963 年到 2015 年，国家发布的关于省级行业厅局作为高职院校举办主体的主要政策性文件有 10 件，占省域高职院校举办体制政策性文件发文总数 28 件的 35.71%，位居省域高职院校四类举办体制发文数量之首，可见国家对省级行业厅局作为省域高职院校举办主体地位和作用的重视。在众多的政策性文件中，国家一以贯之的要求是鼓励和支持省级行业厅局举办高职院校，助力省级教育厅局指导行业职业教育的发展。此外，河南省发布的相关政策性文件有 2 个。

省级行业厅局主管的高职院校举办体制政策，可追溯到授权省级教育厅局主管高职院校的同一政策性文件。中共中央、国务院在 1963 年 6 月 26 日发布的《中共中央、国务院对高等学校领导、管理问题两个文件的批示》和《中共中央、国务院关于加强高等学校统一领导、分级管理的决定（试行草案）》中提出，省级有关业务厅局分工管理与本部门业务有关的高校，并受中央有关业务部门的业务指导。以该文件为依据和起点，省域建立起省级业务厅局举办和管理行业高校的"条条分割"体制。

在改革开放初期，国家即部署要求行业部门举办和指导职业教育。国务院 1991 年 10 月 17 日发布的《国务院关于大力发展职业技术教育的决定》（国发〔1991〕55 号）提出，根据当时现状，要求职业教育发展行业办学和部门与地方联合办学，"各业务部门"既要办好所属职业院校，也要对行业职业教育进行指导协调、服务帮助。中共中央、国务院 1993 年 2 月 13 日发布的《中国教育改革和发展纲要》（中发〔1993〕3 号）提出，职业教育主要依靠行业等社会各方面办学。国务院 1994 年 7 月 3 日发布的《国务院关

---

① 中共中央国务院关于深化教育改革，全面推进素质教育的决定 [J]．中华人民共和国国务院公报，1999（21）：868-878.

于〈中国教育改革和发展纲要〉的实施意见》（国发〔1994〕39 号），重申职业学校依靠行业等社会各界办学为主，要求中央业务部门做好预测行业人力需求、引导培养行业紧缺人才、组织参与评估监督、协助国家教委指导行业教育等。

国务院 2002 年 8 月 24 日发布的《国务院关于大力推进职业教育改革与发展的决定》（国发〔2002〕16 号）提出，行业主管部门要办好职业学校，并对行业职业教育进行协调和业务指导。教育部、国家经济贸易委员会、劳动和社会保障部 2002 年 12 月 2 日联合发布《关于进一步发挥行业、企业在职业教育和培训中作用的意见》（教职成〔2002〕15 号），要求国务院和省、地级市行业主管部门要继续办好职业学校，地方支柱行业可单独或与高校合办职业技术学院。教育部等七部门 2004 年 9 月 14 日联合发布《关于进一步加强职业教育工作的若干意见》（教职成〔2004〕12 号），要求行业企业要继续办好职业学校，鼓励行业企业与职业学校实行合作办学。中共中央、国务院 2010 年 7 月 29 日联合发布《国家中长期教育改革和发展规划纲要（2010—2020 年）》提出，建立健全政府主导、行业指导的办学机制，鼓励行业组织举办职业学校或参与公办学校办学，要求省级政府支持行业职业教育。[①] 教育部 2011 年 6 月 23 日发布《教育部关于充分发挥行业指导作用推进职业教育改革发展的意见》（教职成〔2011〕6 号）指出，行业是建设现代职业教育体系的重要力量，省级教育行政部门要支持行业主管部门和行业组织实施职业教育，鼓励行业组织举办职业学校。[②] 教育部 2015 年 10 月 19 日发布《教育部关于印发〈高等职业教育创新发展行动计划（2015—2018 年）〉的通知》（教职成〔2015〕9 号）提出，鼓励行业参与职业教育，支持行业举办高职教育和履行举办方责任，鼓励支持对行业高职院校进行规划指导。

短暂的曲折是，在普通高等教育体制改革进程中，国务院办公厅 1995 年 7 月 19 日发布的《国务院办公厅转发国家教委关于深化高等教育体制改革若干意见的通知》（国办发〔1995〕43 号），指出地方高等教育管理体制上存在政府教育部门、其他业务部门分别办学与管理，各业务厅局主管高校偏多的条条分割办学问题，要求对省级行业厅局主管的高校进行必要的调整

---

① 中共中央、国务院印发国家中长期教育改革和发展规划纲要（2010—2020 年）［J］.人民教育，2010（17）：2—15.

② 教育部关于充分发挥行业指导作用推进职业教育改革发展的意见［J］.中华人民共和国国务院公报，2012（2）：13—15.

或合并。对照前述多数法律性文件和政策性文件精神，应当认为这一文件的要求与国家长期推行的提倡和鼓励行业主管部门举办和发展高职教育的精神背道而驰，因此没有得到支持和落实。在当前高职教育格局下，政府应按照高职教育的职业属性（行业属性）要求，继续坚持既往态度，从法律、政策等多个方面给予鼓励和支持，吸引和调动省级行业厅局举办高职院校的积极性，大力支持省级行业厅局办好现有高职院校，使其在举办高职院校和指导高职教育发展上充分发挥作用。

河南省人民政府 2000 年 9 月 25 日印发的《河南省人民政府批转省教育厅关于我省审批设置高等职业学校实施意见的通知》（豫政〔2000〕58 号）提出，省直部门和单位一般不单独创办高职院校，确有需要且有教育资源和办学经费的少数省直部门和行业可举办一所高职院校。河南省人民政府 2003 年 6 月 11 日印发的《河南省人民政府贯彻国务院关于大力推进职业教育改革与发展的决定的实施意见》（豫政〔2003〕18 号）提出，有条件的行业主管部门在符合全省职业教育发展总体规划的前提下，可举办高职院校。综上可知，河南省人民政府对行业主管部门举办高职院校持限制和审慎的态度，预料省级行业厅局举办高职院校将在较长时期维持现有数量而不会大幅度扩充。

三、地级市政府举办的高职院校举办体制政策

从 1983 年到 2014 年，国家发布的关于地级市政府作为高职院校举办主体的主要政策性文件有 7 个，河南省发布的相关政策性文件有 6 个。文件数量和内容显示，国家对地级市政府举办高职院校的认识和态度逐步成熟和明确。在高职教育发展的起步阶段，国家对地级市政府在 20 世纪 80 年代初期自发举办地方职业大学形式的高职院校采取默许的态度，根据认识的加深和形势发展的需要，在消除短暂的认识分歧以后迅速改变为审慎支持的态度，进而大力提倡，直到要求实现无漏点布局，近年甚至降低布点城市的规模层级要求。过去的历史说明，国家对地级市政府作为高职院校举办主体遵循的是由点到面的许可路线，早期的举办主体限定为大城市、经济发展较快的中等城市或者经济发达地区，继之要求每一个地级市政府都要重点举办高职院校，发挥骨干示范作用，近年则提出向产业和社区贴近，小城市也要设置高职院校。由此看出，高职教育从中央、省两级办学，继之重心持续下沉到中心城市、中小城市在内的三级甚至四级政府办学。地级市政府是国家直接提出数字化要求的唯一高职院校举办主体，表明在高职教育发展的顶层战略设

计中，地级市政府处在"三级办学"格局中无可替代的地位。

　　国务院 1983 年 4 月 28 日发布《国务院批转教育部、国家计委关于加速发展高等教育的报告的通知》（国发〔1983〕76 号），提倡大城市、经济发展较快的中等城市举办高等专科学校和地方职业大学，加快发展高等教育。① 这是早在 1985 年教育体制改革之前，中央政府在政策性文件中首次赋予大中城市举办高职院校的权力。中共中央 1985 年 5 月 27 日发布《中共中央关于教育体制改革的决定》（中发〔1985〕12 号）要求普遍实行中央、省、中心城市三级办学，积极发展高等职业技术院校，加快发展专科层次教育。这份文件以中共中央的最高政治权威正式赋权中心城市举办高职教育。国务院 2002 年 8 月 24 日发布的《国务院关于大力推进职业教育改革与发展的决定》（国发〔2002〕16 号），提出大中城市和经济发达地区要积极发展高职教育，有条件的地级市可举办综合性、社区性的职业技术学院，省属高职院校可由省级有关部门与职业学校所在地级市政府共建、共管。国务院 2005 年 10 月 28 日发布的《国务院关于大力发展职业教育的决定》（国发〔2005〕35 号）和教育部等七部门 2004 年 9 月 14 日联合发布的《关于进一步加强职业教育工作的若干意见》（教职成〔2004〕12 号），进一步要求各级政府要办好公办职业院校，每个市（地）要重点建设一所高等职业技术学院，发挥公办职业学校的主力军作用。② 教育部等六部门 2014 年 6 月 16 日联合发布的《教育部等六部门关于印发〈现代职业教育体系建设规划（2014—2020 年）〉的通知》（教发〔2014〕6 号），要求新增高职院校在城镇化建设中主要向中小城市布局。

　　中共河南省委、河南省人民政府 1999 年 10 月 12 日印发的《中共河南省委、河南省人民政府关于贯彻〈中共中央、国务院关于深化教育改革全面推进素质教育的决定〉的实施意见》（豫发〔1999〕28 号），以及河南省人民政府 2000 年 9 月 25 日印发的《河南省人民政府批转省教育厅关于我省审批设置高等职业学校实施意见的通知》（豫政〔2000〕58 号）都提出，按照省管本科、市管专科的原则，高职院校以省辖市举办为主，每个省辖市都要办好 1 所由市财政供给的高职院校或多科性的高等专科学校，主要为本市地服务。河南省人民政府办公厅 2001 年 3 月 9 日印发的《河南省人民政府办

---

① 国务院. 国务院批转教育部、国家计划委员会关于加速发展高等教育的报告的通知［J］. 中华人民共和国国务院公报，1983（11）：491−495.
② 国务院. 国务院关于大力发展职业教育的决定［J］. 中华人民共和国国务院公报，2005（35）：33−38.

公厅转发省教育厅关于我省审批设置高等职业学校有关问题意见的通知》（豫政办〔2001〕12号）提出，市属学校可合并省级财政供给的教育资源，采取省市共建、以市为主的举办体制举办高职教育。省人民政府用剥离部分省属教育资源的实际行动，支持省辖市起步发展高职教育。河南省人民政府2003年6月11日印发的《河南省人民政府贯彻国务院关于大力推进职业教育改革与发展的决定的实施意见》（豫政〔2003〕18号）、河南省人民政府2006年4月19日印发的《河南省人民政府贯彻国务院关于大力发展职业教育的决定的实施意见》（豫政〔2006〕20号）一再重申，每个省辖市都要创造条件重点建设1所高职院校，构建前述豫政〔2003〕18号文件提出的"在省政府领导下，分级管理、以省辖市为主、政府统筹、社会参与的职业教育管理体制"。2008年12月5日，河南省人民政府印发的《河南省人民政府关于实施职业教育攻坚计划的决定》（豫政〔2008〕64号）提出，每个省辖市要重点办好2～3所示范性职业院校。综上可知，河南省人民政府通过多次印发文件的形式，重视、鼓励和要求地级市政府承担举办和管理高职教育的主要责任，不仅要求每一个省辖市都要设置和由市财政供给"创造条件"建设1所高职院校，而且要求市属高职院校在数量上从每个省辖市建设1所增加到2～3所，在质量上提高建设水平，达到示范性高职院校等级，以具体措施支持地级市政府举办高职院校，助推省域高职教育加快发展步伐，建立和形成中央、省、地方中心城市三级政府办学体制。

四、国有企业举办的高职院校举办体制政策

从1958年到2015年，国家发布的指导国有企业作为高职院校举办主体的主要政策性文件有13个。从政策性文件梳理出的线索可知，国有企业办校从1958年起步后如火如荼，到改革开放至今的寥落几稀，呈现大起大落的历史轨迹。在社会主义市场经济体制改革进程中，国家数次解决"企业办社会"的问题，剥离原由国有企业举办的教育机构，其中的高职院校尽管每次都予以保留和维持，但不免受到冲击和干扰。加之国有企业举办高职院校具有似公办似民办的模糊身份，在竞争日益加剧的体制环境中，难以平等享受公办高职院校的政策优惠，使国有企业举办高职教育的积极性受到影响，国有企业举办高职院校逐渐沦落到边缘化地位。

中共中央、国务院1958年9月19日发布《中国共产党中央委员会、国务院关于教育工作的指示》，要求少数由中央各业务部门管理的学校下放给

所属企业直接管理。① 从此，国有企业获得中央授权，成为学校的举办主体和管理主体。国务院 1983 年 4 月 28 日发布《国务院批转教育部、国家计委关于加速发展高等教育的报告的通知》（国发〔1983〕76 号），提倡大企业举办高等专科学校和短期职业大学。国务院 1991 年 10 月 17 日发布《国务院关于大力发展职业技术教育的决定》（国发〔1991〕55 号）提出，发挥企业培养技术工人的优势和力量，发展企业办学。中共中央、国务院 1993 年 2 月 13 日发布《中国教育改革和发展纲要》（中发〔1993〕3 号）提出，职业教育主要依靠企业等单位办学，并在国务院 1994 年 7 月 3 日发布的《国务院关于〈中国教育改革和发展纲要〉的实施意见》（国发〔1994〕39 号）中予以重申。国务院 2002 年 8 月 24 日发布的《国务院关于大力推进职业教育改革与发展的决定》（国发〔2002〕16 号）提出，大型企业可单独举办或与高校联合举办职业技术学院，要求企业参加职业学校咨询委员会或理事会帮助咨询或决策，合作开展"订单"培训，提供兼职教师、实习场所和设备接收学生实习实训和教师实践，或在职业学校建立研究开发机构和实验中心。教育部、国家经济贸易委员会、劳动和社会保障部 2002 年 12 月 2 日联合发布《关于进一步发挥行业、企业在职业教育和培训中作用的意见》（教职成〔2002〕15 号）指出，要依靠、鼓励企业单独、联合或参与举办职业学校，要求有关部门适当放宽企业职业学校的办学设施、办学规模等考核条件，允许改制的企业职业学校享受民办学校的优惠政策，教育部等七部门在 2004 年 9 月 14 日联合发布的《关于进一步加强职业教育工作的若干意见》（教职成〔2004〕12 号）重申前述意见。

国务院 2005 年 10 月 28 日发布的《国务院关于大力发展职业教育的决定》（国发〔2005〕35 号）提出，"依靠企业"完善多元举办职业教育的格局，企业可与企业联合举办职业院校。② 中共中央、国务院 2010 年 7 月 29 日发布的《国家中长期教育改革和发展规划纲要（2010—2020 年）》（中发〔2010〕12 号），要求省级政府要支持企业发展职业教育，建立健全企业参与的办学机制，鼓励企业参与公办学校办学。③ 教育部 2011 年 6 月 23 日发

---

① 中共中央国务院. 中国共产党中央委员会、国务院关于教育工作的指示〔J〕. 中华人民共和国国务院公报，1958（27）：583—588.

② 国务院. 国务院关于大力发展职业教育的决定〔J〕. 中华人民共和国国务院公报，2005（35）：33—38.

③ 中共中央、国务院印发国家中长期教育改革和发展规划纲要（2010—2020 年）〔J〕. 人民教育，2010（17）：2—15.

布的《教育部关于充分发挥行业指导作用推进职业教育改革发展的意见》（教职成〔2011〕6号），要求省级教育行政部门大力支持企业举办职业学校。① 国务院2014年5月2日发布的《国务院关于加快发展现代职业教育的决定》（国发〔2014〕19号），提出健全企业参与职业教育制度，大型企业所办职业院校要加强基础能力建设，争创国际先进水平。② 教育部等六部门2014年6月16日联合发布的《教育部等六部门关于印发〈现代职业教育体系建设规划（2014—2020年）〉的通知》（教发〔2014〕6号），定位企业是职业教育多元举办格局的重要办学主体之一，企业办学是职业教育的办学类型之一，提出鼓励、促进大型企业举办或参与举办以服务产业链为目标，依托企业开展教学实训、人才培养和职工培训一体化的特色学院，指出当前行业企业参与职业教育不充分，要求加强企业参与，落实企业责任。教育部2015年10月19日发布《教育部关于印发〈高等职业教育创新发展行动计划（2015—2018年）〉的通知》（教职成〔2015〕9号），要求地方各级政府应将企业举办的公办高职院校与其他公办院校在安排职业教育专项经费、制定支持政策、购买社会服务时同等对待，支持企业发挥办学主体作用；探索发展混合所有制高职院校，鼓励企业和公办高职院校合作举办适用公办学校政策、具有混合所有制特征的二级学院，鼓励扶持企业联合高职院校共建开展现代学徒制培养的特色学院。

针对长期以来日益弱化的国有企业参与高职教育的实际状况，中共中央、国务院和教育部等政策主体在以上文件中形成以下政策主张：一是逐渐稳定职业教育举办体制格局，即政府主导、行业指导、企业参与、多元办学，政府和行业企业在现有举办体制中各自承担不同的办学职能；二是凸显行业企业在高职教育多元举办格局中的重要举办主体地位和依靠力量作用，支持企业采取单独举办、企业联办、企校联办等多种形式办学，鼓励加大投入争创企业办学国际先进水平，特许联合公办高职院校发展混合所有制的二级学院或者特色学院；三是形成企业参与高职教育制度，明确企业参与高职教育的内容和形式，倡导企业参与职业学校咨询或决策，合作开展"订单"培训，或企校共建研究开发机构和实验中心，提供条件支持学生和教师实习实践等；四是制定实施鼓励企业办学政策，要求各省级政府、省级教育部门

---

① 教育部. 教育部关于充分发挥行业指导作用推进职业教育改革发展的意见［J］. 中华人民共和国国务院公报，2012（2）：13—15.

② 国务院. 国务院关于加快发展现代职业教育的决定［J］. 宁夏回族自治区人民政府公报，2014（13）：7—11.

将国有企业举办的公办高职院校与其他公办院校同等对待，适当放宽对国有企业举办高职院校的考核条件，允许改制的国有企业举办高职院校享受民办学校的优惠政策。以上政策性文件对国有企业举办高职院校的推进作用和效果有待观察。

第二章　隶属关系对高职院校
办学定位的影响

　　高职院校办学定位是法律法规关于高职院校设置基准和高职院校章程的法定内容。《高等教育法》在第三章"高等学校的设立"之下第二十七条规定，申请设立高等学校的行政主管部门应当向审批机关提交的材料前三项为"（一）申办报告；（二）可行性论证材料；（三）章程"。在《教育部关于印发〈普通本科学校设置暂行规定〉的通知》（教发〔2006〕18号）中，第三部分"设置申请"规定，申请设置普通本科学校的行政主管部门向教育部提出申请，并附交论证报告及拟设学校的章程。"办学定位"被要求列入"论证报告"。《高等学校章程制定暂行办法》（教育部令第31号）在第二章"章程内容"之下第七条第二项规定，根据《高等教育法》的规定，章程应当载明的内容包括学校的"发展定位"。以上《高等教育法》的相关法条和教育部为设置普通本科学校制定的行政规章的相关内容以及其他相关的法律法规可供行政主管部门在提出高职院校设置申请时予以参照。综上所述，"设置申请"阶段行政主管部门确定的对隶属高职院校的"办学定位"是高职院校设置的法定要求，对进入建校招生阶段以后的高职院校确定自身的"发展定位"具有法定前置性和上位约束力。因而，"办学定位"与"发展定位"具有时间顺序性、对象同一性、逻辑继承性的关系，体现高职院校定位的动态性和阶段性。曾任香港科技大学校长的吴家玮强调定位具有空间上的区域性和时间上的阶段性："一所大学必须清楚学校在国家、地区和不同阶段发展的情况，比如属于哪种类型，与别的学校又有何区别等等，这些都考虑在内，才会定位清楚。"① 综合而言，高职院校办学定位（发展定位）是举办者在筹建阶段，或者办学者在办学阶段，对高职院校远景目标、战略地位作

---

　　① 原春琳. 香港科技大学吴家玮校长——世界一流大学要找准自己的定位［N］. 中国青年报，2001－05－24.

出的规划。

美国学者伯顿·克拉克提出大学组织要素理论，认为大学由工作、信念、权力三个组织系统结构要素组构而成。① 大学的第一个要素是（学术）工作。大学按照高等教育的实质核心与逻辑起点—知识—的特性进行劳动分工，在高等教育系统内部按照学科和院校两个基本范畴建立组织结构。在高职院校组织体中，专业即伯顿·克拉克所说的"学科"范畴。当下中国的"专业"概念来自"全面学苏"时期的苏联教学制度。高职院校专业是高职院校为人们从事社会职业而进行学习训练所设置的理论知识与职业技能组合而成（课程体系）的专门学业领域分类。作为维系组织体存在和运行的内在根源，专业处在规范性组织体内部的学术心脏地带，是高职院校内部以专业知识和职业技能为材料的"工作"要素和组织单位。大学的第二个要素是信念，表现为大学的目标愿景、使命战略以及对分布在院校内部不同部门和承担不同角色的大学成员的行为进行指引的价值观等组织文化，发挥凝聚大学精神、激发大学活力的作用。在高职院校，办学目标是作为高职院校的象征性存在和维系组织成员行动价值观的"信念"要素，是形塑功利性组织体整个机构组织文化的精神符号。大学的第三个要素是权力。大学权力包括内部权力和外部权力。内部权力可分解为以科层制为基础的行政权力和以高深知识为基础的学术权力以及中国高校特有的政治权力。行政主管部门基于隶属关系对高职院校行使外部权力，与高职院校内部权力中的行政权力、政治权力紧密衔接构成"权力"网络，影响高职院校的干部人事、财政拨款、教学运行等内部办学事项。在高职院校组织体的三个组织要素中，工作、信念两个要素一显一隐，共同体现高职院校应当具有的内在学术性，主要在高职院校内部发生作用，称为高职院校组织体的内部组织要素。如果将外部权力作为高职院校组织体的权力要素的关注点，那么权力要素应被视为强制性组织体的高职院校组织体的外部组织要素，以回应高职院校对政府具有的外在社会性。工作、信念两个内部组织要素以及权力这一外部组织要素共同构成静态的高职院校组织体。

在本书中，外部权力结构（隶属关系）及其对高职院校内部的作用机制被作为研究主题按照设计路线进行系统深入的研究，故而这里不再对高职院校的权力要素进行独立分析，主要是结合定位理论和大学组织要素理论，对

---

① 伯顿·R. 克拉克. 高等教育新论——多学科的研究 [M]. 王承绪，徐辉，殷企平，等译. 杭州：浙江教育出版社，1988：45.

高职院校组织体的信念要素（即办学目标）、工作要素（即专业）从办学定位方面，即对高职院校办学的目标定位和专业定位进行研究。

其一是属于信念要素的高职院校目标定位。信念要素即高职院校组织文化的浓缩。组织文化包括成员信仰、价值观等隐性因素和物化符号与行为模式等显性因素，表明组织个性。组织目标是陈述组织使命（为什么即组织的目的、宗旨），表达责任担当（做什么即组织的作用、功能），外化组织价值观（怎么做即组织的路径、策略）的载体，为组织成员提供精神动力和前进导向。组织目标是组织存续的合法性依据，如果组织失去组织目标，将削弱甚至失去自身价值，陷入合法性危机，出路在于扩展组织的原有职能或者开发组织的新职能。办学目标定位是高职院校的发展起点和战略核心，包括能级定位（即高职院校办学目标要达到的国际、全国或者省内一流等的能力等级）、服务面向定位（即高职院校服务面向主要覆盖的全国、省内、地级市或者产业行业等的空间区位）。作为重要利益相关者的政府行政主管部门以行政意志参与设计高职院校的组织目标，使高职院校的信念要素具有外生性特点。

其二是属于工作要素的高职院校专业定位。1998 年世界高等教育大会宣言《21 世纪的高等教育：展望和行动》要求用"具有针对性的长远方针"展望高等教育，以针对性衡量高校作为与社会期望的符合度（第 6 条）。[①]因此，专业定位是高职院校对行政主管部门基于国家利益按照经济社会发展计划分工设置高职院校的初衷以及社会行业用人市场需求的回应，表明高职教育与社会期望的"针对性"。

在中国，专业首先是行政逻辑的产物。政府通过制定和依据专业目录、审批新增专业等举措建立专业管理制度，统筹管理和规范全国或者辖区高校的专业设置与调整。"专业目录"体现政府以行政逻辑为主导，兼顾市场逻辑因素，调控高职教育的"知识与技术技能"逻辑的专业设置管理思路。教育部于 2004 年 10 月 19 日印发的《教育部关于印发〈普通高等学校高职高专教育指导性专业目录（试行）〉的通知》（教高〔2004〕3 号）、《教育部关于印发〈普通高等学校高职高专教育专业设置管理办法（试行）〉的通知》（教高〔2004〕4 号）及经过修订启用的 2015 年 10 月 26 日印发的《教育部关于印发〈普通高等学校高等职业教育（专科）专业设置管理办法〉和〈普

---

① 赵中建.21 世纪世界高等教育的展望及其行动框架——'98 世界高等教育大会概述〔J〕.上海高教研究，1998（12）：4.

通高等学校高等职业教育（专科）专业目录（2015 年）》的通知》（教职成〔2015〕10 号），建立了高职教育专业设置工作规范。2015 年的"专业目录"划分 19 个专业大类衔接三次产业分类，99 个专业类别衔接国民经济行业分类和技术领域划分，748 个专业衔接职业、职业岗位群划分。所以，高职院校的专业定位应吻合政府专业管理制度的要求。

专业又是市场逻辑的产物。高职院校基于所隶属政府行政主管部门服务面向定位和社会行业人才需求的外部驱动模式进行专业设置，据以细分和选择目标市场进行专业上的自我定位，又作为提供给政府和学生据以调控和选择的市场信号，支持高职教育人才培养呈现链式运转。专业设置应凸显高职院校的历史、人力、财力和教学设施设备等资源优势，使专业结构基本稳定并能适时调整，形塑专业品牌特色。

隶属关系对高职院校专业定位的影响，可从专业口径宽窄幅度、专业布点结构比例、学生专业规模结构比例等指标进行考察。

第一节　省级教育厅局主管的高职院校办学定位解析

在教育部发布的《2015 年全国高等学校名单（截至 2015 年 5 月 21 日）》中，河南省 44 所独立设置的公办专科高职院校有 6 所隶属于河南省教育厅主管，占当年河南省公办高职院校总数的 13.64%。这 6 所高职院校是：郑州铁路职业技术学院、黄河水利职业技术学院、河南化工职业学院[①]、河南机电职业学院、郑州信息科技职业学院、河南经贸职业学院。

根据纪宝成先生的理解，教育部代表国务院（中央人民政府）管理少数直属综合性高校以及与多个中央业务部门有关的少数直属多科性高校面向全国提供综合性的或者多个学科的教育服务，是政府履行面向全社会提供教育服务的公共服务职能，不是单纯为满足教育部门自身的需要而管理直属高校。所以，中央教育部门办学是代表中央人民政府办学，故教育部门办学即狭义的"政府办学"。教育部门办学不同于中央业务部门举办单科性行业高校主要为本行业、本部门提供教育服务，所以教育部管理的直属高校不属于"部门办学"。[②] 基于这一理解，省级教育厅局代表省人民政府管理部分直属

---

① 河南化工职业学院根据 2016 年 4 月 27 日教育部办公厅公布的《教育部办公厅关于公布实施专科教育高等学校备案名单的函》（教发厅函〔2016〕41 号）更名为河南应用技术职业学院。本书取 2015 年为研究期间，此时该校尚未更名，故本书使用该校原名。

② 纪宝成. 中国高等教育管理体制的历史性变革［J］. 中国高等教育，2000（11）：6.

高校，面向全省提供教育服务，是省域层面的政府办学。

一、省级教育厅局主管的高职院校目标定位

河南省教育厅主管的6所高职院校中，均提出能级目标进行能级定位，其中有两所高职院校基于既往行业隶属关系及其行业办学性质的历史影响，在服务面向定位中，既强调转向省域全域的调整，也注重传统的行业定位。

（一）能级定位

在河南省教育厅主管的高职院校中，有3所高职院校确定面向"全国"的能级目标，3所高职院校确定面向"省内"的能级目标。

以下3所高职院校确定面向"全国"的能级目标：

郑州铁路职业技术学院提出面向铁路"创建特色鲜明、国内一流的高职院校"的办学目标；

黄河水利职业技术学院依托水利行业，具有在所属行业乃至全国处于"成为全国高职教育的领跑者，为中国水利高职教育的发展树立一面旗帜"的战略地位，但未提出未来远景目标；

河南经贸职业学院提出"努力创办'政府满意、企业满意、学生满意、社会满意'的全国一流高职院校"的办学目标。

以下3所高职院校确定面向"省内"的能级目标：

河南化工职业学院提出"服务河南地方社会经济发展"的办学使命和建设"成为河南省特色鲜明的一流高职院校"的办学目标；

郑州信息科技职业学院提出"围绕建设省级职业教育品牌示范学校的办学目标，打造省内一流高职院校"的发展目标；

河南机电职业学院举办高职教育历史短暂（2011年5月获批[①]，截至2015年春季仅完成第一届全日制"高职生"培养任务），故而暂未确定服务面向定位，仅从自身的专业定位和办学能力出发，提出建设"成为我省现代制造业高技能人才成长的摇篮"，发展"成为政府信任、企业欢迎、社会认可的技能培训品牌基地"。

（二）行业定位

在河南省教育厅主管的高职院校中，以下两所高职院校基于行业办学传

---

① 详见教育部2011年5月9日印发的《教育部关于同意新设立的高等职业学校备案的通知》（教发函〔2011〕116号）。

统，在办学定位中提出行业定位凸显专业特色：

郑州铁路职业技术学院提出面向铁路办学的行业定位；

黄河水利职业技术学院在办学定位中，提出依托水利行业，在所属行业"为中国水利高职教育的发展树立一面旗帜"的战略定位。

二、省级教育厅局主管的高职院校专业定位

基于由河南省教育厅主管，属于"政府办学"应承担面向河南全域服务的要求，6 所高职院校要承担全国人口第一大省的人力资源建设任务和教育使命，落实《河南省国民经济和社会发展第十二个五年规划纲要》提出的产业政策。表现在专业设置上，一方面，6 所高职院校要拓展或者调整既往服务面向，对照《普通高等学校高等职业教育（专科）专业目录（2015 年）》努力增加专业大类设置总量，按照从"总"到"分"的思路认领各自的专业领域；另一方面，6 所高职院校要厘清和发挥各自的办学传统和资源优势，错位形成各自的专业特色，使专业布点既基于高职院校的传统优势进行分散设置，各展所长，又对照省域总体产业规划由不同高职院校主动拾遗补阙，协同互补，按照从"分"到"总"的思路布局各高职院校的专业结构。以下对 6 所高职院校的专业定位逐一进行分析。

郑州铁路职业技术学院以铁道运输类、城轨交通运输类、医护类专业群为龙头，对接河南省轨道交通、铁路网络、铁路枢纽、运输通道等现代综合交通系统建设和健康服务业发展规划。2015 年设置 9 个专业大类 60 个专业，其中交通运输大类专业 18 个，占总数的 30％，主要面向铁路运输、城轨交通、民航运输业办学；医药卫生及食品药品大类专业 12 个，占总数的 20％，主要面向医药卫生行业办学；装备制造及土木建筑大类专业 9 个，占总数的 15％，主要面向现代制造业办学；电子信息大类专业 9 个，占总数的 15％，主要面向电子行业办学；财经商贸、旅游、文化艺术大类等其他大类的专业 12 个，占总数的 20％。

黄河水利职业技术学院具有"以水为主，以测为特，以工为基，文、经、管、艺多科相容"的专业格局，主要对接河南省现代化水利网络支持系统建设规划。2015 年设置 14 个专业大类 61 个专业，其中水利大类（14.95％）、土建大类（14.72％）、财经大类（14.23％）、制造大类（13.85％）、资源开发与测绘大类（12.09％）的在校生规模占比突出（即括号内的百分比数据）。

河南化工职业学院"以化工、机电、制药类专业为主要特色"，在河南

省高职院校中设置化工类专业最全、培养人才数量最多，对接河南省传统化工产业转型升级、生物医药等战略性新兴产业。2015 年设置专业涵盖化工、机械电子、经贸、信息技术、土建、医护 6 大领域 37 个高职专业。

河南机电职业学院立足河南省机电和汽车行业，以装备制造大类专业为基础，对接河南省装备制造业传统优势产业发展规划。目前设置 30 多个专业。

郑州信息科技职业学院涵盖人文、艺术、理、工、管 5 大学科门类，共32 个专业。

河南经贸职业学院以财经专业大类为主，电子信息、艺术设计、传媒、文化教育、土建、交通运输、旅游、公共事业多个专业大类协调发展，对接河南省生活性服务业和生产性服务业发展规划，"打造服务河南区域经济发展的财经商贸专业群、航空经济专业群等"，形成多专业大类协调发展的综合性职业学院。截至 2015 年 9 月，河南经贸职业学院设置了 54 个专业（含方向），其中财经大类专业 19 个，占专业（含方向）总数的 35.19％，财经类专业学生占全部在校生的 50.92％。

6 所高职院校既分工对接河南省产业分类发展规划，也引导河南省适龄人口结合专业志愿分流形成合理就业结构。在专业设置中，6 所高职院校以"专业目录"为指南，以行业性为主，兼顾学科性，按照校内主次专业优化共享资源的原则，高职院校之间尽量减少交叉重复专业，培育和强化各自的专业特色，错位发展国家级、省级重点专业，控制计算机应用技术、会计电算化等通用性强的跨行业专业扩张走势，实现专业设置针对性和差异化。

第二节　省级行业厅局主管的高职院校办学定位解析

在教育部发布的《2015 年全国高等学校名单（截至 2015 年 5 月 21 日）》中，河南省 44 所独立设置的公办专科高职院校，其中 16 所隶属于河南省级行业厅局，占当年河南省公办高职院校总数的 36.36％。

一、省级行业厅局主管的高职院校目标定位

省级行业厅局主管的 16 所高职院校中，有 12 所高职院校提出能级目标进行能级定位，有 12 所高职院校提出区位定位，有 11 所高职院校提出行业定位。

（一）能级定位

在省级行业厅局主管的 16 所高职院校中，有 12 所高职院校提出面向"全国"、"省内"或"升本"的能级定位，4 所高职院校未描述能级目标。

第一，以下 5 所高职院校确定面向"全国"的能级目标：

河南信息统计职业学院自认"全国唯一一所以统计、信息、会计为主要特色的财经类公办高等职业院校"；

河南建筑职业技术学院提出"建设成为全国建筑行业知名并在全省高职院校中起带头作用的省级品牌示范高职学院"；

郑州工业安全职业学院提出"创建国内一流的职业学院"；

河南交通职业技术学院提出"创建省内一流、国内知名的高等职业院校"；

河南艺术职业学院提出"规模适度，结构合理，设施先进，特色鲜明，在全国范围内有一定影响力的文化艺术类高等职业院校"的办学目标。

在以上 5 所高职院校中，河南建筑职业技术学院、河南交通职业技术学院两所高职院校强调"省级（省内）"与"全国（国内）"办学目标之间具有递进关系，明确提出兼顾两级办学目标的能级定位。

第二，以下 5 所高职院校提出"省内"或"省级"的能级目标：

河南水利与环境职业学院提出"建成省内一流的高等职业院校"；

其余 4 所高职院校结合河南省实施的"河南省示范性高职院校建设计划"和"河南省职业教育品牌示范院校和特色院校建设行动计划"确定能级目标：

河南工业和信息化职业学院提出"创建河南省职业教育特色院校"；

河南林业职业学院提出"争创省示范性高职院校"；

河南推拿职业学院提出"打造河南职教品牌"；

河南工业贸易职业学院提出建设"规模适度、结构合理、特色鲜明、核心竞争力较强、教学质量和管理水平较高的省级示范高职院校"。

第三，以下两所高职院校提出"升本"的能级目标：

河南职业技术学院提出做好应用技术型本科教育试点的"一个目标"；

河南工业职业技术学院提出"与本科院校合作开展全日制应用型本科试点"。

另外，河南林业职业学院既提出"省级"能级目标——"争创省示范性高职院校"，也提出"升本"的能级目标——"力争实现举办应用型本科教育的目标"。

其四，4所高职院校未描述能级目标：河南司法警官职业学院、河南检察职业学院、河南农业职业学院、河南护理职业学院。

（二）区位定位

在省级行业厅局主管的16所高职院校中，8所高职院校提出既立足河南又面向全国的区位定位，4所高职院校提出立足河南的区位定位，4所高职院校未作服务面向区位定位表述。具体情况如下：

河南信息统计职业学院、河南建筑职业技术学院、河南艺术职业学院、河南护理职业学院、河南推拿职业学院、河南工业职业技术学院、河南检察职业学院、河南工业贸易职业学院8所高职院校提出既立足河南（中原地区、区域、中部），同时面向或者辐射全国的办学定位。其中河南护理职业学院基于既有办学活动，还提出"提升我们教育教学的国际化水平"，实现"走向世界"办学。

河南工业和信息化职业学院、河南水利与环境职业学院、河南林业职业学院、河南交通职业技术学院4所高职院校提出立足河南（中原地区、区域、中部）的区位定位。

河南职业技术学院、河南司法警官职业学院、河南农业职业学院、郑州工业安全职业学院4所高职院校未作服务面向区位定位。

（三）行业定位

在省级行业厅局主管的16所高职院校中，有11所高职院校提出行业定位，5所高职院校未作任何办学服务面向定位表述。具体情况如下：

河南工业和信息化职业学院、河南水利与环境职业学院、河南信息统计职业学院、河南建筑职业技术学院、河南艺术职业学院、河南工业职业技术学院、河南检察职业学院、河南交通职业技术学院、河南工业贸易职业学院9所高职院校提出立足自身所属工业、水利、统计、建筑、文化、军工、检察、交通、粮食行业办学，河南司法警官职业学院、河南农业职业学院2所高职院校在办学性质中清晰表述学院所属行业性质。

河南职业技术学院、河南林业职业学院、河南护理职业学院、河南推拿职业学院、郑州工业安全职业学院5校未表述行业定位。

综上所述，在能级定位方面，在省级行业厅局主管高职院校中，9所高职院校面向"全国""省内"能级定位，其中4所高职院校确定面向"全国"的能级目标定位，占省级行业厅局主管高职院校总数16所之比为25%，5所高职院校提出"省内"或"省级"的能级目标定位，占省级行业厅局主管的高职院校总数 16 所之比为 31.25%，两项合计占省级行业厅局主管高职院校总数 16 所之比为 56.25%；另有 3 所高职院校提出"升本"能级目标，4 所高职院校未描述能级目标，两项合计占省级行业厅局主管的高职院校总数 16 所之比为 43.75%。

在服务面向的区位定位方面，在省级行业厅局主管高职院校中，8 所高职院校提出既立足河南又面向全国的区位定位，占省级行业厅局主管高职院校总数 16 所之比为 50%，4 所高职院校提出单一的立足河南的区位定位，占省级行业厅局主管高职院校总数 16 所之比为 25%。前述两项中提出立足河南区位定位的高职院校合计为 12 所，占省级行业厅局主管高职院校总数 16 所之比为 75%。未作服务面向区位定位的高职院校有 4 所，占省级行业厅局主管的高职院校总数 16 所之比为 25%。

在行业定位方面，在省级行业厅局主管的高职院校中，11 所高职院校提出行业定位，占省级行业厅局主管高职院校总数 16 所之比为 68.75%，凸显省级行业厅局主管高职院校目标定位所具有的比其他隶属关系高职院校突出的职业属性（行业属性）。其余未提出行业定位的 5 所高职院校，占省级行业厅局主管的高职院校总数 16 所之比为 31.25%。

二、省级行业厅局主管的高职院校专业定位

考察省级行业厅局主管的高职院校设置的专业大类总数与省域产业发展规划对接所形成的专业结构的"针对性"状况，主要以《河南省国民经济和社会发展第十二个五年规划纲要》作为河南省产业政策依据。省级行业厅局主管的高职院校依据办学传统和行业优势，在省级行业层面确定专业定位，使专业点数既在行业高职院校之间分散布局，又使各高职院校的专业结构在整体上互补。以下对 16 所高职院校的专业定位逐一进行分析。

河南工业和信息化职业学院围绕中原经济区、国家粮食生产核心区、郑州航空港综合实验区及河南省先进制造业的发展要求，形成以工科为主的专业群布局。设置 22 个专业，涵盖资源环境与安全、装备制造、土木建筑、电子信息、财经商贸、文化教育等 6 个专业大类，其中煤炭类专业作为优势专业在煤炭行业享有盛誉。

河南水利与环境职业学院着眼于为水利及有关行业发展和区域生态文明建设的需求服务，以水利类、环境类专业为主体，建筑类、电子信息类和经济服务类专业协调发展，构建以满足区域水利建设与管理、环境保护与治理人才需要为主线的专业体系。开设水利工程、水环境监测与保护等 18 个

专业。

河南信息统计职业学院适应统计行业改革和河南经济社会发展的需要，基本形成"财经商贸专业群"和"电子信息专业群"2个特色专业群。开设22个专业，其中会计与统计核算、计算机应用技术等4个专业为省级重点专业。

河南林业职业学院目前开设26个专业，以农林两个二级类专业为主，与其他学科专业综合性协调发展，园林技术、计算机网络技术、计算机平面设计为其特色、重点专业。

河南建筑职业技术学院以土建大类专业为龙头，以建设类专业为主体，管理、经济类等多专业交叉渗透、稳步发展，形成与建筑产业相关的相辅相成、和谐发展的专业格局。重点建设建筑工程技术、工程造价、建筑装饰工程技术等6个基础核心专业，初步建立建筑工程技术、建筑工程管理和建筑装饰工程专业群。开设33个专业6个专业方向，其中土木建筑大类专业22个，占67%，覆盖专业目录内全部7个二级专业类，具体专业包括建筑设计类4个，城乡规划与管理类1个，土建施工类4个，建筑设备类5个，建筑工程管理类4个，市政工程类2个，房地产类2个。

河南艺术职业学院抓住河南省实施文化强省战略的发展机会，围绕传统艺术和新兴艺术产业设置专业，重视文化艺术类专业之间的协调发展。开设31个专业，艺术类专业为主干专业，占专业总数的69%。

河南护理职业学院以护理教育为主，兼顾医学技术类和药学类教育，开设有护理、助产、药学、医学检验技术、医学影像技术、康复治疗技术、口腔医学技术、医学营养、老年服务与管理等9个专业。

河南推拿职业学院以医药卫生大类为主体，公共事业大类为补充，从整体上形成服务于民众健康的专业群布局。现有专业5个，包括针灸推拿（临床医学）、康复治疗技术、护理3个医学相关专业，老年服务与管理、社区康复2个公共事业类专业，其中针灸推拿（临床医学）专业为中央财政支持专业和河南省特色专业。

河南司法警官职业学院是警察类高职院校，形成"法学为主，文理兼顾，协调发展"的专业体系。开设18个专业和专业方向，学院骨干专业、重点专业刑事执行、法律事务（社区矫正）专业是中央财政支持专业，刑事执行专业也是省级教学改革试点专业，司法鉴定技术、警察管理专业为学院特色专业。

河南工业职业技术学院针对河南军工装备制造基地、河南先进装备制造

基地、河南新能源汽车制造与服务基地、中原电气谷、洛阳动力谷、南阳市
国家光电产品研发生产基地等支柱产业、新兴产业平台对高技能人才的需
求，形成以工科专业为主体，以机、电、土木类专业为重点，以军工专业为
特色，工、管、经、文协调发展的专业结构体系，实现专业设置与产业需求
的对接。目前共有 60 个专业和专业方向，装备制造、电子信息、土木建筑
三个大类专业数量较多，其中装备制造大类专业 18 个，占专业总数的
30％；电子信息大类专业 14 个，占专业总数的 22％；土木建筑大类专业 11
个，占专业总数的 18％。数控技术、建筑装饰工程技术、电气自动化、物
流管理、精密机械技术、计算机网络技术、楼宇智能化工程技术等 7 个专业
为河南省特色专业，机电一体化技术、汽车检测与维修技术、商务英语、会
计电算化、计算机控制技术、电子商务、光电制造技术等 7 个专业为河南省
"专业综合改革试点"，建筑工程技术专业、机械设计与制造专业为中央财政
支持专业。

　　河南检察职业学院开设 10 个专业，检察事务专业为河南省特色专业及
综合改革试点专业、中央财政支持专业。

　　郑州工业安全职业学院开设 22 个专业，其中煤矿类、安全类专业为主
体，为河南全省煤炭工业及其生产安全提供教育服务。

　　河南交通职业技术学院是交通类高职院校，形成以交通运输大类专业为
主，建筑类、机电类等二级工科专业并存，经济、管理等专业为辅的专业结
构。开设 45 个专业和专业方向，交通类专业占专业总数的 80％以上，其中
汽车运用技术、道路桥梁工程技术和物流管理 3 个专业为河南省教学改革试
点专业和河南省特色专业。

　　河南农业职业学院是农业类高职院校，坚持"以农为本，突出特色，适
度发展二、三产业"的专业建设思路，形成鲜明的农业职业教育特色。开设
55 个专业，重点加强畜牧兽医、食品加工技术、种子生产与经营、园艺技
术、园林技术、食品营养与检测、兽医等涉农专业建设。

　　河南工业贸易职业学院是河南省唯一一所粮食行业高职学院，初步形成
以粮食类专业为龙头，工、贸协调发展，具有粮食行业特色的专业群体，专
业特色是"植根粮食产业，培养双高人才"。开设 56 个专业（含方向），建
有 1 个中央财政支持专业（粮食工程）、2 个省级特色专业（粮食工程、汽
车检查与维修技术）、2 个省级"专业综合改革试点"专业（粮食工程专业、
物流管理专业）。

　　综上所述，在省级行业厅局主管的 16 所高职院校中，15 所高职院校均

对专业总体结构作出表述，1 所高职院校未表述专业总体结构。其中河南水利与环境职业学院、河南信息统计职业学院、河南建筑职业技术学院、河南艺术职业学院、河南护理职业学院、河南推拿职业学院、河南检察职业学院、郑州工业安全职业学院、河南农业职业学院等 9 所高职院校的专业设置及其结构凸显在省域省级行业层面的高职教育类型属性，以及对国家教育行政部门发布的《普通高等学校高等职业教育（专科）专业目录》相关政策精神的自觉落实，占省级行业厅局主管高职院校 16 所总数之比为 56.25%。河南工业和信息化职业学院、河南林业职业学院、河南司法警官职业学院、河南工业职业技术学院、河南交通职业技术学院、河南工业贸易职业学院等 6 所高职院校专业设置与布局结构采用"学科"话语作出表达，显然深受"学科思维模式"的影响，没有深度对接高职教育"专业目录"；河南职业技术学院未表述专业总体结构。后面两项合计为 7 所高职院校，占省级行业厅局主管高职院校 16 所总数之比为 43.75%。另外，河南护理职业学院、河南推拿职业学院、河南检察职业学院等 3 所高职院校专业结构过于单一、狭窄。

第三节　地级市政府举办的高职院校办学定位解析

在教育部发布的《2015 年全国高等学校名单（截至 2015 年 5 月 21 日）》中，河南省 44 所独立设置的公办专科高职院校，其中 20 所隶属于河南省下辖地级市政府，占当年河南省公办高职院校总数的 45.45%，在四种隶属关系类别中占比最高。

一、地级市政府举办的高职院校目标定位

地级市政府举办的 20 所高职院校中，有 17 所高职院校提出能级目标并进行能级定位，有 18 所高职院校提出区位定位，有 4 所高职院校提出行业（部门）定位。

（一）能级定位

在地级市政府举办的 20 所高职院校中，有 9 所高职院校提出面向"全国"能级定位（其中有 4 所高职院校附带提出"升本"），8 所高职院校提出"省内"或"省级"能级定位（其中有 1 所高职院校附带提出"升本"），3 所高职院校未提出能级定位。具体情况如下：

第一，以下 9 所高职院校提出面向"全国"（含"升本"）的能级目标。

　　商丘职业技术学院自述综合办学实力进入全国高职院校前列，同时提出"2014 年确定升本建设发展目标，力争跨进河南省示范性应用技术型本科院校第一方阵"。

　　济源职业技术学院定位于"创建全国知名高等职业院校"，同时提出"加快发展应用型本科教育"。

　　下面 7 所高职院校意识到"省级（省内）"与"全国（国内）"办学目标之间的递进关系，在能级定位中兼顾"省级（省内）"与"全国（国内）"两个能级目标之间的关联：

　　漯河职业技术学院提出"建设与漯河市区域性中心城市相匹配的全省一流、全国知名、特色鲜明的示范性高职院校目标"。

　　郑州财税金融职业学院提出"将学院办成省内一流、国内领先、骨干专业突出、校企高度融合、实训配备完善、应用特色鲜明的财经类高职院校"。

　　郑州旅游职业学院遵从"全省一流"到"国内领先"的递进发展逻辑，提出"全省一流、国内领先、旅游特色突出的高等职业教育品牌示范学校"的办学目标；更基于培育和打造行业特色的现有基础和未来可能，提出"国际知名"的能级目标，希望"把学院建设成为国内一流，国际知名的高等职业院校"；同时提出"立足专科教育、实现本科教育条件"。

　　许昌电气职业学院提出"目标是建设成全省一流、全国知名、特色鲜明的示范性高职院校"。

　　许昌职业技术学院自许"努力当好河南高职教育的排头兵"，将能级目标确定为"中原地区富有特色的一流高职院校，力争在'十三五'末进入全国一流特色高职院校建设行列"。

　　洛阳职业技术学院提出"用 5 至 10 年的时间，把学院打造成'省内领先、全国一流'的现代化示范高职院校"。

　　信阳职业技术学院提出"争创省内一流、国内知名、特色鲜明的示范性高职院校"，同时提出"为升入应用型本科高职院校奠定坚实基础"。

　　第二，以下 8 所高职院校提出"省内"或者"省级"（含"升本"）能级目标。

　　三门峡职业技术学院提出"特色鲜明、质量过硬、省内一流、人民满意"的奋斗目标；

　　安阳职业技术学院提出"把学院建成豫北职业教育基地"；

　　新乡职业技术学院提出"创建具有鲜明地方特色的省级示范高职院校"；

　　驻马店职业技术学院提出"把学院办成'省内知名、豫南一流'的品牌

高职院校";

开封文化艺术职业学院提出"努力建设好省级高等职业教育特色学校，争创省级高等职业教育示范学校"；

濮阳职业技术学院提出"创办特色鲜明、全省一流的高等职业院校"；

周口职业技术学院称其"综合实力进入河南省高职院校前列"，同时提出"本千万"工程目标即建成千亩校园、万人规模的应用型本科院校；

河南质量工程职业学院提出"打造区域性产业技术与管理、质量法律法规、质量管理与认证认可、标准计量技术与管理和质量检测检验技术方面知名的高等职业教育中心和公共技术服务平台"。

在前述以面向全国（含"升本"）为能级目标的 9 所高职院校和以省内或省级（含"升本"）为能级目标的 8 所高职院校中，郑州旅游职业学院、商丘职业技术学院、周口职业技术学院、济源职业技术学院、信阳职业技术学院 5 所高职院校在"全国（国内）"或者"全省（省内）"的能级目标中同时提出"升本"的能级目标。

第三，郑州职业技术学院、南阳农业职业学院、鹤壁职业技术学院 3 所高职院校未提出能级目标。

（二）区位定位

在地级市政府举办的 20 所高职院校中，除 2 所高职院校未集中表述区位定位之外，18 所高职院校均提出区位定位，其中 8 所高职院校提出立足所在区域（河南、中原经济区）办学，14 所高职院校提出立足所在地级市办学（其中 4 所与提出立足所在区域办学的高职院校重复）。具体情况如下：

郑州财税金融职业学院、郑州职业技术学院、驻马店职业技术学院、开封文化艺术职业学院、南阳农业职业学院、周口职业技术学院、济源职业技术学院、河南质量工程职业学院 8 所高职院校提出立足所在区域（河南、中原经济区）办学。其中郑州财税金融职业学院、驻马店职业技术学院、南阳农业职业学院、周口职业技术学院等 4 所高职院校还提出为所在地级市服务。

漯河职业技术学院、三门峡职业技术学院、郑州旅游职业学院、新乡职业技术学院、许昌电气职业学院、许昌职业技术学院、洛阳职业技术学院、濮阳职业技术学院、鹤壁职业技术学院、信阳职业技术学院等 10 所高职院校提出立足于所在地级市办学。

2 所高职院校未明确表述区位定位（安阳职业技术学院、商丘职业技术学院）。

（三）行业（部门）定位

在地级市政府举办的 20 所高职院校中，郑州财税金融职业学院、郑州旅游职业学院、许昌职业技术学院、南阳农业职业学院 4 所高职院校提出为行业（部门）服务。

综上所述，在地级市政府举办的 20 所高职院校中，在目标定位方面，有 9 所高职院校提出面向"全国"的能级目标，在地级市政府举办高职院校总数 20 所中占比 45%（不含其中有 4 所高职院校附带提出"升本"），8 所高职院校提出"省内"或者"省级"能级目标，在地级市政府举办高职院校总数 20 所中占比 40%（不含其中有 1 所高职院校附带提出"升本"），两项合计占比 85%。14 所高职院校定位于为所属地级市服务，在地级市政府举办高职院校总数 20 所中占比 70%，表明绝大多数地级市政府举办高职院校遵从地级市政府作为举办主体的办学意图，安于为所在地级市服务，对这些高职院校的目标定位应该予以肯定。

另外，部分高职院校服务面向的区位定位存在一定的问题。在地级市政府举办的 20 所高职院校中，4 所高职院校单一强调为所在省域（区域）服务，没有定位在为所属地级市服务；4 所高职院校定位在为行业（部门）服务（其中 2 所与定位单一为所在区域服务的 4 所高职院校重复）；2 所高职院校未表述区位定位。以上 3 项合计占地级市政府举办高职院校总数 20 所的 40%（不重复计算高职院校）。这些现象表明地级市政府举办高职院校出现办学职能多元化趋向，应对其间的得失进行具体分析，在处理时有区别地加以解决。一是对于与地级市政府申请设置时确定的高职院校办学定位产生脱节，致使区位定位实际偏离举办主体办学意图的，应该督促高职院校及时进行调整，回归服务面向基本定位；二是对于办学目标定位不明的，应该督促引导高职院校调谐聚焦，使其逐渐形成合理的办学定位。

二、地级市政府举办的高职院校专业定位

考察地级市政府举办的高职院校专业定位，需要以各地级市政府公开发布的该市国民经济和社会发展第十二个五年规划（2011—2015）提出的产业政策以及其中对所举办高职院校的发展要求为依据，通过分析各高职院校设置的专业大类总数与各该市产业政策之间的衔接状况及为所属地级市经济社会发展服务的态势和水平，确定各高职院校专业结构与该市产业结构及社会发展人才需求结构的互动状态。地级市政府举办的高职院校根据各地级市在《中原城市群发展规划》（国函〔2016〕210 号）中的主体功能分区、产业定

位，在省域地级市空间地理层面确定各自的专业特色定位，使专业布点既吻合高职院校所属地级市当地产业规划布局，形成各高职院校之间的"差异化"格局，又基于全省产业整体规划，在各高职院校之间形成协同互补。以下对 20 所高职院校的专业定位逐一进行分析。

漯河职业技术学院作为漯河市人民政府举办的高职院校，被纳入《漯河市国民经济和社会发展"十二五"规划纲要》并提出加快建设的要求。该校对接漯河市建设中国食品名城、河南电子信息产业基地等区域产业定位，集中力量培育以食品专业为龙头，以电子、建筑类专业为支撑、与社会需求对接紧密的重点专业，初步显现专业特色和办学成果。

三门峡职业技术学院作为三门峡市人民政府举办的高职院校，被纳入《三门峡市国民经济和社会发展第十二个五年规划纲要》作为"积极发展高等教育和职业技术教育"的依托。该校设置了覆盖农林牧渔、生化与药品、材料与能源、资源开发与测绘、轻纺食品、电子信息、土建、制造、财经、旅游、文化教育、艺术设计和医学护理 13 个专业大类的专业体系，80% 以上的专业面向与区域经济社会发展密切相关的支柱产业，其中制造、电子信息、文化教育 3 个专业大类各 7 个专业，土建专业大类 6 个专业，生化与药品、财经 2 个专业大类各 4 个专业，前述制造、电子信息、文化教育 3 个专业大类的专业个数占比均达到 15.2%，土建专业大类的专业个数占比达到13.0%，生化与药品、财经 2 个专业大类的专业个数占比均达到 8.7%，表明专业设置与区域主导产业的匹配程度较高。

《郑州市国民经济和社会发展第十二个五年规划纲要》未列举具体高校和针对性要求，仅提出"重点建设 10 所示范性高等职业院校"做大做强职业教育。郑州财税金融职业学院、郑州旅游职业学院、郑州职业技术学院作为郑州市人民政府举办的高职院校，3 校专业设置及结构均未明确衔接《郑州市国民经济和社会发展第十二个五年规划纲要》，无从考察与郑州市产业政策之间的"针对性"状况。郑州财税金融职业学院定位为以会计专业为龙头（基础），金融税务专业为重点，物流、电商、商贸、信息等多学科协调发展的应用型财经类高职院校，即该校的专业定位。目前郑州旅游职业学院专业设置与旅游产业全面对接，旅游类专业横向覆盖旅游全行业，纵向覆盖旅游全过程，以旅游管理类、酒店经营与管理类和英语、日语等旅游类专业为主，逐步延伸到计算机类、电子信息类和航空经济、物流管理等专业，提出将在未来对过往专业设置与区域产业、企业对接缺乏论证的状况进行改进。郑州职业技术学院尽管未述及专业设置对接《郑州市国民经济和社会发展第十二个五年规划纲要》，但强调围绕郑州都市区建设、郑州航空港经济综合实验区和中原经济区的发展对高质量技能专门人才的需求，改造老专业（材料成型与控制技术——线缆制造技术），完善优势专业（机电一体化技术），发展新兴专业（城市轨道交通），强化特色专业（焊接技术及自动化、应用电子技术、电子商务），基本形成包括机械、电气、生物、管理、交通、传媒、建筑等门类的专业体系。

安阳职业技术学院作为安阳市人民政府举办的高职院校，被纳入《安阳市国民经济和社会发展第十二个五年规划纲要》要求全面完成建校任务并支持安阳市自主创新。该校对接《安阳市国民经济和社会发展第十二个五年规划纲要》，适应河南省及安阳市产业结构调整和装备制造业、汽车服务业、现代农业、新能源产业、物流配送及新型服务业等优势产业对专业人才的需求，形成专业建设思路，围绕生化与药品、材料与能源、土建、制造、电子信息、医药卫生、艺术设计传媒等7个专业大类设置专业，初步形成以护理专业为核心的医药卫生专业群、以航空机电设备维修和机电一体化技术专业为核心的航空机电专业群、以会计电算化专业为核心的财经管理类专业群和以音乐表演专业为核心的艺术设计类专业群等4大专业群，重点建设机电一体化技术、汽车检测与维修技术、建筑工程技术、航空机电设备维修、会计电算化和护理六大专业。

新乡职业技术学院作为新乡市人民政府举办的高职院校，被纳入《新乡市国民经济和社会发展第十二个五年规划纲要》并要求"建成新乡市职业技术学院"。该校以服务地方经济社会发展为己任，对接《新乡市国民经济和社会发展第十二个五年规划纲要》，根据培育和形成品牌、特色专业，以重点专业带动专业群的思路，设置了以数控技术、机电一体化、会计电算化、汽车检测与维修、航海技术等重点专业为核心的机械类、建筑类、财经类、汽车类、航海类等5个二级类专业群。

驻马店职业技术学院作为驻马店市人民政府举办的高职院校，被纳入《驻马店市国民经济和社会发展第十二个五年规划纲要》进行"重点建设"，要求扩大办学规模和招生规模，到2015年达到在校生1万人。该校对接《驻马店市国民经济和社会发展第十二个五年规划纲要》，实施专业差异发展战略，重点打造适应驻马店市产业布局和中原经济区建设需要的机电装备制造业、物流业、会计服务业、汽车服务业、信息产业、教师教育等相关专业。

开封文化艺术职业学院作为开封市人民政府举办的高职院校，被纳入

《开封市国民经济和社会发展第十二个五年规划纲要》，提出进行重点建设，要求围绕该市文化产业发展方向加大专业设置和调整的力度。该校根据所属开封市建设"中国历史文化名城""国际文化旅游城市"的战略定位，重点建设旅游工艺品设计与制作、表演艺术、主持与播音、心理咨询等骨干专业，带动酒店管理、旅游管理、文化市场经营与管理等专业，提升服务产业能力。

许昌电气职业学院、许昌职业技术学院作为许昌市人民政府举办的高职院校，被纳入《许昌市国民经济和社会发展第十二个五年规划纲要》，要求加快推进许昌电气职业学院重大项目建设，支持许昌职业技术学院加快发展。许昌电气职业学院根据许昌市建设"中原电气谷"和"全国重要的电力装备制造业基地"的战略定位，设置5个专业大类14个专业，其中机械制造、材料与能源、财经三个专业大类在校生人数规模较大，机电一体化技术、电气自动化技术2个专业在校生人数最多。许昌职业技术学院依据许昌优势产业和郑州航空港经济区建设需要，保持传统专业优势，重点建设与许昌市产业创新发展结合紧密的现代装备制造、电子商务与现代物流、航空工程三个专业群，形成覆盖12个专业大类51个专业的专业体系。

洛阳职业技术学院作为洛阳市人民政府举办的高职院校，《洛阳市国民经济和社会发展第十二个五年规划纲要》未提出针对该校的要求，仅笼统要求优化高校与地方经济发展的互动机制，促进高校参与和支持该市经济与社会发展。该校专业设置强调衔接中原经济区的产业发展需要，但并未表述衔接洛阳市产业政策，确定"办强医科，办好工科"打造特色专业的思路，建设以机械设计与制造、汽车检测维修技术、护理、医学检验技术等专业为代表的优势品牌专业群。2015年，该校开设了电子信息、制造、财经、土建、旅游、医药卫生等6个专业大类15个二级类的专业21个。

南阳农业职业学院作为南阳市人民政府举办的高职院校，被纳入2011年批准的《南阳市国民经济和社会发展第十二个五年规划纲要》，要求尽快完成南阳农校升专工作，加快推进院校升格，于2013年5月获准教育部以教发函〔2013〕97号文件的形式同意备案。该校专业设置未强调与南阳市产业规划对接，但提出适应区域、行业经济社会发展需要，构建以现代农业专业为主体、工科专业为主导，工、农、牧协调发展、结构合理的专业体系。2015年，该校开设7个专业大类15个专业。

濮阳职业技术学院作为濮阳市人民政府举办的高职院校，被纳入《濮阳市国民经济和社会发展第十二个五年规划纲要》，要求继续加强学科和专业建设，改善办学条件，扩大办学规模。该校面向濮阳市经济社会发展需要，适应地方经济社会发展方式转变和产业优化升级要求，明确行业针对性，发展工科专业，巩固提高教育专业，培育特色专业，工、理、文、管多学科协同发展。2015 年，该校开设了涵盖理工、经管、农林、文史、艺术等学科门类的 56 个专业（含专业方向）。

商丘职业技术学院作为商丘市人民政府举办的高职院校，《商丘市国民经济和社会发展第十二个五年规划纲要》未提出针对该校的举措，仅提出高等院校和职业院校要结合商丘经济发展实际，设置适用专业培养实用人才。该校未强调对接《商丘市国民经济和社会发展第十二个五年规划纲要》，但提出面向当地经济社会发展服务，建设面向区域经济的特色专业。开设涵盖农林牧、食品、土建、制造、电子信息、财经、旅游、艺术设计、传媒、法律等 11 个专业大类的 49 个专业和专业方向，构建作物生产技术、园艺技术、畜牧兽医、食品加工技术、汽车检测与维修技术和机电一体化等 9 个国家重点专业（群）和电子商务、计算机应用技术、机械制造与自动化、软件技术等院校级重点专业（群）。

周口职业技术学院作为周口市人民政府举办的高职院校，被纳入《周口市国民经济和社会发展第十二个五年规划纲要》，要求加大建设力度，扩大办学规模。该校根据周口市经济社会发展和河南省产业政策需求，确定"工为重点、农为特色、经管结合、兼顾文医、协调发展"的专业发展思路，重点建设机电一体化技术、财务管理、汽车检测与维修技术、畜牧兽医、园艺技术、计算机应用技术、护理 7 个专业，形成农科类为龙头、工科类为主体、医学类为重点、人文管理类为支撑，工、农、经、文、艺、医多学科门类相融合的专业体系。2015 年开设了覆盖工、农、经、文、艺、医等 13 个专业大类的 41 个专业。

济源职业技术学院作为济源市人民政府举办的高职院校，《济源市国民经济和社会发展第十二个五年规划纲要》未提出针对该校的要求，仅提出通过联办、引进、民办公助等形式力争创办一所本科院校，积极发展高等教育。该校未强调对接《济源市国民经济和社会发展第十二个五年规划纲要》，仅提出适应河南和济源产业转型和城市发展需求，以骨干专业为龙头，集聚专业群优势，带动其他专业和专业群，形成以电子信息、财经商贸、装备制造、土木建筑等专业大类为主体，艺术设计、交通运输、教育与体育、医药卫生、旅游、能源动力与材料等专业大类为辅助的专业体系。开设交通运输、生物与化工、资源环境与安全、能源动力与材料、土木建筑、装备制造、电子信息、财经商贸、医药卫生、旅游、教育与体育、文化艺术等 12 个专业大类 51 个专业。

鹤壁职业技术学院作为鹤壁市人民政府举办的高职院校，被纳入《鹤壁市国民经济和社会发展第十二个五年规划纲要》，要求重点推进该校新校区项目，发挥该校龙头带动作用，推进示范性（重点）职业院校、职业教育中心、实训基地等建设，强化职业院校引导功能，促进应用开发研究和成果转化。该校对接地方主导新兴产业需求设置调整专业，优化专业结构，建设了一批特色专业和品牌优势明显的专业群。2015 年开设了医药卫生、装备制造、电子信息、土木建筑、文化艺术、食品药品与粮食、新闻传播、教育与体育、财商贸、旅游、交通运输、能源动力与材料等 12 个专业大类 44 个专业。

河南质量工程职业学院作为平顶山市人民政府举办的高职院校，《平顶山市国民经济和社会发展第十二个五年规划纲要》未提出针对该校的举措，仅笼统提出加强学科建设，提高教学科研水平和创新能力，优化发展高等教育。该校提出围绕中原经济区、郑州航空港综合经济试验区和平顶山市经济发展需要，按照"强化以质量专业为基础，以特色专业为龙头"的专业建设思路，打造食品营养与检测、机电一体化技术、电梯工程技术、国际质量管理体系认证等特色优势品牌专业，强化质量专业特色。2015 年，该校设置了 12 个专业大类 38 个专业。

信阳职业技术学院作为信阳市人民政府举办的高职院校，被纳入《信阳市国民经济和社会发展第十二个五年规划纲要》，要求以该校实习实训设备为基础推行"农村劳动力转移培训计划"，提升服务地方经济能力。该校以服务地方和区域经济社会发展为导向，结合地方承接沿海地区产业转移对人力资源的新需求，按照做强医药卫生类专业、做优文化教育类专业、做大应用技术类专业、做活经管服务类专业的思路，理、工、医、经、管、文和教师教育等多学科门类专业综合协调发展，形成与地方产业发展规划高度融合的多专业大类并举、各专业相互支持交融、特色鲜明、协调发展的专业格局。2015 年开设建筑工程类、汽车类、电子信息类、医药卫生类、教师教育类、金融会计类、旅游管理类等 17 个专业门类 54 个专业和专业方向。

综上所述，在地级市政府举办的高职院校中，有 14 所高职院校均能依据所属地级市经济社会发展状况和产业政策，结合各自办学历史和资源优势，按照"专业目录"政策的要求凸显高职教育的类型属性，进行合理的专业定位，占地级市政府举办的高职院校 20 所总数之比为 70％。另外的郑州财税金融职业学院、洛阳职业技术学院、南阳农业职业学院、濮阳职业技术学院、周口职业技术学院、信阳职业技术学院等6所高职院校占地级市政府举办的高职院校20所总数之比为30%，或者由于从中等专业学校升格举办高职教育的时间太过短暂，或者由于不安于现有专科办学层次，将发展目标定位于"升本"，专业设置与布局结构方面的学科思维模式凸显，未能体现职业属性（行业属性）为主的高职教育本质属性，未能对接落实"专业目录"及其专业层级结构政策设计的规范作用。

第四节　国有企业举办的高职院校办学定位解析

在教育部发布的《2015年全国高等学校名单（截至2015年5月21日）》中，河南省44所独立设置的公办专科高职院校，其中2所隶属于河南省国有企业，占当年河南省公办高职院校总数的4.55%。这2所高职院校是：隶属于中国平煤神马能源化工集团有限责任公司的平顶山工业职业技术学院，由河南能源化工集团有限公司为主进行管理、商丘市人民政府参与管理的永城职业学院。

一、国有企业举办的高职院校的目标定位

国有企业举办的2所高职院校，各自既提出不同的能级目标进行能级定位，也基于隶属关系提出有区别的面向区位服务定位。

（一）能级定位

平顶山工业职业技术学院基于"优化结构、提升效益、注重品质、充实内涵、改革创新、办出特色"的工作方针，提出"建设国内一流、世界知名的高职院校"的能级目标。

永城职业学院提出以自身为建校基础主体设置河南煤业化工学院（应用型本科院校）的能级目标并列入2012年河南省教育厅制定的河南省"十二五"高等学校设置规划。但该目标在"十二五"结束至今并未实现，因此其在2016年完成并提交的"永城职业学院高等职业教育质量年度报告（2016）"中继续将能级目标定位于办学转型，希望"逐步完成职业教育向应用型普通本科教育转型，为地方经济建设和社会发展提供服务"。

（二）区位定位

两所高职院校都认识到，专业设置一是要适应中原经济产业转型升级与

经济结构调整的需要，为区域经济发展服务；二是要围绕各自的举办主体（中国平煤神马能源化工集团有限责任公司、河南能源化工集团有限公司）的产业链人才需求设置专业，优化专业布局。在服务面向定位方面，平顶山工业职业技术学院提出"立足煤炭企业，兼顾相关行业，为地方经济和社会发展服务"的区位定位，永城职业学院确立"为黑（煤）白（面粉）经济服务"的区位定位。

二、国有企业举办的高职院校的专业定位

国有企业举办的两所高职院校隶属于不同的国有企业，而且地理位置相距稍远，不存在直接竞争关系。其专业设置结合作为举办主体的国有企业及其所在区域人才需求进行"针对性"定位，间接实现了专业的"差异化"定位要求。

平顶山工业职业技术学院提出"依托行业，打造专业；办好专业，服务企业"的办学理念，根据中原经济区发展方向和举办主体中国平煤神马能源化工集团有限责任公司的产业链格局设置和优化专业结构为企业母体提供人才支撑，提出要以煤炭及煤炭相关专业为特色专业，保持 40～45 个专业、1.5 万人办学规模，重点建设与现代采煤业、化工业、制造业对接的煤炭采选、化工、装备制造、电子信息等 4 大专业群体系，形成以国家重点专业为龙头，省级特色专业建设点为主干，校级重点专业为支撑的多层次专业布局结构。

永城职业学院根据中原经济区产业转型升级与结构调整的需要，适应主要举办主体河南能源化工集团有限公司人才需求，设置 40 个专科专业，以矿井通风与安全、煤矿开采技术、机电一体化技术和应用化工技术专业及相关专业（群）为重点建设专业，初步形成以工学为主，管理学、文学多学科协调发展的专业格局结构，确立服务河南煤炭企业的鲜明办学特色和独特的煤矿专业人才培养优势。

综上所述，本章采用四节篇幅，分别对省级教育厅局、省级行业厅局、地级市政府和国有企业各自主管或举办的高职院校的办学定位，从目标定位和专业定位两个方面进行了解析。在上面的研究中笔者注意到，高职院校在申请设置阶段的办学定位直接由举办主体决定和提出，办学定位体现举办主体设置高职院校的基本意图。正式建校招生以后，在行政主管部门办学定位的前导下，高职院校逐步形成自己的发展定位。高职院校的发展定位包括目标定位和专业定位，都应接受行政主管部门确定的办学定位的约束。其中目

标定位反映行政主管部门（举办主体）的最终愿景与核心价值，专业定位反映行政主管部门（举办主体）在行政体系中的性质和职能。所以，隶属关系对高职院校的办学定位具有决定性作用。

省级教育厅局主管的高职院校除原隶高职院校办学定位各方面从旧之外，改隶高职院校在从原隶属省级行业厅局转隶省级教育厅局以后，在目标定位方面，除一所高职院校因从中专升格为高职的时间过于短暂而未提出宏大愿景之外，其余 5 所高职院校占河南省教育厅主管高职院校总数之比为 83.33%，均提出建设全国或者全省一流高职院校的远景能级目标；在区位定位方面，在省域教育体系中的服务面向区位定位从主要服务于所属行业转为示范引领全省；在专业定位方面，改隶高职院校从原所属行业经过调整转变为面向全省。

省级行业厅局主管的高职院校中，在目标定位方面，占比 56.25% 的高职院校确定面向"全国"或者"省内"或者"省级"的能级目标，其中 4 所高职院校确定面向"全国"的能级目标定位，占省级行业厅局主管高职院校总数 16 所之比为 25%，5 所高职院校提出"省内"或者"省级"的能级目标定位，占省级行业厅局主管高职院校总数 16 所之比为 31.25%；另有 3 所高职院校提出"升本"能级目标，4 所高职院校未描述任何能级目标，两项合计占省级行业厅局主管高职院校总数 16 所之比为 43.75%。在区位定位方面，作出面向全国区位定位的高职院校占省级行业厅局主管高职院校总数之比为 50%（这些高职院校同时提出服务河南的区位定位），表现出较高比例的省级行业厅局主管高职院校具有立意服务全国的宏大愿景；确定立足河南区位定位的高职院校占省级行业厅局主管高职院校总数之比为 75%，其中占比 25% 的高职院校确立只面向河南、未面向全国的区位定位，相应地，尚有其余占比 25% 的省级行业厅局主管高职院校没有明确或河南或全国的区位定位。在行业定位方面，明确行业定位的高职院校占省级行业厅局主管高职院校总数之比为 68.75%，相应地，尚有其余占比 31.25% 的省级行业厅局主管高职院校没有明确行业定位。在专业定位方面，占比 56.25% 的高职院校凸显高职教育的职业属性和政策合规性，另有占比 43.75% 的高职院校由于举办高职教育历史过短而又急于"升本"或对政府行政主管部门依附性过强等原因而发生"本科压缩式"，导致高职教育专业特色不明，或者专业总体结构过于单一狭窄等问题。

地级市政府举办的高职院校的办学定位受到所属地级市经济社会发展要求和产业政策影响，除去 7 所未被明文纳入地级市经济社会发展规划之外，其余 13 所高职院校占地级市政府举办高职院校总数之比达 65％，均被列入地级市经济社会发展规划获得重点支持。在目标定位方面，占地级市政府举办高职院校总数之比 85％的高职院校提出面向"全国"或者"省内""省级"办学的能级目标，其中 9 所高职院校提出面向"全国"的能级目标，在地级市政府举办高职院校总数 20 所中占比 45％；8 所高职院校占比 40％，提出"省内"或者"省级"能级目标；另有 3 所高职院校占比 15％，未能提出能级目标定位。由此看到，地级市举办高职院校的能级定位普遍存在问题，高职院校提出的能级目标均超出地级市所能达到的区位范围以外，未提出能级目标的高职院校要尽量确定。在区位定位方面，占比 70％的高职院校提出立足于所属地级市办学的区位定位，其余占比 30％的高职院校未能立足于所属地级市确定区位定位，应结合举办主体意图和自身实际尽快确定，其中 4 所高职院校没有定位在为所属地级市服务，而是强调单一为所在省域（区域）服务，区位定位超出举办主体管辖行政区划范围，另有两所高职院校则未表述区位定位。从上述地级市举办高职院校能级定位和区位定位两方面可知，地级市举办的高职院校的目标定位存在错位或者越位的问题，需要认真对待。在专业定位方面，占比 70％的高职院校均能进行合理的专业定位，其余占比 30％的高职院校专业定位有所偏差。

国有企业举办的高职院校目标定位受制于作为举办主体的国有企业的经营范围和经营能力，专业目标定位于主要满足所隶属国有企业的人才需求。在目标定位方面，平顶山工业职业技术学院提出"建设国内一流、世界知名的高职院校"的能级目标，永城职业学院提出"向应用型普通本科教育转型"设置河南煤业化工学院（应用型本科院校）的能级目标。在区位定位上，平顶山工业职业技术学院提出"立足煤炭企业，兼顾相关行业，为地方经济和社会发展服务"的区位定位，永城职业学院确立"为黑（煤）白（面粉）经济服务"的区位定位。在专业定位方面，平顶山工业职业技术学院提出要以煤炭及煤炭相关专业为特色专业，设置和优化专业结构，为企业母体提供人才支撑，永城职业学院提出以矿井通风与安全、煤矿开采技术、机电一体化技术和应用化工技术专业及相关专业（群）为重点加强专业建设，培养煤矿专业人才，满足主要举办主体河南能源化工集团有限公司的人才需求。

从以上分析可知，省级教育厅局、省级行业厅局主管的高职院校的办学定位都受曾经和当下从属的省级教育厅局或者省级行业厅局职能的影响，地级市政府举办的高职院校办学定位受到所属地级市经济社会发展规划安排和产业政策的严重影响，国有企业举办的高职院校受到所隶属国有企业的影响，表明隶属关系决定高职院校设置申请时的办学定位和建校后的发展定位。

高职院校自开设之初到正常运行，因为受到来自与之建立隶属关系的政府行政主管部门的程度不同的干预，目标定位多能从举办主体实际需要出发确定能级目标、区位定位或行业定位，但也程度不同地存在脱离举办主体实际而使能级目标虚高失能、区位定位贪大失序等问题，使高职院校因为隶属关系不同而出现战略端点和目标愿景错落，内涵质量和办学效率参差的公平与效率价值问题；专业定位多数能够反映举办主体的职能分工需要或面向定位的区位经济社会与产业发展服务等举办主体意图，但同时存在宽窄失度问题，模糊高职教育的类型属性。

综合而言，省域高职院校的办学定位因为受到来自隶属关系的深刻影响而呈现显著的类型化特点。在目标定位方面，省级教育厅局主管高职院校的能级和区位主要定位在全国或全省范围一流水平，省级行业厅局主管高职院校的能级和区位主要定位在所在行业乃至全省、全国，地级市举办高职院校的能级和区位，都主要定位在所属地级市所在地乃至省域、区域上，国有企业举办高职院校的能级和区位主要定位在所从属国有企业的经营目标乃至主要服务区域以内。各高职院校专业定位也带有隶属关系的深刻"印记"。省域高职院校在市场化的大潮中，行政主管部门对各自隶属的高职院校的上述前置限制使高职院校之间形成类似行政等级的相互关系，这种相互关系在省域高职院校之间发挥着基础性的作用，而市场机制的引入又要求高职院校之间进行彼此平等的内驱竞争，两种逻辑力量在省域高职院校体系中产生不易调和的矛盾，集中表现为公平与效率两种价值目标之间的冲突。

第三章　隶属关系对高职院校
重点建设项目的影响

　　项目制作为国家总体性治理体制机制的补充形式和政策工具对高职教育的拉动作用不断加大，不同等级层次、不同政策目标的项目及其包含的资金数量在高职院校经费来源中占比日益升高，大有使高职院校依靠项目办学的"味道"。在项目体制下，设立项目的政府部门作为行政发包方居于全系统的顶端，各个省份或地区的地方政府部门、高职院校及其举办主体组成子系统，按照所处的地位，各自承担打包、抓包的差异化功能。为通过竞争顺利取得中央部门或省级政府设置的项目，不同隶属关系的高职院校除整合自有资源凸显竞争优势以外，政府行政主管部门作为举办主体也被高职院校"拉进"项目"攻关"团队。举办主体在项目体制中主动站位，利用掌控的体制资源和影响与各方面进行沟通协调，使高职教育项目治理模式打上举办主体的烙印。以省域作为单元考察可知，不同的项目团队竞得项目的能力和效果反映举办主体及隶属高职院校的办学效率，彰显隶属关系对省域高职院校形成差序发展格局的影响广度和深度。不同举办主体由于行政地位、资源能力不同，与高职教育的相关性存在紧密程度差异，使项目体制下的省域高职院校整体呈现为以隶属关系为边界的"中心外围式"圈层结构，其中省级教育厅局及其主管的高职院校处在圈层结构的中心，省级行业厅局、地级市政府和国有企业及其主管或举办的高职院校分布在圈层结构从中心由内而外逐渐远离的第一层、第二层和第三层等三个外围圈层。

　　在总体性体制下，高职院校与举办主体二者之间关系的性质和内涵与项目体制下并不相同。在总体性体制下，高职院校与举办主体基于行政法的约束和不对等的行政地位构建行政性的委托代理关系。举办主体处在委托人的地位，对高职院校享有学校举办权、国有资产所有权，负有为隶属高职院校筹集和提供办学经费，创造政策环境，增强办学实力的义务。高职院校处在代理人的地位，享有国有资产处分权、教育教学权、内务决定权等自主办学权。总体性体制对高职院校及其举办主体的地位和职能的规定具有基础性，但二者之间的地位、作用机制和行为模式在项目体制下迥然不同。

在项目体制下，高职院校及其举办主体二者是二而一的利益共同体关系，都受项目体制规则的约束，二者的协同程度和努力程度决定项目竞争的结果成败。在项目体制中，与作为行政发包方的政府或部门相对，高职院校与举办主体基于同一个目标和利益共同构成行政抓包方。高职院校处在行政抓包方的前台，是项目体制的直接主体。高职院校申报和竞争重点建设项目的资金和政策，目的在于争取办学资源，使自己在教育市场竞争中抢占先机，放大优势，提升办学能力，更好地履行行政主管部门委托的教育使命。因此，抓包之举直接关系到高职院校追求的效率和质量价值目标。举办主体处在行政抓包方的后台，是项目体制的间接主体。举办主体加入高职院校团队协助申报项目，既是自我承担委托人责任，满足履行出资义务的需要，也考虑到抓包之举是隶属高职院校受托代为履行举办主体的部分效率价值目标，所以，举办主体以实际行动提供支持。因此，举办主体与隶属高职院校共同结成项目体制下的利益共同体。在项目体制中，高职院校和举办主体出于彼此对对方的需要和融为一体的立场，通过项目行动实现各自的组织目标。

第一节　高职院校重点建设项目及选取

近年最具影响力的高职院校重点建设计划项目，是教育部联合财政部和全国各省，分国家、省两级组织实施的示范性高职院校建设计划，以及该项计划之后，河南省等 10 个省份在与教育部共建国家职业教育综合改革试验区期间推出的包括高职院校建设在内的职业教育重点建设计划项目。继之，根据教育部 2015 年 10 月 19 日发布的《教育部关于印发〈高等职业教育创新发展行动计划（2015—2018 年）〉的通知》（教职成〔2015〕9 号）实施的"开展优质学校建设"计划，至今尚未完结。除以上高职院校层面的重点建设计划以外，中央或省级政府还适时推出"职业教育实训基地建设计划""职业院校教师素质提高计划"等在专业、课程、师资培训等单项资源层面设置的其他建设计划项目。① 本书以河南为例，选取高职院校层面的国家和

---

① 国家出台政策倡导基于独立法人资格的高职院校联合政府部门、其他高职院校、科研机构、行业企业等社会组织共同建立非法人资格的区域性、行业性高职教育集团。目前未见政府设置支持高职教育集团的建设计划项目。

省级示范性高职院校建设计划、河南省职业教育品牌示范院校和特色院校建设计划进行分析。

国家示范性高职院校建设计划是中央层面推出的重点建设项目，被称为高职教育的"211工程"。根据《国务院关于大力发展职业教育的决定》（国发〔2005〕35号）作出的顶层设计以及《教育部财政部关于实施国家示范性高等职业院校建设计划加快高等职业教育改革与发展的意见》（教高〔2006〕14号）和《教育部关于全面提高高等职业教育教学质量的若干意见》（教高〔2006〕16号）等文件所作的具体部署，中央由教育部、财政部联合按照"项目制"的方式推出国家示范性高职院校建设计划，分为国家示范性高职院校立项建设单位、国家骨干高职院校立项建设单位两个层次，每个层次又各按年度不同分作三个批次，跨越"十一五"和"十二五"两个时期，由各省级政府教育部门、财政部门在省域配合，在全国范围组织实施，以求在各省树立标杆，以点带面，整体提高全国高职教育质量。该计划第一层次为国家示范性高职院校建设项目，2006—2008年分三批遴选支持建设100所国家示范性高职院校，其中2006年首批立项的28所高职院校在2009年全部通过教育部、财政部的联合验收，2007年第二批立项的42所高职院校在2010年全部通过验收，2008年第三批立项的30所高职院校在2011年全部通过验收。该计划的第二层次为国家骨干高职院校建设项目，2010—2012年分三批遴选支持建设100所国家骨干高职院校，其中2010年启动建设的40所高职院校在2013年通过验收39所，2011年启动建设的30所高职院校在2014年通过验收28所，2012年启动建设的30所高职院校中除湖南省娄底职业技术学院1所未能通过验收之外，其余29所和前两批中未随当批通过验收的3所共32所，都在2015年底通过验收。在两个层次的国家示范性高职院校建设计划中，河南省先后获批4所国家示范性高职院校（简称"国家队一层"）、3所国家骨干高职院校（简称"国家队二层"。两层合称"国家队"，名单见表3-1）。

根据重点建设项目政策设计中高层次、前批次优于低层次、后批次的原则，从高到低将各层次、批次赋以不同的权数，对高职院校入选重点建设项目的层次、批次进行比较，将入选高职院校对应的层次、批次赋权取值之和按照隶属关系归类，得到以权数表示的各隶属关系高职院校类别竞争力在重点建设计划项目中的排序。入选"国家队"的河南省立项建设单位对应的层次、批次分别如下：一、二两层的首批共4校入选，其中黄河水利职业技术学院、平顶山工业职业技术学院两校入选一层首批，河南工业职业技术学院、河南农业职业学院两校入选二层首批；各层的二批共两校入选，其中商丘职业技术学院一校入选一层二批，郑州铁路职业技术学院一校入选二层二批；三批中只有一层有一校入选，即河南职业技术学院一校入选一层三批，三批中的二层无河南省立项建设单位。将"国家队"一、二两层各三批立项建设单位分别赋权如下：一层三批分别赋权取值为6、5、4，二层三批分别赋权取值为3、2、1，则省级教育厅局、省级行业厅局、地级市政府、国有企业各自隶属高职院校入选"国家队"层次、批次的赋权取值之和分别为8、10、5、6，解读为入选"国家队"的河南省立项建设单位按照隶属关系分类的竞争力排序从高到低为省级行业厅局、省级教育厅局、国有企业、地级市政府。

表3-1　河南省国家级示范性高职院校建设计划项目单位名单（"国家队"）

序号	学校名称	举办主体（行政主管部门）	示范院校	骨干院校
1	黄河水利职业技术学院	河南省教育厅	首批立项	
2	平顶山工业职业技术学院	中国平煤神马能源化工集团有限责任公司	首批立项	
3	商丘职业技术学院	商丘市人民政府	二批立项	
4	河南职业技术学院	河南省人力资源和社会保障厅	三批立项	
5	河南工业职业技术学院	河南省国防科学技术工业局		首批立项
6	河南农业职业学院	河南省农业厅		首批立项
7	郑州铁路职业技术学院	河南省教育厅		二批立项
合计			4	3

将入选"国家队"的河南省立项建设单位按照省级教育厅局、省级行业厅局、地级市政府和国有企业四种隶属关系的高职院校类别进行分类统计，计有省级教育厅局主管高职院校2所、省级行业厅局主管高职院校3所、地级市政府举办高职院校1所、国有企业举办高职院校1所（见表3-2），各隶属关系类别高职院校入选数占河南省进入"国家队"立项建设单位总数7所的比例为28.57％、42.85％、14.29％、14.29％，其中省级行业厅局主管高职院校入选数占省域"国家队"总数之比高居第一位，省级教育厅局主管高职院校入选数占省域"国家队"总数之比居于第二位，地级市政府和国有企业举办高职院校入选"国家队"数占省域"国家队"总数之比并列居于末位。各隶属关系高职院校类别入选数占本隶属关系类别高职院校总数的比例分别为33.33％、18.75％、5％、50％。即国有企业举办高职院校入选数占本隶属关系类别高职院校总数之比高居第一位，省级教育厅局主管高职院

校入选数占本隶属关系类别高职院校总数之比居于第二位，省级行业厅局主
管高职院校入选数占本隶属关系类别高职院校总数之比居于第三位，地级市
政府举办高职院校入选数占本隶属关系类别高职院校总数之比居于末位。

表 3-2　河南省高职院校"国家队"项目结构比例统计表

序号	举办主体（行政主管部门）	指标	示范院校	骨干院校	合计
1	省级教育厅局	项目个数	1	1	2
		占本期总数比	25%	33%	28.57%
		占本类总数比	16.67%	16.67%	33.33%
		占全省总数比	2.27%	2.27%	4.55%
2	省级行业厅局	项目个数	1	2	3
		占本期总数比	25%	67%	42.85%
		占本类总数比	6.25%	12.50%	18.75%
		占全省总数比	2.27%	4.55%	6.82%
3	地级市政府	项目个数	1	0	1
		占本期总数比	25%	0	14.29%
		占本类总数比	5%	0	5%
		占全省总数比	2.27%	0	2.27%
4	国有企业	项目个数	1	0	1
		占本期总数比	25%	0	14.29%
		占本类总数比	50%	0	50%
		占全省总数比	2.27%	0	2.27%
合计			4	3	7

　　省级层面，按照教育部、财政部在《教育部 财政部关于进一步推进
"国家示范性高等职业院校建设计划"实施工作的通知》（教高〔2010〕8
号）中提出的"各地也要实施和积极推进省级示范性高等职业院校建设计
划"要求和河南省人民政府所作《河南省职业教育攻坚计划（2008—2012
年）》安排，河南省教育厅于 2008—2010 年遴选支持 12 所高职院校（含 1
所地方职业大学）进行河南省示范性高职院校项目建设（简称"地方队一期
一层"），河南省教育厅、河南省财政厅于 2011—2013 年联合遴选支持 10 所
高职院校（含 1 所地方职业大学）完成河南省骨干高职院校项目建设（简称
"地方队一期二层"。两层合称"地方队一期"，名单见表 3-3）。

表3-3　河南省示范性高职院校建设计划项目单位名单（"地方队一期"）

序号	学校名称	举办主体（行政主管部门）	示范院校	骨干院校
1	河南职业技术学院	河南省人力资源和社会保障厅	省级示范	
2	河南工业职业技术学院	河南省国防科学技术工业局	省级示范	
3	河南农业职业学院	河南省农业厅	省级示范	
4	郑州铁路职业技术学院	河南省教育厅	省级示范	
5	信阳职业技术学院	信阳市人民政府	省级示范	
6	漯河职业技术学院	漯河市人民政府	省级示范	
7	周口职业技术学院	周口市人民政府	省级示范	
8	河南经贸职业学院	河南省教育厅	省级示范	
9	开封大学	开封市人民政府	省级示范	
10	济源职业技术学院	济源市人民政府	省级示范	
11	河南交通职业技术学院	河南省交通运输厅	省级示范	
12	许昌职业技术学院	许昌市人民政府	省级示范	
13	中州大学	郑州市人民政府		省级骨干
14	濮阳职业技术学院	濮阳市人民政府		省级骨干
15	鹤壁职业技术学院	鹤壁市人民政府		省级骨干
16	三门峡职业技术学院	三门峡市人民政府		省级骨干
17	河南建筑职业技术学院	河南省住房和城乡建设厅		省级骨干
18	河南质量工程职业学院	平顶山市人民政府		省级骨干
19	郑州信息科技职业学院	河南省教育厅		省级骨干
20	永城职业学院	河南能源化工集团有限公司		省级骨干
21	郑州职业技术学院	郑州市人民政府		省级骨干
22	河南化工职业学院	河南省教育厅		省级骨干
合计			12	10

注：其中开封大学、中州大学为地方职业大学。

将"地方队一期"一、二两层分别赋权为6、3，则省级教育厅局、省级行业厅局、地级市政府、国有企业各自隶属高职院校入选"地方队一期一层"（不含入选的地级市政府隶属1所地方职业大学）的赋权取值之和分别为12、24、30、0，解读为入选"地方队一期一层"的立项建设单位按照隶属关系分类的竞争力排序从高到低为地级市政府、省级行业厅局、省级教育厅局，国有企业因无隶属高职院校入选故取值为0而排在末位。省级教育厅局、省级行业厅局、地级市政府、国有企业各自隶属高职院校入选"地方队一期二层"（不含入选的地级市政府隶属1所地方职业大学）的赋权取值之和分别为6、3、15、3，解读为入选"地方队一期二层"的立项建设单位按照隶属关系分类的竞争力排序从高到低为地级市政府、省级教育厅局，省级行业厅局、国有企业均只有 1 所隶属高职院校入选,故并列居于排序末位。将"地方队一期"一、二两层立项建设单位赋权取值合并计算,则省级教育厅局、省级行业厅局、地级市政府、国有企业各自隶属高职院校入选"地方队一期"一、二两层的赋权取值之和分别为 18、27、45、3,解读为入选"地方队一期"一、二两层的立项建设单位按照隶属关系分类的竞争力排序从高到低为地级市政府、省级行业厅局、省级教育厅局、国有企业,其中地级市政府的竞争力与省级教育厅局、省级行业厅局二者的竞争力之和相等,省级行业厅局的竞争力比省级教育厅局略具优势,国有企业的竞争力最为弱势。

在"地方队一期"一、二两层共计 20 个立项单位中,计有省级教育厅局主管高职院校 4 所、省级行业厅局主管高职院校 5 所、地级市政府举办高职院校 10 所、国有企业举办高职院校 1 所(见表 3-4),各自占入选"地方队一期"立项建设单位总数 20 所的比例为 20.00%、25.00%、50.00%、5.00%,各自占河南省高职院校总数 44 所的比例为 9.09%、11.36%、22.73%、2.27%,各自占本隶属关系类别高职院校总数的比例为 66.67%、31.25%、50%、50%。

表 3-4 河南省高职院校"地方队一期"项目结构比例统计表

序号	举办主体(行政主管部门)	指标	示范院校	骨干院校	合计
1	省级教育厅局	项目个数	2	2	4
		占本期总数比	16.67%	20.00%	20.00%
		占本类总数比	33.33%	33.33%	66.67%
		占全省总数比	4.55%	4.55%	9.09%
2	省级行业厅局	项目个数	4	1	5
		占本期总数比	33.33%	10.00%	25.00%
		占本类总数比	25.00%	6.25%	31.25%
		占全省总数比	9.09%	2.27%	11.36%
3	地级市政府	项目个数	5①	5②	10
		占本期总数比	50.00%	60.00%	50.00%
		占本类总数比	25.00%	25.00%	50.00%
		占全省总数比	11.36%	11.36%	22.73%
4	国有企业	项目个数	0	1	1
		占本期总数比	0	10.00%	5.00%
		占本类总数比	0	50.00%	50.00%
		占全省总数比	0	2.27%	2.27%
合计			11	9	20

注:①不含入选的 1 所地方职业大学;②不含入选的 1 所地方职业大学。

　　为完成河南省人民政府与教育部共建国家职业教育改革试验区协议和落实推进河南省加快建设中原经济区步伐的要求，河南省人民政府于2012—2014年推出职业教育品牌示范院校（简称为"地方队二期一层"）和特色院校建设行动计划（简称为"地方队二期二层"。两者合称"地方队二期"）。该项计划各分3批遴选支持17所品牌示范高职院校（不含1所隶属地级市政府的地方职业大学）和20所特色高职院校进行重点建设（名单见表3-5）。

　　将"地方队二期"一、二两层各三批立项建设单位分别赋权如下：一层三批分别赋权取值为6、5、4，二层三批分别赋权取值为3、2、1，则省级教育厅局、省级行业厅局、地级市政府、国有企业各自隶属高职院校入选"地方队二期一层"的赋权取值之和分别为19、11、52、5，解读为入选"地方队二期一层"的立项建设单位按照隶属关系分类的竞争力排序从高到低为地级市政府、省级行业厅局、省级教育厅局、国有企业，其中地级市政府的竞争力比省级教育厅局、省级行业厅局、国有企业三者之和高出17个百分点，省级教育厅局的竞争力比省级行业厅局略有优势。省级教育厅局、省级行业厅局、地级市政府、国有企业各自隶属高职院校入选"地方队二期二层"的赋权取值之和分别为3、13、16、2，解读为入选"地方队二期二层"的立项建设单位按照隶属关系分类的竞争力排序从高到低为地级市政府、省级行业厅局、省级教育厅局、国有企业，其中地级市政府与省级行业厅局两者的竞争力基本相当，省级教育厅局与国有企业两者的竞争力基本相当，但前面两者的竞争力均比后面两者高出10多个百分点。将"地方队二期"两层立项建设单位的赋权取值合并计算，则省级教育厅局、省级行业厅局、地级市政府、国有企业各自隶属高职院校入选"地方队二期"层次、批次的赋权取值之和分别为22、24、68、7，解读为入选"地方队二期"的立项建设单位按照隶属关系分类的竞争力排序从高到低为地级市政府、省级行业厅局、省级教育厅局、国有企业，其中地级市政府的竞争力比省级教育厅局、省级行业厅局、国有企业三者之和还要高，省级行业厅局的竞争力与省级教育厅局基本相当，国有企业的竞争力最弱。

　　在"地方队二期"37个立项单位中，计有省级教育厅局主管高职院校6所、省级行业厅局主管高职院校10所、地级市政府举办高职院校19所、国有企业举办高职院校2所（见表3-6），各自占入选"地方队二期"立项建设单位总数37所的比例为16.22%、27.03%、51.35%、5.40%，各自占本隶属关系类别高职院校总数的比例为100.00%、62.50%、95.00%、100.00%，各自占河南省高职院校总数44所的比例为13.64%、22.73%、43.18%、4.55%。

表3－5 河南省职业教育品牌示范院校和特色院校建设行动计划项目单位名单（地方队二期）①

序号	学校名称	举办主体（行政主管部门）	品牌示范院校	特色院校
1	黄河水利职业技术学院	河南省教育厅		二批立项、延期验收
2	平顶山工业职业技术学院	中国平煤神马能源化工集团有限责任公司		二批立项、延期验收
3	商丘职业技术学院	商丘市人民政府		三批立项
4	河南职业技术学院	河南省人力资源和社会保障厅		三批立项
5	河南工业职业技术学院	河南省国防科学技术工业局		三批立项
6	河南农业职业学院	河南省农业厅		三批立项
7	郑州铁路职业技术学院	河南省教育厅		三批立项
8	信阳职业技术学院	信阳市人民政府	首批立项、通过验收	
9	漯河职业技术学院	漯河市人民政府		二批立项、通过验收
10	周口职业技术学院	周口市人民政府	首批立项、通过验收	
11	河南经贸职业学院	河南省教育厅	首批立项、通过验收	
12	开封大学②	开封市人民政府	首批立项、通过验收	
13	济源职业技术学院	济源市人民政府	首批立项、通过验收	
14	河南交通职业技术学院	河南省交通运输厅	首批立项、通过验收	
15	许昌职业技术学院	许昌市人民政府	首批立项、通过验收	
16	濮阳职业技术学院	濮阳市人民政府	二批立项、通过验收	
17	鹤壁职业技术学院	鹤壁市人民政府	二批立项、通过验收	
18	三门峡职业技术学院	三门峡市人民政府	二批立项、通过验收	

① 均未入选"地方队一期"和"地方队二期"的7所高职院校是：河南水利与环境职业学院、河南信息统计职业学院、河南林业职业学院、河南艺术职业学院、河南司法警官职业学院、郑州工业安全职业学院、许昌电气职业学院。
② 该校为地方职业大学。

续表3-5

序号	学校名称	举办主体（行政主管部门）	品牌示范院校	特色院校
19	河南建筑职业技术学院	河南省住房和城乡建设厅	二批立项、通过验收	
20	河南质量工程职业学院	平顶山市人民政府	二批立项、通过验收	
21	郑州信息科技职业学院	河南省教育厅	二批立项、通过验收	
22	永城职业学院	河南能源化工集团有限公司	二批立项、通过验收	
23	郑州职业技术学院	郑州市人民政府	三批立项	
24	河南化工职业学院	河南省教育厅	三批立项	
25	河南推拿职业学院	河南省民政厅		首批立项、通过二批验收
26	开封文化艺术职业学院	开封市人民政府		首批立项、通过验收
27	驻马店职业技术学院	驻马店市人民政府		首批立项、通过验收
28	河南工业贸易职业学院	河南省粮食局		首批立项、通过验收
29	安阳职业技术学院	安阳市人民政府		二批立项、通过验收
30	新乡职业技术学院	新乡市人民政府		二批立项、通过验收
31	河南护理职业学院	河南省卫生和计划生育委员会		二批立项、通过验收
32	郑州旅游职业学院	郑州市人民政府	三批立项	
33	河南机电职业学院	河南省教育厅	三批立项	
34	河南检察职业学院	河南省人民检察院		三批立项
35	河南工业和信息化职业学院	河南省工业和信息化委员会		三批立项
36	郑州财税金融职业学院	郑州市人民政府		三批立项
37	南阳农业职业学院	南阳市人民政府		三批立项
38	洛阳职业技术学院	洛阳市人民政府		三批立项
合计			18 (7+7+4)	20 (4+6+10)

表3-6 河南省高职院校"地方队二期"项目结构比例统计表

序号	举办主体(行政主管部门)	指标	品牌示范院校				特色院校				合计
			小计	首批	二批	三批	小计	首批	二批	三批	
1	省级教育厅局	项目个数	4	1	1	2	2	0	1	1	6
		占本期总数比	10.80%	2.70%	2.70%	5.40%	5.40%	0	2.70%	2.70%	16.21%
		占本类总数比	66.67%	16.67%	16.67%	33.33%	33.33%	0	16.67%	16.67%	100.00%
		占全省总数比	9.08%	2.27%	2.27%	4.54%	4.54%	0	2.27%	2.27%	13.62%
2	省级行业厅局	项目个数	2	1	1	0	8	2	1	5	10
		占本期总数比	5.40%	2.70%	2.70%	0	21.62%	5.45%	2.70%	13.52%	27.02%
		占本类总数比	12.50%	6.25%	6.25%	0	50.00%	12.50%	6.25%	31.25%	62.50%
		占全省总数比	4.54%	2.27%	2.27%	0	9.08%	4.54%	2.27%	2.27%	22.73%
3	地级市政府	项目个数	10	4①	4	2	9	2	3	4	19
		占本期总数比	27.02%	10.81%	10.81%	5.40%	24.35%	5.40%	8.14%	10.81%	51.37%
		占本类总数比	50.00%	20.00%	20.00%	10.00%	45.00%	10.00%	15.00%	20.00%	95.00%
		占全省总数比	22.70%	9.08%	9.08%	4.54%	20.44%	4.54%	6.82%	9.08%	43.14%
4	国有企业	项目个数	1	0	1	0	1	0	1	0	2
		占本期总数比	2.70%	0	2.70%	0	2.70%	0	2.70%	0	5.40%
		占本类总数比	50.00%	0	50.00%	0	50.00%	0	50.00%	0	100.00%
		占全省总数比	2.27%	0	2.27%	0	2.27%	0	2.27%	0	4.55%
合计			17	6	7	4	20	4	6	10	37

注：①不含入选的1所地方职业大学。

第二节　省级教育厅局主管的高职院校重点建设项目解析

一、项目分布

（一）国家示范性高职院校建设计划

在国家示范性高职院校建设计划即"国家队"立项建设单位中，河南省教育厅主管的黄河水利职业技术学院入选 2006—2008 年"国家示范性高等职业院校建设计划"立项建设单位并完成建设，郑州铁路职业技术学院入选 2010 年"国家示范性高等职业院校建设计划"骨干高职院校立项建设单位并完成建设。两项合计，河南省教育厅主管高职院校有 2 所入选"国家队"，占入选"国家队"的河南省高职院校总数 7 所的 28.57%，占河南省教育厅主管高职院校总数 6 所的 33.33%。

（二）省级示范性高职院校建设计划

在河南省示范性高职院校建设计划即"地方队一期"立项建设单位中，郑州铁路职业技术学院、河南经贸职业学院 2 校入选该期一层即 2008 年河南省示范性高职院校立项建设单位并完成建设，郑州信息科技职业学院、河南化工职业学院 2 校入选该期二层即 2011 年河南省骨干高职院校立项建设单位并完成建设。两项合计，河南省教育厅主管高职院校中有 4 所入选"地方队一期"立项建设单位，占"地方队一期"立项建设单位总数 20 所（不含入选的开封大学、中州大学 2 所地方职业大学）的 20%，占河南省教育厅主管高职院校总数 6 所学校的 66.67%。

（三）河南省职业教育品牌示范院校和特色院校建设行动计划

在河南省职业教育品牌示范院校和特色院校建设行动计划即"地方队二期"立项建设单位中，河南省教育厅主管的高职院校 6 所学校全数入选。按照入选的批次、层次统计如下：首批共 1 所学校入选，即河南经贸职业学院入选该期一层；二批共 2 所学校入选，包括入选该期一层的郑州信息科技职业学院 1 所学校和入选该期二层的黄河水利职业技术学院 1 所学校；三批共 3 所学校入选，包括入选该期一层的河南化工职业学院、河南机电职业学院 2 所学校，以及入选该期二层的郑州铁路职业技术学院 1 所学校。

综上所述，河南省教育厅主管的 6 所高职院校全部入选为"地方队二期"立项建设单位，在该期立项建设单位总数 37 所中占比 16.22%。河南省教育厅主管 6 所高职院校全数入选"地方队二期"立项建设单位，说明河南省教育厅主管高职院校的办学实力在河南省高职院校中全部处在高位水平。

二、隶属关系影响分析

（一）行政主管部门职能

省级教育厅局是省人民政府的组成单位和工作部门，受省级人民政府的统一领导和国务院教育行政主管部门的业务指导，是负责管理省域教育行政工作的地方国家行政机关。在国务院于 1986 年 3 月 8 日发布的《国务院关于发布〈高等教育管理职责暂行规定〉的通知》（国发〔1986〕32 号）中，仅笼统规定省级政府作为省域高校管理机关的主要职责，并未明列条目具体规定省级政府内部教育厅与其他有关业务部门的高校管理职能分工，但对"国家教育委员会"与"国务院各有关部门"的高等教育管理职责作出明确规定。另外，中共中央、国务院 1993 年 2 月 13 日印发的《中国教育改革和发展纲要》（中发〔1993〕3 号）提出，建立政府负责宏观管理的高等教育体制改革目标，要求解决国家教育行政部门与中央各业务部门之间在高校管理方面的关系。基于以上国家有关法规政策的相关规定可知，按照单一制国家中央与地方行政机构"职责同构"原则，省级人民政府的高等教育管理职责由省级教育厅局代为履行，省级人民政府组成部门中的教育行政部门和其他有关业务部门的高等教育管理职能分工应当与国务院各部门的高等教育管理职能分工原则相同。

以高职教育而论，省级人民政府各部门的高职教育管理职能分工，即省级教育厅局在省人民政府的领导下，主管全省高职教育工作，负责指导、检查各地级市、省级各有关业务部门和高职院校对党和国家有关高等教育的方针政策、法律和行政法规的贯彻执行并直接管理少数高职院校，省级人民政府有关业务部门在省级教育厅局的指导下管理直属高职院校。省级教育厅局依照职责行使领导和管理直属高职院校的职权行政行为，省级人民政府其他有关业务部门则是依照授权而领导和管理所属高职院校。

（二）主管意图

省级教育厅局作为省域主管高职教育的国家行政机关，第一使命是对省域高职教育运用战略规划、政策法律、经济杠杆、绩效评估、信息服务和行政措施等手段进行统筹规划、政策引导、监督检查等宏观间接管理；第二使命是直接主管少数高职院校，对其他隶属高职院校提供政策执行示范和学校管理示范。省级教育厅局履行第一使命，是在公共利益本位论下充当政府公共管理机构的"政治人"角色，出于教育的公益性根本性质的目的性职守行为，省级教育厅局履行第二使命是在部门本位下出于政府部门的自利性"经济人"角色的手段性自利行为。省级教育厅局两个使命之间的关系是，第一使命是基础，决定和支配第二使命；第二使命是手段，从属和支持第一使命。

省级教育厅局作为"政治人"代表公共利益，反映政府作为公共组织对包括人的社会性和物的非排他性与非竞争性两方面的公共性根本追求。省级教育厅局作为省级政府的教育行政主管部门面向全省域行使公共管理职能和公共服务职能，维护公共利益，实现推进高职教育的整体效率和追求高水平的全面公平的公共目标。省级教育厅局维护的公共利益具有省域社会共享性。

省级教育厅局作为"经济人"追求非本质从属性的自身利益。因为省级教育厅局被人们视作公共利益的代表，所以省级教育厅局的自身利益也被人们误判为公共利益。传统公共行政理论在政治与行政二分法的主导下认为政府行政追求经济和效率，关注政府行政过程，凸显部门本位主义下政府利益的自利性和扩张性。部门本位主义是政府的个别部门在行政过程中偏离行政权源主体意志牺牲整体利益，以自我权益最大化为目标蓄意扩权，免责侵夺行政相对方权益，凸显行政主体的部门意志和局部利益。省级教育厅局的自身利益包括省级教育厅局工作人员的利益、省级教育厅局部门小集团利益和省级教育厅局所从属的省级政府的整体利益。省级教育厅局的自身利益对教育行政行为的影响，表现在将自身利益作为教育行政行为的内驱力，既可能因为自身利益与公共利益一致而催化公共利益，也可能因为自身利益与公共利益不完全一致而损害公共利益，阻碍实现公共目标，降低政府的合法性。

省级教育厅局作为省级教育行政机构，是教育行政学而非学校管理学的研究重点。省级教育厅局出于"政治人"的角色履行第一使命，职司省域的各级各类教育政策制定和宏观管理，在高职教育方面负责一省高职教育的发展规划和政策法规的制定实施，维护和保障公共利益。省级教育厅局出于"经济人"的角色履行第二使命，直接管理少数高职院校，是省级教育厅局维护和扩大自身利益的行为。

根据中共中央、国务院联合发布的中发〔1993〕3号、中发〔1999〕9号、中发〔2010〕12号等文件一以贯之的政策要求，高职教育始终以政府办学为主体。面对中共中央、国务院、教育部为高职教育举办体制所作的顶层设计，省级教育厅局作为主管省域高职教育的省级政府部门，不仅要以省域高职教育发展为公共利益目标，运行以省级人民政府统筹管理为主的高职教育管理体制，而且要通过直接举办和重点管理少数高职院校，模范执行高职教育"大家来办"的多元化办学政策，让行业、地区、企业和社会力量及其举办的高职院校发挥骨干和示范作用，维护省级教育厅局作为政府部门的自身利益。

（三）隶属关系影响

省级教育厅局主管的少数高职院校，是根据国务院和教育部的政策规划和工作要求，代表省级政府承办在省域诸种高职教育举办体制中发挥骨干和示范作用的高职院校。因此，省级教育厅局主管高职院校在省域高职教育"中心外围式"圈层结构中处在中心区的位置，向整个圈层结构，主要是三层外围圈层发挥中心的示范功能。从政治学角度分析，省级教育厅局主管高职院校主要是出于保障和扩展自身生存和发展条件的自利性需要而以省级政府的名义实施行政行为。基于前两方面要求的作用，省级教育厅局对所隶属高职院校施加的影响与其他隶属关系下的高职院校有所不同。

省级教育厅局对隶属高职院校施加的影响，应从上述两个途径理解。在项目体制中，省级教育厅局主管高职院校通过竞争成功取得项目的关键是"中心"优势。按照项目体制的纵向发包程序，省级教育厅局处在上级发包部门教育部或者省级政府的下端，承接伴随上级发包下分而来的评审推荐、资金分配、检查指导等部分行政权，在省域意欲接包的高职院校之间组织开展横向竞争。省级教育厅局基于自身承担的将所属高职院校建设成为骨干或者示范高职院校的任务的驱动，采用支持竞逐项目取胜等多种方式履行出资或者政策倾斜义务，引导资源集聚隶属高职院校，使所主管的高职院校在教学、科研、社会服务等各个方面都做到设施先进、功能强大，成为在省域具有显著的集聚力和辐射力的高职教育"中心地"。从本位主义思想出发，组织的基本需要是加固自身的生存条件，扩大比较优势，追求自身利益的最大化。省级教育厅局作为自利性公共行政组织，构建"外包"基地、优选试点高职院校推行"新政"，将会支持所属高职院校申报竞争项目，改善和加强所属高职院校的办学条件和办学能力，确保所属高职院校实现规模、质量、效益均衡发展，维护和巩固与所属高职院校的隶属关系。

第三节　省级行业厅局主管的高职院校重点建设项目解析

一、项目分布

（一）国家示范性高职院校建设计划

在国家示范性高职院校建设计划即"国家队"立项建设单位中，河南省人力资源和社会保障厅主管的河南职业技术学院入选 2006—2008 年"国家示范性高等职业院校建设计划"并完成建设通过验收，另有省级行业厅局主管的河南农业职业学院、河南工业职业技术学院 2 所入选 2010 年国家骨干高职院校立项建设单位并通过验收。综上所述，在国家示范性高职院校建设计划中，省级行业厅局主管高职院校共有 3 所入选，占入选"国家队"的河南省高职院校总数 7 所的 42.86％，占省级行业厅局主管高职院校总数 16 所的 18.75％。省级行业厅局主管高职院校在入选"国家队"的河南省高职院校总数中的绝对数和百分比都高居榜首，表明省级行业厅局主管高职院校的办学水平在河南省四种举办体制的高职院校中占据顶级地位。

（二）省级示范性高职院校建设计划

在河南省示范性高职院校建设计划即"地方队一期"立项建设单位中，入选该期一层即 2008 年遴选的 11 所立项建设单位中，省级行业厅局主管的河南职业技术学院、河南工业职业技术学院、河南农业职业学院、河南交通职业技术学院 4 所学校入选并完成建设；入选该期二层即 2011 年遴选的 9 所立项建设单位中，省级行业厅局主管的河南建筑职业技术学院 1 所入选并完成建设。两项合计，省级行业厅局主管高职院校中有 5 所入选河南省示范性（骨干）高职院校，占河南省示范性（骨干）高职院校总数 20 所（不含入选的开封大学、中州大学 2 所地方职业大学）的 25％，占省级行业厅局主管高职院校总数 16 所的 31.25％。

（三）河南省职业教育品牌示范院校和特色院校建设行动计划

在河南省职业教育品牌示范院校和特色院校建设行动计划即"地方队二期"立项建设单位中，省级行业厅局主管高职院校有 10 所入选。

按照入选的批次、层次统计如下：首批共 3 所学校入选，包括入选该期一层的河南交通职业技术学院，入选该期二层的河南工业贸易职业学院、河南推拿职业学院；二批共 2 所学校入选，入选该期一层的河南建筑职业技术学院和入选该期二层的河南护理职业学院；三批共 5 所学校入选，且均入选该期二层，包括河南职业技术学院、河南工业职业技术学院、河南农业职业学院、河南检察职业学院、河南工业和信息化职业学院。

综上所述，在河南省职业教育品牌示范院校和特色院校建设行动计划即"地方队二期"立项建设单位中，省级行业厅局主管高职院校有 10 所入选，占"地方队二期"立项建设单位总数 37 所的 27.03%，占省级行业厅局主管高职院校总数 16 所的 62.50%。

二、隶属关系影响分析

（一）行政主管部门职能

在社会主义市场经济体制改革进程中，根据经济体制改革的需要，政府行政体制经过多个轮次的改革，在一个层级政府内部形成由宏观调控部门为主导，一类行政事务由一个政府部门主管或者牵头负责，其他政府部门配合的部门间横向关系格局。按照在一类行政事务中的职能定位不同，政府部门分别称为主管部门（牵头部门）、行业部门（配合部门），主管部门（牵头部门）在该类事务中代表公共利益反映本级政府的意志，行业部门（按照国民经济行业设置的专业经济管理部门）在该类行政事务中代表政府行政管理的对象反映行业利益相关者的意志。主管部门和行业部门的差异在于部门管理主要采用直接行政性微观管理方法，行业管理主要采用间接经济性宏观管理方法。在纵向上，按照单一制国家中央与地方关系及政府机构设置的"职责同构"原则，省级政府部门与中央政府部门大体对口设置，中央政府各个部门与省级以下地方政府对应部门构成独立而又相对封闭的自上而下的垂直工作系统，居于顶端的中央政府部门作为系统的代表简称为"部门"，顶端以下的各层级地方政府部门作为系统的组成部分统称为"行业"（其中也有与综合部门以及主管或者牵头负责一类事务的主管部门相互区别之意）。根据以上理解，在由政府举办的公益类事业单位性质的高职院校举办和管理体制中，政府部门按照所承担的行政职能，划分为宏观调控的高职教育部门（牵头部门、主管部门）、行业管理的高职教育部门（业务部门、产业部门）。宏观调控的高职教育部门是指中央层面的教育部、省域层面的省级教育厅局，行业管理的高职教育部门是指中央层面的业务部门、省域层面的省级行业厅局。

在河南省高职教育举办体制中，相对于作为高职教育行政主管部门、宏观调控部门的河南省教育厅，其他主管高职院校的省级政府部门均称为省级行业行政主管部门。在河南省域，目前河南省人力资源和社会保障厅、河南省人民检察院、河南省国防科学技术工业局等 15 个省级行业厅局举办有高职院校。省级行业厅局的设置来源于省级政府基于社会分工、政府定位、工作战略而需要分担的本级行政职责和功能即省级事权，由此各个省级行业厅局获准独立设置并对应承担各自的行政职能。在从"以经济建设为中心"注重经济调节和市场监管职能建设宏观调控型政府，向注重社会管理和公共服务职能建设服务型政府转型的过程中，政府的行政职能重心随之转移，单个政府部门的职能结构也相应发生变换，举办高职院校的公共服务性职能在省级行业厅局诸种职能中所处的边缘地位及作用随着政府工作重心的变动而摇摆不定。

（二）主管意图

省级行业厅局举办和管理高职院校的意图，从省域行业整体、行业内组织个体等主体发展要求高职院校提供人力资源支持的角度获得学理依据。

根据政务院 1950 年 7 月 28 日第 43 次政务会议通过的《关于高等学校领导关系的决定》第三条和政务院 1953 年 5 月 29 日第 180 次政务会议通过的《关于修订高等学校领导关系的决定》第二条第三款，以及中共中央、国务院 1963 年 5 月 21 日发布的《关于加强高等学校统一领导、分级管理的决定（试行草案）》和中共中央 1979 年 9 月批转教育部党组的《关于建议重新颁发〈关于加强高等学校统一领导、分级管理的决定〉的报告》中对省级政府部门教育权限的规定，省级行业厅局举办和管理高职院校取得合规性。此后，在中共中央、国务院联合发布的中发〔1993〕3 号、中发〔2010〕12 号等文件中，行业始终是重要的高职教育举办主体。在国务院单独发布的国发〔1991〕55 号、国发〔2002〕16 号、国发〔2005〕35 号、国发〔2014〕19 号等文件中，行业的高职教育举办主体地位也始终受到重视。

行业主管部门对行业企业、行业高校的领导关系及行业企业与行业高校的合作方式在不同的历史时期具有不同的特点。在政企合一和政事合一的计划经济体制时期，政府设立与国民经济部类相对应的诸多业务主管部门，分行业对企业和高校进行纵向的计划管理和经济核算。具有相同隶属关系的企业和高校都缺乏组织自主权，完全接受共同从属的政府行政主管部门的行政命令和直接控制，围绕行业经济目标开展生产经营或教育教学，互相配合构成封闭运行的行业经济体系。行业企业作为一线生产单位主要面向行业之外的社会生产体系提供产出成品，并出于自身以及整个行业对人力资源和技术创新的需要，与行业高校等二线非生产单位实行紧密协作，提供场地、设备、技术和人力，辅助高校开展实践教学和科学研究活动，接收行业高校毕业生担任生产技术人员或经营管理人员。行业高职院校得到省级行业厅局的行政支持和行业企业的紧密配合，面向省域本部门、本行业办学，架构清晰、保障有力，立足于服务省域部门、行业需要设置专业，使培养人才的方向明白、目标切近。

在社会主义市场经济体制时期，政府职能从部门计划管理转变为行业宏观管理，原来隶属行业主管部门的行业企业经过改革摆脱附庸的地位，成为主要按照市场信号自主行事的市场主体，政企合一的身份变为政企分开。对于和过往具有相同隶属关系的行业高校的合作关系也采取冷淡或者排斥的态度，因而行业高校难以恢复来自行业企业的技术、人力、设备等内涵支持。但行业高职院校与政府行政主管部门的关系继续保持政事合一的状态，行业高职院校还需接受省级行业厅局作为行政主管部门的严格管理，但省级行业厅局对隶属高职院校的管理方式和行业高职院校的服务面向范围也因政府职能转变和机构调整的影响而发生变化。省级行业厅局的管理方式从主要利用行政手段采取命令方式转变为主要利用宏观政策进行间接引导。行业高职院校的服务面向范围从主要为省域部门、行业系统服务拓展为面向省域行业企业、全社会服务。基于外部制度环境的根本性变化，对于高职教育而言处在"学术心脏地带"的校企合作关系在从行政主导强制型走向市场主导松散型的过程中逐步陷入制度困境，行业高职院校的行业色彩正在被削弱。

（三）隶属关系影响

省级行业厅局作为隶属行业高职院校的举办者，承担着为行业高职院校决策办学定位、委派管理干部、筹划内部机构、调配教师人事、拨付办学经费等基本职责，在项目体制中具有加入和充当行业高职院校"抓包"团队成员，指导和支持行业高职院校"抓包"和完成重点建设项目的自驱力，利用省级政府工作部门的行政地位和资源优势，主动或者被动地帮助所属高职院校赢得和完成重点建设项目。省级行业厅局的加入大幅增强了省属行业高职院校的"抓包"竞争力。在项目体制中，省级行业厅局利用与省级教育厅局作为行政发包方之下的省级分包方一同属于省级政府工作部门的府际行政关系，参与和支持所属行业高职院校"抓包"。省属行业高职院校得到所隶属省级行业厅局的行政支持之后，在所有"抓包"竞争者中凸显的优势地位得以固化和扩大。省级行业厅局举办高职院校具有其他举办体制不具备的校企合作优势，即省级行业厅局保留行业管理的基本职能，在失去与行业企业事业单位的行政关系之后重新建立行业服务关系，便于支持所属高职院校与行业企事业单位实现产教融合，促进行业高职院校内涵建设。

在项目体制中，显性的政府部门间关系格局是省级教育厅局主导与省级行业厅局配合，隐性的政府部门间关系逻辑是宏观政府执政目标战略定位引导和中观政府行政职能重心定位倒逼。在行政体制改革中随着政府战略定位、重心定位和政策定位的逐渐清晰聚焦，省级行业厅局在对所属行业高职院校保持行政控制的同时，对行业企业等传统对象的控制力及自身行政地位趋向于不断削弱。尽管如此，由于省级行业厅局与省级教育厅局存在资源交换且能达到利益均衡，所以，省级行业厅局对省级教育厅局在省域的项目主导地位提供的跨部门横向配合固非充分，却实在必要。在项目体制中，省级教育厅局的项目主导与推进受到自身与省级行业厅局等省级政府工作部门间权责关系、行政主管部门与所属高职院校间关系、参与抓包的高职院校间关系等外部环境因素和各个项目主体内部组织因素的制约。此外，省级行业厅局及其所属行业高职院校为实现成功"抓包"和顺利完成项目建设，既需要在组织层次与省级教育厅局进行互动协作，也需要在个人层次，通过晋升激励，开展省级行业厅局、行业高职院校的领导干部与省级教育厅局相关行政干部之间的互动合作。

第四节 地级市政府举办的高职院校重点建设项目解析

一、项目分布

（一）国家示范性高职院校建设计划

在国家示范性高职院校建设计划即"国家队"立项建设单位中，商丘市人民政府举办的商丘职业技术学院入选为 2006—2008 年"国家示范性高等职业院校建设计划"立项建设单位并完成建设，2010 年"国家示范性高等职业院校建设计划"骨干高职院校立项建设单位中则没有地级市政府举办的高职院校入选。总之，地级市政府举办的高职院校有 1 所入选"国家队"，占入选"国家队"的河南省高职院校总数 7 所的 14.29%，占地级市政府举办高职院校总数 20 所的 5%。

（二）省级示范性高职院校建设计划

在河南省示范性高职院校建设计划即"地方队一期"立项建设单位中，入选该期一层即 2008 年立项建设单位并完成建设的地级市政府举办的高职院校包括信阳职业技术学院、漯河职业技术学院、周口职业技术学院、济源职业技术学院、许昌职业技术学院 5 所学校。入选该期二层即 2011 年立项建设单位并完成建设的地级市政府举办的高职院校包括濮阳职业技术学院、鹤壁职业技术学院、三门峡职业技术学院、河南质量工程职业学院、郑州职业技术学院 5 所学校。两项合计，地级市政府举办的高职院校共有 10 所入选该期立项建设单位，占河南省示范性（骨干）高职院校总数 20 所（不含入选的开封大学、中州大学 2 所地方职业大学）的 50%，占地级市政府举办高职院校总数 20 所的 50%。

（三）河南省职业教育品牌示范院校和特色院校建设行动计划

在河南省职业教育品牌示范院校和特色院校建设行动计划即"地方队二期"立项建设单位中，地级市政府举办的高职院校有 19 所入选。

按照入选的批次、层次统计如下：首批共 6 所学校入选，包括入选该期一层的信阳职业技术学院、周口职业技术学院、济源职业技术学院、许昌职业技术学院 4 所学校（不含入选的开封大学 1 所地方职业大学），入选该期二层的开封文化艺术职业学院、驻马店职业技术学院 2 所学校；二批共 7 所学校入选，包括入选该期一层的濮阳职业技术学院、鹤壁职业技术学院、三门峡职业技术学院、河南质量工程职业学院 4 所学校，入选该期二层的漯河职业技术学院、安阳职业技术学院、新乡职业技术学院 3 所学校；三批共 6 所学校入选，包括入选该期一层的郑州职业技术学院、郑州旅游职业学院 2 所学校，入选该期二层的商丘职业技术学院、郑州财税金融职业学院、南阳农业职业学院、洛阳职业技术学院 4 所学校。

综上所述，在河南省职业教育品牌示范院校和特色院校建设行动计划即"地方队二期"立项建设单位中，地级市政府举办的高职院校中有 19 所学校入选为品牌示范院校立项建设单位或特色院校立项建设单位，占"地方队二期"立项建设单位总数 37 所的 51.35%，占地级市政府举办的高职院校总数 20 所的 95%，说明地级市政府举办高职院校的整体办学实力在河南省高职院校中处在高位水平。

二、隶属关系影响分析

（一）举办主体职能

地级市是中共中央、国务院 1983 年 2 月 15 日发布《关于地市州党政机关机构改革若干问题的通知》后出现的地方城市型"统县政区"，在政府结构中处在中央、省之下的第三层级，行政地位与地区行政公署相当，行政等级处在直辖市（省级市）和县级市之间。国家民政部掌握的地级市设市标准主要包括城市（城区）人口集聚规模、城市用地规模（城市建成区面积和城市建设用地面积），国内生产总值、财政收入和工业产值等经济类指标以及其他经济社会指标。地级市在民政部进行行政区划统计的地级市序列中具体包括副省级城市（前身为计划单列市）、一般省会城市、一般地级市、副地级市以及经国务院批准的较大的市等五种类型，统一合称为省域中心城市。地级市直属省级政府领导，实行以城带乡、城乡合治的"市管县"体制，下辖市辖区、县等县级行政区，并代管县级市，充当省、县之间的中间管理层，职责是根据法律规定和中央、省两级政府授权（分权）以及政策意图，在省级政府的直接领导下，管理中心城区事务，领导县级政区工作，具有政府层级的中位性、利益取向的地方性特点。

地级市在条块结构的省域行政体制中具有"块"的性质，在条块分割、以块为主的格局中的重要性和自主性远大于计划经济体制下的"条条专政"时期。国家按照城市的行政等级和驻地政府的行政等级实施行政中心偏向和首位城市偏向的行政主导型城市发展政策，城市根据批准的行政等级获得社会经济管理权限、资源配置、制度安排并据以产生力度相应的自组织型市场力量。地级市联系和影响的外围半径与自身生产能力相适应，应有效发挥中心带动作用，推动所辖全域的建设和发展。城市与叠加设置的行政中心或适配或错配，将助推高配的城市实现规模扩张和快速发展，加剧低配的城市承载能力收缩，走向衰落乃至"空心化"。地级市的中心与外围两者的发展模式不同，中心城区对外围具有要素吸附集聚效应，也向外围传导压力，产生要素扩散和溢出效应。当前，地级市多数成长为中心城区和周边农村腹地的区域性政治中心、教育中心，衔接省会及省会以上大都市和广大农村地区。

目前，河南省共有 18 个地级市，包括 1 个一般省会城市郑州市、1 个经国务院批准的较大的市洛阳市、1 个副地级市济源市以及 15 个一般地级市。根据国务院 2010 年 12 月 21 日印发的《全国主体功能区规划》（国发〔2010〕46 号）、国务院 2011 年 9 月 28 日作为国家战略出台的《国务院关于支持河南省加快建设中原经济区的指导意见》（国发〔2011〕32 号）和国务院 2016 年 12 月 28 日批复的《中原城市群发展规划》（国函〔2016〕210 号），河南省全境被确定为中原经济区的主体区域，18 个地级市全部被纳入中原城市群的核心发展区、联动辐射区两级区位和国家中心城市、区域中心城市、重要节点城市三个层次的国家级发展规划中。河南省各个地级市将通过错位分工和组团合作，推动河南省、中原经济区以及中原城市群实现区域总体协同发展。

（二）举办意图

在新中国高等教育长期实行由中央统一领导、中央和省两级管理的体制之后，根据《中共中央关于教育体制改革的决定》（中发〔1985〕12号）的决定，地级市政府进入国家高等教育管理体制框架，成为举办和管理高等教育的第三级主体。国务院1991年10月17日发布《国务院关于大力发展职业技术教育的决定》（国发〔1991〕55号），2002年8月24日发布的《国务院关于大力推进职业教育改革与发展的决定》（国发〔2002〕16号）的相关要求都表明，在国家职业教育管理体制框架内，地级市的地位和作用日益清晰和凸显，成为职业教育管理体系中的关键政府层级。基于高职教育兼容职业教育、高等教育的特殊性质，根据以上政策性文件的要求，地级市政府应承担举办和管理高职教育的关键责任。

改革开放以来，政府行政价值始终在效率和公平两者之间来回摇摆，政府体制从政府中心与权力本位向着对象中心与责任本位的方向展开单向线性改革，地级市政府从统治型政府发展到治理型政府，再过渡到目前按照职能类型定位的服务型政府，提供公共教育服务、履行公共服务职能在政府职能清单上的地位逐渐凸显。地级市政府在辖区内举办高职院校，是作为在地方最高政区的省和地方三级政区的县之间的二级地方政区设置的行政机关，既代理中央政府和省级政府，又代表所在地方在社会层面实现公共利益，一身二任履行教育类公共服务职能的行为。地级市政府设置非营利部门性质的高职院校，作为公共物品的供给者为所在地方提供高职教育公共服务，主要的目的有两个：一个目的是培育地方行业企业所需要的技术技能人才，支持当地技术升级换代和经济社会进步；另一个目的是满足辖区高职教育需求，保障居民的教育权益和文化福利。地级市政府举办高职院校，一举两得地实现前述两项社会服务目标，是公共服务型政府应尽的政府责任。

地级市政府与高职教育之间是互动互促关系。地级市自身构成闭合的区域技术创新系统，高职院校是其中从事知识技术生产、扩散与转移的创新主体和人才储备库。地级市政府在辖区内举办高职院校，主体双方围绕"技术技能（知识）"核心，建构全境行政权能与科层布点、整体空间政区与局部地块的结构—功能互动关系。地级市的经济发展阶段、科技进步水平、技术人才需求结构，规定了高职教育层次和内容。一方面，高职院校将通过提升层次级位，推进人才层次和质量高移，直接促进地级市的人力资本升级和科技进步。另一方面，高职院校及师生的物质需求也拉动了消费增长，间接促进地级市的产业升级和结构优化。根据美国经济学家西蒙·库兹涅茨基于对发达国家经济运动历史资料的分析提出的"随着生产结构的变化必然会发生经济结构其他方面的变化。因此，从农业向工业的移动也意味着向最低限度规模更大的、平均的或最适宜规模更大的工厂生产过程的转移"的观点[①]以及工业化进程演变阶段可在产业 GDP 结构比例的变动中表现出来的推论进行综合判断：当前河南省已经处于工业化中后期和经济高速增长阶段。各个地级市政府均应基于河南省发展阶段和发展目标的要求，将隶属高职院校的建设纳入地方经济社会发展战略规划，加大投资建设力度，引导发挥地方服务功能，支持培养地方需要的创新型、复合型高级技术人才，为区域产业结构从传统劳动技术密集型产业向新兴信息技术密集型产业转型升级，尽早走出工业化阶段提供智力支持和技术支持。高职院校应掌握所从属地级市经济增长的路径依赖和资源依赖特性，依据行业组织制定的人才需求预测报告，排除高职教育"滞后期"效应的消极影响，制定实施高职院校办学层次和专业结构战略规划，发挥高职教育对地方社会进步和经济增长的促进作用。

（三）隶属关系影响

在项目体制中，地级市政府举办的高职院校作为项目主体申报教育部或省级政府设置的重点建设项目时，涉及的省外项目主体包括教育部等中央部门，省域项目主体包括作为项目牵头部门的省级教育厅局、作为高职院校举办方的地级市政府，有的项目还涉及作为配合部门负责专项资金设置审批和使用监管的省财政厅等省级政府工作部门。在以上项目主体中，代表省级政府或根据教育部授权负责管理项目的省级教育厅局为一方，相对一方是申报项目的高职院校，地级市政府加入高职院校项目团队，作为高职院校的举办方负责指导和支持申报项目。

地级市政府举办的高职院校隶属关系对高职院校重点建设项目的影响存在一明一暗两种作用机制。明面上的作用机制是，在省域条块结构中，省级教育厅局作为"条"，地级市政府作为"块"，两者之间以高职院校为支点进行直接互动，核心是省级教育厅局与地级市政府两者之间的条块协作互动关系。按照科层等级制的理解，省级教育厅局与高职院校分别作为正地厅级政府行政机关、副地厅级事业单位，两者之间是一强一弱、一高一低的行政地

---

① 西蒙·库兹涅茨. 各国的经济增长：总产值和生产结构［M］. 常勋，潘天顺，黄有土，等译. 北京：商务印书馆，1985：366.

位不对等关系。省级教育厅局出于履行行政职能的需要面向高职院校进行项目发包（或者项目分包），是省域最高教育行政部门行使行政职权的行政行为，高职院校作为被管理对象和下级单位应当按照项目发包条件申请抓包，要么放弃申请抓包资格。地级市政府具有与省级教育厅局相同的行政等级。在隶属高职院校的项目团队中，地级市政府一方面利用与省级教育厅局同级的行政地位在项目框架内与省级教育厅局进行平等互动，有力地补足隶属高职院校的弱势行政地位；另一方面行使在二级地方政区政治经济社会教育的行政权整合资源支持隶属高职院校进行项目抓包；再一方面挖掘地级市政府内部私人"关系"资源与省级教育厅局官员建立通道，进行有效沟通，争取得到省级教育厅局对隶属高职院校的支持承诺。三个方面共同发力推高隶属高职院校的竞争实力，支持隶属高职院校获得重点建设项目。

暗线上的作用机制是，在省域条块结构中，省级政府作为唯一居于地方政府行政体系内部顶层、占有领导地位的"块"（以省级教育厅局作为代表），地级市政府作为处在第二层、隶属顶层并与同级他者竞争的"块"，各自借助省级教育厅局、高职院校作为支点展开间接互动。在省域条块结构之外，地级市政府举办高职院校申报和完成国家级重点建设项目还受到地级市政府、教育部两者之间以高职院校、省级教育厅局为支点的间接互动作用机制的影响。

第五节　国有企业举办的高职院校重点建设项目解析

一、项目分布

（一）国家示范性高职院校建设计划

在国家示范性高职院校建设计划即"国家队"立项建设单位中，中国平煤神马能源化工集团有限责任公司举办的平顶山工业职业技术学院入选2006—2008年"国家示范性高等职业院校建设计划"立项建设单位并完成建设，2010年"国家示范性高等职业院校建设计划"骨干高职院校立项建设单位中没有国有企业举办的高职院校入选。两项合计，国有企业举办的高职院校1所入选"国家队"，占入选"国家队"的河南省高职院校总数7所的14.29%，占国有企业举办的高职院校总数2所的50%。

（二）省级示范性高职院校建设计划

在河南省示范性高职院校建设计划即"地方队一期"立项建设单位中，国有企业举办的高职院校均未入选"地方队一期一层"即 2008 年"河南省示范性高等职业院校建设计划"立项建设单位，永城职业学院入选"地方队一期二层"即 2011 年"河南省骨干高职院校建设项目"立项建设单位并完成建设。两项合计，国有企业举办的高职院校仅有 1 所入选"地方队一期"立项建设单位，占河南省示范性（骨干）高职院校总数 20 所（不含入选开封大学、中州大学 2 所地方职业大学）的 5％，占国有企业举办的高职院校总数 2 所的 50％。

（三）河南省职业教育品牌示范院校和特色院校建设行动计划

在河南省职业教育品牌示范院校和特色院校建设行动计划即"地方队二期"立项建设单位中，永城职业学院入选"地方队二期一层"立项建设单位并完成建设通过验收，平顶山工业职业技术学院入选"地方队二期二层"立项建设单位并完成建设通过验收。按照入选批次而论，两所学校均为该期二批立项建设单位。综上所述，国有企业举办的两所高职院校均入选"地方队二期"中的品牌示范院校立项建设单位或者特色院校立项建设单位，占"地方队二期"立项建设单位总数 37 所（不含入选的开封大学 1 所地方职业大学）的 5.40％，且国有企业举办的两所高职院校全数入选，说明国有企业举办的高职院校的办学实力在河南省高职院校中处在前列。

二、隶属关系影响分析

（一）举办单位职能

一般企业的根本目的是实现经济上的逐利性即增加利润，唯一本质是资本增值的工具。在当下的中国，国有企业并非完全如此。国有企业制度是社会主义国家基本经济制度的主要内容，国有企业是公有制经济的主要组织形式，体现国家物质资料所有制的社会主义性质。国有企业在改革开放之前和初期曾经被称为全民所有制企业、国营企业，是指以分散的劳动力所有权为基础，结合代表国家出资或者入股的政府财政收入，而非以私有资本为主导建立的公共机构性质的社会经济组织，接受政府的支配性影响并执行政府意图，按照市场化方式向社会提供商品或服务。因此，国有企业既负有经济责任，更负有政治责任。经济责任是指国有企业作为经济组织，必须增进政府出资者收益。政治责任是指国有企业作为公有制经济的主要组织形式，在国家实现现代化的过程中，在国家政权的主导下，组织动员全国资源，成为社会主义市场经济第一主体，帮助政府实现宏观经济、社会政策目标。国有企业除作为市场主体具有营利性，在经济全球化背景下作为社会主义国家国民经济的支柱，提高国际综合竞争力，发挥经济功能之外，还应承担政治服务功能、公共服务功能等工具性公益功能，保持对主导国民经济根本方向、关系国家经济安全的重要行业和关键领域的牢固控制力和对非公有制经济形式的强大影响力，发挥维护政治稳定和军事安全、经济发展、社会进步等国家核心利益的作用。

中国实行公有制经济占主导地位的社会主义基本经济制度，对国有企业的社会责任具有显著影响。企业社会责任是企业伦理学的范畴和企业利益相关者理论的产物。企业伦理的实质是对企业的市场行为、生产经营过程和活动结果进行道德评判，使企业在满足出资者追求经济效率、实现利润最大化的同时，还要响应员工、社区和环境等内部和外部利益相关者对企业提出的道德要求，在以利己的经济效率为原则的经济目标和以利他的经济公平为原则的社会目标两者之间实现统一。国有企业的性质决定国有企业既要承担一般企业的共同社会责任，还要承担国有企业的特定社会责任。一般企业的共同社会责任是指企业面向社会履行公共服务功能，增进利益相关者的利益以促进社会进步的道德责任，包括主动承担义务的积极责任和不履行义务或不良行为所致惩罚的消极责任。国有企业的特定社会责任包括实施国家整体战略，贯彻社会发展政策，支持教育和公益事业，改善生态环境和城市社区志愿服务等。鉴于国有企业的劳动力所有权集合体本质，国有企业的社会目标应高于经济目标，经济目标服务于社会目标，社会目标通过经济目标的落实而实现。

举办高职院校或参与高职教育，是国有企业履行特定社会责任的应有之义。国有企业挖掘和发挥资源优势，方式之一是通过在企业外部举办具有独立的事业单位法人资格、纳入国家普通高等教育体系、实施全日制普通高等学历教育的高职院校，是出于履行政治责任和社会责任的需要。

（二）举办意图

企业办学机构主要有两种设置方式，一种方式是设置在企业外部，一种方式是设置在企业内部。企业在内部设置办学机构的方式是成立企业职工培训中心或企业大学。企业职工培训中心或企业大学负责根据企业自身发展战略需要提供非学历继续教育性质的在职培训项目，对企业职工按照职级层次和工作岗位性质进行差异化的人力资本投资，使企业职工形成直接的、现实的知识和技术创新能力，提高管理效率和劳动生产率、存量物力资本开发利用率，最终增加企业的经济利益。鉴于人力资源对企业利润的直接作用，国有企业无不重视开设内部培训机构，专门负责组织开展企业职工培训工作，履行企业内部社会责任。

国有企业举办高职院校是在企业外部设置企业办学机构，基于教育的公共性，面向企业以及企业所在地的行业、社区提供公共教育服务，培养技术技能人才，但以企业之外的行业、社区为服务面向的主要范围，履行面向企业外部的社会责任，不以营利为目的并且不具有经济性特征，并非单为满足国有企业自身的人力资源和技术创新需求。国有企业举办高职院校，为社会提供公益性质的高等职业教育服务，既需要企业挤占自身财力、物力奉献兴教，又须配备兼长高职教育教学规律和企业生产经营规律的专家，发掘企业优势指导高职院校办学。前者非国有企业本来所愿，后者非国有企业固有所长，故而举办高职院校的国有企业数量少之又少。

一般企业对高职教育的内涵式发展具有决定性作用。高职教育作为专门针对行业企业用人需要开展技术技能人才培养活动的学校本位教育形式，一方面需要企业列支教育资金提供经费支持，分派场地、设备经理、技师等物力、人力，筹备教学资源，在企业生产经营现场为学生创设实践性技术工作岗位，或在高职院校投资建设生产性技术工作情境，充实改善高职院校的实践教学条件；另一方面需要企业参与决定专业课程教学资源软件建设，将企业生产经营知识技术等显性知识和工作技巧、产业文化、职业价值等默会知识作为实践导向的内涵标准，前置在高职院校的教育教学目标内容设计、过程质量监控、结果评价改进各环节进行检验调适。所以，校企合作育人作为高职教育的基本制度要求和技术技能人才职业能力形成的必备条件，在国有企业举办高职院校具备全面落实的现实可能。因此，国有企业在改革开放以来的高职教育政策中始终被国家作为重要主体赋予责任。国有企业直接举办高职院校，在制度框架内能够实现彻底的校企合作，名正言顺地"在职业能力形成中发挥决定性作用"，打破企业在其他隶属关系高职院校中的参与者地位与决定性作用两者难以协调统一的制度和现实困境。

（三）隶属关系影响

国有企业的产权结构和地位作用内在地要求，基于公有制的所有制性质和国有经济的主要载体，国有企业不能摆脱国有经济管理的运行框架，必须接受政府部门的监管。作为肩负政治责任的经济组织，或者直接作为政治组织，国有企业被赋予行政级别与对应层级的政府构建隶属关系，领导人由党委组织部门根据"下管一级"的行政干部管理权限原则进行考察选派，在代表国有资产所有者的政府机关的监督控制下组织开展国有企业生产管理和市场经营活动。

国有企业代表国有经济履行政治责任促进公共福利，领导支持所隶属高职院校办学和竞争重点建设项目，根据路径依赖理论的要求，须依托政治体制利用政治资源予以保障。中国社会主义市场经济当下处在走向由市场机制决定资源配置建构成熟体制的过渡期，政府掌握社会经济发展的政策制定权并支配巨量的政治经济资源，主导国有企业的外部战略方向和内部生产经营。国有企业需要加强政企关系取得政府部门的支持，在市场经营中掌握主动，以保持自身相对于其他国有企业乃至于私有企业、外资企业所具有的比较优势。国有企业组织整体与政府部门进行互动交往建立联结，积累整合以科层等级制政企关系为基础、以认知型的信任和结构型的网络为内容与形式、以资源合作和利益共享为行动目标的企业社会资本，对政府部门的决策发挥影响力，形成他者难以复制的社会关系网络优势，为国有企业赢得来自政府的政策动态、产业信息、财税金融等稀缺资源。国有企业将举办高职院校和支持高职院校获得政府重点建设项目作为自身利益和社会利益两者和谐共生的战略结合点，组织资源和调配人力制定并实施主题方案。国有企业在隶属高职院校的项目团队中，发挥自身的行政级别、政治资本、物质资源、社会资本等优势，取得省级教育厅局和其他评审机关直至中央部门的信任，以实际行动支持隶属高职院校竞争和实施重点建设项目。

综上所述，本章采用五节的篇幅，分别对省级教育厅局、省级行业厅局、地级市政府和国有企业各自主管或举办的高职院校的重点建设项目情况，从项目分布和隶属关系影响两个方面进行了解。在上述的研究中笔者注意到，隶属关系在高职院校竞争获得和顺利完成重点项目建设中的作用至关重要。根据本章的统计和分析，在项目体制下，不同隶属关系的高职院校类别获得的效率导向的项目的层级（等级）、批次、数量等显然不同，说明隶属关系有助于高职院校在效率导向的项目体制下成功竞取重点建设项目，并按照标准进行项目建设，取得项目成果，达到项目的建设目标，通过验收。进一步分析发现，受隶属关系影响的高职院校（或类别）能够在竞逐项目中获得成功，表明优胜的高职院校原本已经达到具有竞争力的办学条件，该高职院校（或类别）通过项目建设和验收后的办学效率还将得到巩固和提升，项目制的多层级多轮次实施必将推进省域高职院校整体的办学效率普遍跨入一个个新的水平。当然，在办学效率本来有失均衡的省域高职院校体系中，项目制的实行也会加剧高职院校之间的办学效率不均衡态势，使本不公平的类似行政等级关系的高职院校之间拉大办学实力差距。

综合而言，从高职教育具有的职业属性（行业属性）的角度分析，省级行业厅局主管的高职院校的绝对数量和相对数量在按照隶属关系分类占比排序中高居河南全省进入"国家队"立项单位总数的第一位，在"地方队一期"和"地方队二期"的立项单位中，绝对数量和相对数量均排在四种隶属关系的高职院校类别中的第二位，充分表明省级行业厅局主管的高职院校具有无可替代的"体量"优势和质量优势。启示在于，一是非教育的行业部门主管的高职院校先天的行业办学（部门办学）性质能够最大化凸显高职教育的职业属性（行业属性），表明行业部门主管高职院校在省域高职教育体系中具有无可比拟的行业（部门）优势，所以，行业部门介入高职教育是高职教育办出质量的必由之路；二是河南省域高职院校中的相当一部分由省级行业厅局主管，能够充分发挥行业部门主管高职院校的行业办学优势，在河南省域体现高职教育的职业属性（行业属性），凸显省域高职教育举办体制的河南特色。

同时也应注意到，在省级行业厅局主管的高职院校中，有 11 所未入选"地方队一期"项目，占本隶属关系高职院校类别总数 16 所之比为 68.75％；有 6 所未入选"地方队二期"项目，占本隶属关系高职院校类别总数 16 所之比为 37.50％。省级行业厅局主管的高职院校的这两种项目"未入选"的占比均显过高，表明省级行业厅局主管的高职院校类别内部个体之间办学实力差距悬殊，为数不少的省级行业厅局主管的高职院校办学水平在省域高职院校中位居下游，需要作为行政主管部门的省级行业厅局加力扶持，帮助隶属高职院校实现赶超。

如果将进入"国家队"的省级教育厅局主管的高职院校、省级行业厅局主管的高职院校两个隶属关系类别合并统一作为省属高职院校一个类别看待，则省属高职院校共有 5 所，在河南省进入"国家队"的高职院校总数 7 所中占比达到 71.43％，在河南省进入"国家队"的立项单位总数中占据绝对数量优势，表明省属高职院校整体实力雄厚，发展水平卓越，处在河南省域高职教育水平的最高地位。从以隶属关系为核心的高职教育举办体制格局和资源配置依据出发进行分析，所得到的启示是：按照基于隶属关系进行资源配置的基本原则和路径依赖理论，单一制集权制政府结构必将催生按照政府权威从高到低呈纵向递减的省域高职教育资源配置存量结构，省属高职院校必然凸显成为省域高职教育的"高峰"。

　　地级市政府举办的高职院校的主体尽管在现有举办体制体系中处在最低政府层级，但是在四种隶属关系分类中的高职院校数量最多，而且在重点建设项目排序中也尽显办学水平和竞争优势，表现为：一是办学水平最高者能够进入代表全国最高水平的"国家队"，说明在举办主体序列中行政层级最低的地级市政府照样能够办出国内最高水平的高职院校，举办主体行政层级与高职院校办学水平之间没有必然的因果关系，高职院校办学水平高低的决定因素主要是处在举办主体地位的地级市政府支持发展所属高职院校的行政意志是否强烈；二是体现省级政府意志，具有省域竞争性的"地方队一期"和"地方队二期"两期项目中，立项单位的绝对数量每一期都与其他三种隶属关系高职院校类别的总和基本相当，相对数量也在各期项目中名列前茅，说明地级市政府举办高职院校的整体办学成绩足够突出，已经形成显著的隶属关系类别优势。从高职教育面向地方定位的角度出发进行理解，所得到的启示：一是单就数量而论，省域高职院校主要在地级市设置和主要由地级市政府举办，凸显高职教育举办体制具有地方性的河南特色；二是剔除非主观性的微弱溢出效应，高职教育的地方性服务面向得到最大化彰显，地级市政府介入是一定时期内省域高职教育举办体制体系"重心向下"的应然路径。

第四章　隶属关系对高职院校
办学状态的影响

高职教育举办体制评价即将省域高职院校按照隶属关系分类，对每一类高职院校的办学状态都按照筛选确定的指标作出评价，以此为基础的综合结论即对高职教育举办体制的综合评价。

第一节　高职院校办学状态指标选取和评价方法

高职院校办学状态包括办学条件和办学成果两个方面，高职院校办学状态指标相应分为办学条件指标和办学成果指标。高职院校办学条件和办学成果两个方面均有各自适用的评价方法，其中办学条件采用泰尔指数法进行公平程度测算，办学成果采用数据包络分析方法进行效率差异评价。

一、高职院校办学状态评价指标选取

（一）办学条件指标

办学条件指标主要包括土地、校舍、图书、设施设备、师资、财政经费等高职院校的硬件条件。在办学条件指标中，因图书在新时期出现存携方便、价格日低的电子版本形式，在高职院校办学条件中的重要性有所降低，故本书不涉及。

1. 土地、校舍、设施设备、师资的相关法律法规依据

现行《教育法》第二十七条规定："设立学校及其他教育机构，必须具备下列基本条件：（一）有组织机构和章程；（二）有合格的教师；（三）有符合规定标准的教学场所及设施、设备等；（四）有必备的办学资金和稳定的经费来源。"现行《职业教育法》第二十四条规定的设立职业学校的基本条件中，除对设施、设备提出"与职业教育相适应"的特殊要求以外，其余方面的要求乃至表达都与《教育法》第二十七条完全相同。《高等教育法》

第二十五条规定，设立高等学校，应当具备教育法规定的基本条件；设立高等学校的具体标准由国务院制定。前述教育基本法和其他部门法在规定设立学校的基本条件时，都采用强制性的语词"必须"加以强调，体现刚性的国家意志要求。

现行《教育部关于颁布〈高等职业学校设置标准（暂行）〉的通知》（教发〔2000〕41号）根据高职教育的性质对高职院校设置要件的数量和规格作出不同期限的要求。《高等职业学校设置标准（暂行）》第一条、第二条规定，设置高等职业学校必须配备专职校（院）长和副校（院）长、专职德育工作者和系科、专业负责人，与专业设置、课程性质、在校生人数规定标准相匹配的包括专任教师、"双师型"教师在内的专兼职教师队伍人数及学历、职级等子项人数及其比例；在第七条第二款提出建校4年内要求达到的专任教师总人数、学历、副高级职称比例等数量目标；在第三条中，第一款规定土地（校园占地面积）、校舍（生均教学、实验、行政用房建筑面积）的数量和规格标准，第二款规定实习实训场所、教学仪器设备和图书资料的数量与规格标准，并在第四条按照高职教育属性对实习实训场所、特殊课程教学设备提出细化要求；在第七条第三款提出建校4年内要求达到的教学仪器设备、校舍、图书的数量目标；第六条规定，基本建设投资和教学经费来源等办学经费要求。

《教育部关于印发〈普通高等学校基本办学条件指标（试行）〉的通知》（教发〔2004〕2号）提出12项办学条件，包括生师比、具有研究生学位的教师占专任教师的比例、生均教学行政用房、生均教学科研仪器设备值、生均图书，体现国家对高职院校等高校办学条件的基本要求，这5项指标被称为基本办学条件指标，并都进一步区分出合格、限制招生两个档次的量化数据，是教育行政部门用作衡量高校的基本办学条件和核定高校的年度招生规模的依据。另具有高级职务教师占专任教师的比例、生均占地面积、生均宿舍面积、百名学生配教学用计算机台数、百名学生配多媒体教室和语音实验室座位数、新增教学科研仪器设备所占比例、生均年进书量等7项指标，被称为监测办学条件，对监测办学条件的每一项指标都确定一个合格档次的量化数据，作为对基本办学条件的补充，反映高校基本办学条件的改善、更新情况，体现高校基本办学条件的信息化程度。在该文件中，高校被区分为本科和高职（专科）两个层次，两个高校层次又根据学科性质各自区分为5种学校类别，对每个高校层次、每种学校类别的5项基本办学条件都提出合格、限制招生两个档次的量化数据，对7项监测办学条件则只提出合格档次的量化数据。

2. 财政经费的相关法律法规依据

《职业教育法》第二十七条规定："省、自治区、直辖市人民政府应当制定本地区职业学校学生人数平均经费标准；国务院有关部门应当会同国务院财政部门制定本部门职业学校学生人数平均经费标准。职业学校举办者应当按照学生人数平均经费标准足额拨付职业教育经费。"《高等教育法》第六十一条规定，"高等学校的举办者应当保证稳定的办学经费来源，不得抽回其投入的办学资金"，第六十二条规定，"国务院教育行政部门会同国务院其他有关部门根据在校学生年人均教育成本，规定高等学校年经费开支标准和筹措的基本原则；省、自治区、直辖市人民政府教育行政部门会同有关部门制订本行政区域内高等学校年经费开支标准和筹措办法，作为举办者和高等学校筹措办学经费的基本依据"。《财政部教育部关于建立完善以改革和绩效为导向的生均拨款制度加快发展现代高等职业教育的意见》（财教〔2014〕352号）规定，"各地建立完善高职院校生均拨款制度，应当覆盖全部所属独立设置的公办高职院校"，"按照现行财政体制和职业教育'分级管理、地方为主、政府统筹、社会参与'的管理体制，地方是建立完善所属公办高职院校生均拨款制度的责任主体，省级要统筹推动本地区全面建立完善公办高职院校生均拨款制度"。综合上述法律规章条文可知，现行法律法规均要求政府制定高职院校生均拨款标准制度，举办主体必备办学资金并按照学生人数平均经费标准足额拨付经费，保证高职院校基本建设和正常教学等所需经费来源稳定充足。

教育经济学相关研究提出，政府配置教育资源安排高职院校办学条件应符合财政中性、资源充足和分配均等三项原则。资源配置的终极价值是资源在办学主体之间分配的公平性，主要的制约瓶颈是资源总量的稀缺性和行政主管部门的投入努力程度。在本书中，办学主体之间的资源配置公平包括两层涵义：一是同一隶属关系高职院校类别之中不同个体之间的资源配置公平，二是不同隶属关系高职院校类别整体之间的资源配置公平。

综上所述，基于高职教育属性的基本要求、已有相关研究和数据的可获取性，[①] 本书选取 18 项数据，分类组成 4 组指标建立高职院校办学条件指标体系，用以横向比较省域各隶属关系高职院校之间办学条件配置的公平性。4 组指标包括师资类指标、场地类指标、设施设备类指标以及经费类指

---

① 高丙成.我国普通高校办学条件的测评研究［J］.大学（学术版），2014（2）：49-51.

标。每一组指标及其包括的数据项目如下：第一组，师资类指标，包括 10 项数据：人员编制总数、教职工在岗总数、专任教师总数及生师比、"双师型"教师总数及占专任教师总数比、高级职称教师总数及占专任教师总数比、具有硕士博士学位的教师总数及占专任教师总数比。第二组，场地类指标，包括 3 项数据：土地总面积，校舍总面积及生均值。第三组，设施设备类指标，包括 2 项数据：教学仪器设备总值及生均值。第四组，经费类指标，包括 3 项数据：财政经费总额、年生均财政拨款额、年生均财政专项经费数额。

（二）办学成果指标

本书利用以下 2 组指标、4 项数据反映高职院校办学成果：第一组，内部产出指标，包括 2 项数据：新生总数（新生第一志愿上线人数）、在校生总数；第二组，外部产出指标，包括 2 项数据：毕业生总数、毕业生就业率。其中，新生和全体在校生 2 项指标体现高职院校面向内部的教育产出，毕业生总人数以及毕业生就业率 2 项指标体现高职院校面向外部的教育产出。综合而言，办学成果指标，在本书中主要以学生数量作为依据，包括新生总数（新生第一志愿上线人数）、在校生总数，毕业生总数、毕业生就业率等"软件"成果。

二、高职院校办学状态评价方法

（一）高职院校办学条件公平指数评价方法

本书采用泰尔指数法测算高职院校办学条件配备公平程度。泰尔指数（Theil index）① 是因荷兰计量经济学家亨利·泰尔（Henri Theil，1967）借用信息理论中的熵概念来计算收入不平等而得名（信息理论中的熵被定义为平均信息量）。泰尔指数（Theil Index）是测算个体之间或者区域之间的收入分配不平等程度的计算工具。泰尔指数法可将总体差异分解为组内差异和组间差异，分别进行考察。泰尔指数的取值范围为 0~1。如果泰尔指数取值趋近于 1，表明资源配置趋向集中而致差异逐渐增大。当泰尔指数取值为 1 即达到最大值，表明资源配置绝对集中。如果泰尔指数取值接近于 0，表明差异程度逐渐降低以至达到绝对均等。当泰尔指数取值为 0 即达到最小

---

① Henri Theil. Economics and Information Theory [M]. Amsterdam：North-Holland，1967：90—98.

值，表明资源配置绝对均等。泰尔指数法对本书的适用性在于，运用泰尔指数法既可得到省域内的高职院校办学条件配备状况的总体差异程度，还可分析同一隶属关系类别内部的不同高职院校个体之间的办学条件配备差异（即组内差异），以及不同隶属关系类别的高职院校整体之间的办学条件配备差异（即组间差异）。泰尔指数的运算过程如下：

假定某事件 E 将以某概率 p 发生，如果有一条确定消息证实事件 E 发生，则此一消息中所包含的信息量用公式表示为：

$$h(p) = \ln(\frac{1}{p})$$

设某事件组由 n 个事件（E_1，E_2，$\cdots$，E_n）构成，各自发生的概率依次为（p_1，p_2，$\cdots$，p_n），则有 $\sum_{i=1}^{n} p_i = 1$，熵即期望信息量等于各事件的信息量与其相应概率的乘积之总和：

$$H(x) = \sum_{i=1}^{n} p_i h(p_i) = \sum_{i=1}^{n} p_i \log(\frac{1}{p_i}) = -\sum_{i=1}^{n} p_i \log(p_i) \tag{1}$$

泰尔指数的表达式为：

$$T = \frac{1}{n} \sum_{i=1}^{n} \frac{x_i}{\bar{x}} \ln(\frac{x_i}{\bar{x}}) \tag{2}$$

其中 T 为测度收入差距程度的泰尔指数，x_i 表示第 i 个个体的收入，$\bar{x}$ 表示所有个体的平均收入。

对于分组数据，泰尔指数还有另一种表达式，用来测度组间差距程度：

$$T = \sum_{i=1}^{k} w_i \ln(\frac{w_i}{e_i}) \tag{3}$$

其中 w_i 表示第 i 组收入占总收入的比重，e_i 表示第 i 组人口数占总人口数的比重。

泰尔指数原本用来测算收入分配公平问题，在本书中将指标差距的测度解释为将样本份额转化为指标份额的消息所包含的信息量，用于测度省域各隶属关系高职院校之间办学条件配置状况的公平性。

针对省域高职院校办学条件配置存在的多样本（多个高职院校个体或多种隶属关系高职院校类别）、多维度（多个指标）问题，一共采集 18 个维度（指标）数据问题，本书采取的解决思路是分两步走：第一步是计算出每一个单一指标的泰尔指数 T 值，第二步是将每一个指标的 T 值求和进行算术平均化，得到多个维度的泰尔指数的求解。按照这一思路，对公式（2）进行修改和化简得到如下公式：

$$T_j = \frac{1}{n} \sum_{i=1}^{n} \frac{x_{ij}}{\overline{x}_{ij}} \ln\left(\frac{x_{ij}}{\overline{x}_{ij}}\right), j = 1, 2, \cdots m , \tag{4}$$

$$T = \frac{1}{m} \sum_{j=1}^{m} T_j , \tag{5}$$

其中，对于样本数据矩阵 $X = (x_{ij})_{n \times m} = \begin{bmatrix} x_{11} & x_{12} & \cdots & x_{1m} \\ x_{21} & x_{12} & \cdots & x_{1m} \\ \vdots & \vdots & \vdots & \vdots \\ x_{n1} & x_{n2} & \cdots & x_{nm} \end{bmatrix}$，其中

T_j 为第 j 个指标差距程度的测度泰尔指数，x_{ij} 表示第 i 个体的第 j 个指标的数值，$\overline{x}_{ij}$ 表示所有个体的第 j 个指标平均数值，n 代表样本个数，m 代表指标体系的个数。

（二）高职院校办学成果效率差异评价方法

用于评估相同类型部门间效率差异的数据包络分析（Data Envelopment Analysis，简称 DEA）评价方法适用于本书。DEA 方法是对具有相同任务和目标的同类型多个决策单元（即学校等属性相同的单位，简称 DMU），采用相同的投入、产出指标进行相对效率评价的系统方法。DEA 方法的优点是不必事先设定任何权重，即可将多项投入与产出化简为单一的"虚拟"投入产出，运用线性规划模型计算相对效率（办学效率、资源配置效率等）。DEA 方法对本书的适用性在于，由于任务目标相同、投入产出指标相同，作为分析对象的同一隶属关系类别内部的高职院校个体之间的办学效率、不同隶属关系高职院校类别的整体之间的办学效率具有可比性。

在采用 DEA 方法对省域高职院校区分个体以及隶属关系类别整体进行办学效率评价时，投入量指标体系选取 10 项数据：人员编制总数、教职工在岗总数、专任教师总数、"双师型"教师总数、高级职称教师总数、具有硕士博士学位的教师总数、土地面积总值（亩）、校舍面积总值（万 m^2）、教学仪器设备总值（万元）、财政经费总额（万元）；产出量指标体系选取 3 项数据：新生第一志愿上线人数、在校生总人数、毕业生总人数。

本书主要采用 DEA 中最基本的模型——C^2R 模型。

设有 n 个接受评估的决策单元（$j = 1, 2, \cdots, n$），每个决策单元都有相同的 m 项投入，投入向量为

$$x_j = (x_{1j}, x_{2j}, \cdots, x_{mj})^T > 0, j = 1, 2, \cdots, n$$

每个决策单元有相同的 s 项产出，产出向量为：

$$y_j = (y_{1j}, y_{2j}, \cdots, y_{sj})^T > 0, j = 1, 2, \cdots, n$$

即每个决策单元有 m 种类型的投入及 s 种类型的产出，x_{ij} 表示第 j 个决策单元对第 i 种类型投入的投入量，y_{ij} 表示第 j 个决策单元对第 i 种类型产出的产出量。

为了将所有的投入和所有的产出进行综合统一计算，将这个过程简化看作只有一个投入量和一个产出量的简单生产过程，需要对每一个投入和产出赋权。设投入和产出的权向量分别为：$v=(v_1,v_2,\cdots,v_m)^T$，$u=(u_1,u_3,\cdots,u_s)^T$，v_i 为第 i 类型投入的权重，u_r 为第 r 类型产出的权重。

这时，第 j 个决策单元投入的综合值为 $\sum\limits_{i=1}^{m} v_i x_{ij}$，产出的综合值为 $\sum\limits_{r=1}^{s} u_r y_{rj}$，定义每个决策单元 DMU_j 的效率评价指数：

$$h_j = \frac{\sum\limits_{r=1}^{s} u_r y_{rj}}{\sum\limits_{i=1}^{m} v_i x_{ij}} \tag{6}$$

模型中 x_{ij}、y_{ij} 为已知数（可由历史资料或预测数据得到），于是问题实际上是确定一组最佳的权向量 v 和 u，使第 j 个决策单元的效率值 h_j 最大。限定所有的 h_j 值（$j=1,2,\cdots,n$）不超过 1，即 $\max h_j \leqslant 1$。这意味着，若第 k 个决策单元 $h_k=1$，则该决策单元相对于其他决策单元来说效率最高；若 $h_k<1$，那么该决策单元相对于其他决策单元来说，效率还需要提高。

根据上述分析，第 j_0 个决策单元的相对效率优化评价模型为：

$$\max h_{j0} = \frac{\sum\limits_{r=1}^{s} u_r y_{rj0}}{\sum\limits_{i=1}^{m} v_i x_{ij0}}$$

$$s.t.\begin{cases} \dfrac{\sum\limits_{r=1}^{s} r_r y_{rj}}{\sum\limits_{i=1}^{m} v_i x_{ij}} \leqslant 1, j=1,2,\cdots,n \\ v=(v_1,v_2,\cdots,v_m)^T \geqslant 0 \\ u=(u_1,u_2,\cdots,u_s)^T \geqslant 0 \end{cases} \tag{7}$$

这是一个分式规划模型，必须将它化为线性规划模型才能求解。为此令

$$t = \frac{1}{\sum\limits_{i=1}^{m} v_i x_{ij0}}, \quad \mu_r = tu_r, \quad w_i = tv_i \tag{8}$$

则模型转化为：

$$\max h_{j0} = \sum\limits_{r=1}^{s} \mu_r y_{rj0}$$

$$s.t.\begin{cases} \sum\limits_{r=1}^{s}\mu_r y_{ij}-\sum\limits_{i=1}^{m}w_i x_{ij}\leqslant 0, \quad j=1,2,\cdots,n \\ \sum\limits_{i=1}^{m}w_i x_{ij0}=1 \\ \mu_r,\ w_i\geqslant 0,\ i=1,2,\cdots,m, \quad r=1,2,\cdots,s \end{cases} \quad (9)$$

写成向量形式为：

$$\max h_{j0}=\mu^T Y_0$$

$$s.t.\begin{cases} \mu^T Y_j-w^T X_j\leqslant 0 \\ w^T X_0=1 \quad j=1,2,\cdots,n \\ w\geqslant 0,\ \mu\geqslant 0 \end{cases} \quad (10)$$

运用对偶理论建立对偶模型，其对偶问题为：

$$\min\theta$$

$$s.t.\begin{cases} \sum\limits_{j=1}^{n}\lambda_j x_j\leqslant\theta x_0 \\ \sum\limits_{j=1}^{n}\lambda_j y_j\geqslant y_0 \\ \lambda_j\geqslant 0,\ j=1,2,\cdots,n \\ \theta\ \text{无约束} \end{cases} \quad (11)$$

进一步引入松弛变量 s^+ 和剩余变量 s^-，将上面的不等式约束化为等式约束：

$$\min\theta$$

$$s.t.\begin{cases} \sum\limits_{j=1}^{n}\lambda_j x_j+s^+=\theta x_0 \\ \sum\limits_{j=1}^{n}\lambda_j y_j-s^-=y_0 \\ \lambda_j\geqslant 0,\ j=1,2,\cdots,n \\ \theta\ \text{无约束}\ s^+\geqslant 0,\ s^-\geqslant 0 \end{cases} \quad (12)$$

设上述问题的最优解为 λ^*，s^{*-}，θ^*，则有如下结论及经济含义：

①若 $\theta^*=1$，且 $s^{*+}=0$，$s^{*-}=0$，则决策单元 DMU_{j0} 为 DEA 有效，即在原线性规划的解中存在 $w^*>0$，$\mu^*>0$，并且最优值 $h_{j0}^*=1$。此时，决策单元 DMU_{j0} 的生产活动同时为技术有效和规模有效。

②若 $\theta^*<1$，决策单元 DMU_{j0} 不是 DEA 有效，其生产活动既不是技术效率最佳，也不是规模效率最佳。

第二节　省级教育厅局主管的高职院校办学状态解析

省级教育厅局主管的高职院校办学状态，主要综合高职院校的办学条件、办学成果两个方面的情况作出判断，其中表4-1呈现办学条件中的师资情况，表4-2呈现办学条件中的场地、教学仪器设备、财政经费情况，省级教育厅局主管的高职院校的办学成果情况用表4-3即学生情况呈现。

一、省级教育厅局主管的高职院校办学条件公平指数测算

省级教育厅局主管的高职院校办学条件公平指数测算，是指用泰尔指数作为测算差异的工具，对河南省教育厅主管的6所高职院校办学条件各个单项指标逐项进行差异测算，据以在该隶属关系类别内部进行高职院校个体层次的公平性横向比较。

针对公式（4）、（5），采用Matlab软件进行编程计算。详细计算结果见表4-1、表4-2。

表4-1师资方面的泰尔指数T值数据显示，绝对数中"双师型"教师总数T值0.127218最高，高级职称教师总数T值0.056225最低，相对数中具有硕士、博士学位的教师占比T值0.041276最高，生师比T值0.002062最低，表明河南省教育厅主管的高职院校之间"双师型"教师总数差距最大，高级职称教师总数差距最小，具有硕士、博士学位的教师占比差距最大，生师比差距最小。

表4-2场地、教学仪器设备、财政经费方面的泰尔指数T值数据显示，总额类数据中财政经费总额T值0.813961几乎临近于1，校舍面积总额T值0.038457最低，生均类数据中年生均财政专项经费T值0.126989最高，年生均财政拨款额T值0.026164最低，表明河南省教育厅主管的高职院校之间财政经费总额差距过大，校舍面积总额差距最小，年生均财政专项经费差距最大，年生均财政拨款额差距微小。

师资10个指标泰尔指数T均值0.0607，场地3个指标泰尔指数T均值0.0532，教学仪器设备2个指标泰尔指数T均值0.0571，财政经费3个指标泰尔指数T均值0.3224，整体18个指标的泰尔指数T均值0.1027。泰尔指数T均值数据显示，财政经费方面泰尔指数T均值最高，场地方面泰尔指数T均值最低，表明河南省教育厅主管高职院校之间财政经费方面差异程度最大，场地方面差异程度最小。

表 4-1　省级教育厅局主管的高职院校办学条件情况表（师资）

序号	高职院校名称	人员编制 总数（人）	教职工在岗 总数（人）	专任教师 总数（人）	专任教师 生师比（%）	"双师型"教师 总数（人）	"双师型"教师 占比（%）	高级职称教师 总数（人）	高级职称教师 占比（%）	具有硕士、博士学位的教师 总数（人）	具有硕士、博士学位的教师 占比（%）
1	郑州铁路职业技术学院	897	885	536	16.35	370	69.03	154	29.00	348	65.00
2	黄河水利职业技术学院	828	936	738	17.98	417	56.50	199	26.96	282	44.17
3	河南化工职业学院	429	538	420	16.25	246	74.52	112	22.86	162	47.14
4	河南机电职业学院	384	382	235	17.93	151	64.41	126	32.98	211	90.00
5	郑州信息科技职业学院	231	293	260	19.27	112	38.29	61	20.82	158	91.00
6	河南经贸职业学院	632	856	732	18.83	541	73.91	168	23.00	471	55.00
	平均	566	648	486	17.77	306	62.78	136	25.94	272	65.39
	泰尔指数 T	0.093456	0.082729	0.089314	0.002062	0.127218	0.021699	0.056225	0.012715	0.080378	0.041276

表 4-2　省级教育厅局主管的高职院校办学条件情况表（场地、教学仪器设备、财政经费）

序号	高职院校名称	土地面积（亩）	校舍面积 总值（万 m²）	校舍面积 生均值（m²）	教学仪器设备 总值（万元）	教学仪器设备 生均值（元）	财政经费 总额（万元）	财政经费 年生均财政拨款（元）	财政经费 年生均财政专项经费（元）
1	郑州铁路职业技术学院	1100.00	33.47	19.31	6991.00	9674.10	160218.00	9242.50	3188.00
2	黄河水利职业技术学院	1400.00	53.00	29.42	14969.06	10441.53	21364.00	9800.00	5941.00
3	河南化工职业学院	890.00	21.93	16.51	4531.81	5039.26	9315.17	8625.24	4386.70
4	河南机电职业学院	782.40	36.00	50.24	11000.00	8049.68	8012.10	11442.07	3234.61
5	郑州信息科技职业学院	500.00	35.00	41.15	5899.00	8300.00	4338.06	5100.00	656.90
6	河南经贸职业学院	843.00	50.00	25.58	9921.29	5075.61	15723.00	8152.00	3052.00
	平均	919.23	38.23	30.37	8885.36	7763.36	36495.06	9647.22	3409.87
	泰尔指数 T	0.046076	0.038457	0.075002	0.077022	0.037244	0.813961	0.026164	0.126989

二、省级教育厅局主管的高职院校办学效率测算

省级教育厅局主管的高职院校办学效率，是指用 DEA 方法作为测算组内个体之间办学效率差异的测算工具，计算河南省教育厅主管的 6 所高职院校个体既定的办学资源投入（办学条件）与教育教学直接产出（办学成果）的比值，并据以在该隶属关系类别内部进行高职院校个体层次的横向比较。采用 DEA 方法，按照公式（12），设计 Matlab 程序进行计算，运行得到办学效率相对评价结果（见表 4—3）。

表 4—3 省级教育厅局主管的高职院校办学成果情况表（学生）

序号	高职院校名称	新生			在校生总数	毕业生		θ^*
		招生计划人数	第一志愿上线人数	第一志愿上线率(%)		总数	就业率(%)	
1	郑州铁路职业技术学院	3414	5800	169.89	17335	4091	96.00	1.0000
2	黄河水利职业技术学院	4382	4427	101.03	18018	5453	91.95	1.0000
3	河南化工职业学院	2527	2091	82.75	8993	2339	96.11	1.0000
4	河南机电职业学院	1276	2274	178.21	7165	1584	98.17	1.0000
5	郑州信息科技职业学院	2063	1649	79.93	8506	2986	90.68	0.9320
6	河南经贸职业学院	3636	6673	183.53	19547	6342	96.36	1.0000
	平均	2883	3819	132.56	13261	3799	94.88	1.0000

从以上运算所得办学效率相对评价结果来看，各高职院校 DEA 效率总体较高，其中郑州铁路职业技术学院、黄河水利职业技术学院、河南化工职业学院、郑州信息科技职业学院、河南经贸职业学院 5 校均为 DEA 有效学校，只有河南机电职业学院 DEA 取值 0.9320 相对较低，说明河南机电职业学院与其他 5 所高职院校相比 DEA 无效，办学效率还需要提高。

第三节 省级行业厅局主管的高职院校办学状态解析

省级行业厅局主管的高职院校办学状态，主要包括高职院校的办学条件、办学成果两个方面的综合情况，其中表 4—4 呈现办学条件中的师资情况，表 4—5 反映办学条件中的场地、教学仪器设备、财政经费情况，省级行业厅局主管高职院校办学成果情况用表 4—6 即学生情况呈现。

表4-4　省级行业厅局主管的高职院校办学条件情况表（师资）

序号	高职院校名称	人员编制总数	教职工在岗总数	专任教师		"双师型"教师		高级职称教师		具有硕士、博士学位的教师	
				总数	生师比	总数	占比（%）	总数	占比（%）	总数	占比（%）
1	河南职业技术学院	659	838	562	15.88	360	65.00	223	39.68	386	68.77
2	河南工业和信息化职业学院	330	291	247	11.53	132	53.44	66	26.72	95	38.46
3	河南水利与环境职业学院	339	323	245	14.31	122	49.80	86	35.10	101	41.22
4	河南信息统计职业学院	262	223	161	18.00	59	33.33	52	23.10	59	26.22
5	河南林业职业学院	228	255	135	5.05	53	39.26	31	22.96	70	43.00
6	河南建筑职业技术学院	445	623	356	17.85	212	41.64	87	24.00	260	41.73
7	河南艺术职业学院	688	591	411	11.70	117	32.70	123	30.00	176	42.70
8	河南护理职业学院	320	293	185	15.94	115	55.46	54	30.00	150	46.88
9	河南推拿职业学院	286	270	159	21.06	66	24.59	44	24.58	11	8.27
10	河南司法警官职业学院	未查到	345	238	19.66	51	21.43	64	27.07	126	41.92
11	河南工业职业技术学院	823	812	560	13.78	517	92.40	188	33.57	157	28.04
12	河南检察职业学院	212	193	117	18.30	43	32.03	29	20.86	113	97.30
13	郑州工业安全职业学院	0	175	136	10.38	44	32.90	36	26.47	未查到	未查到
14	河南交通职业技术学院	429	653	477	16.52	302	63.31	194	40.67	185	38.78
15	河南农业职业学院	555	770	569	15.25	523	92.02	176	30.93	245	43.00
16	河南工业贸易职业学院	460	502	291	37.78	149	51.20	64	21.99	161	55.33
	平均	431	447	303	16.44	179	48.78	95	28.61	153	44.11
	泰尔指数T	0.140033	0.125645	0.134264	0.075858	0.333546	0.08492	0.20424	0.020635	0.175203	0.087343

表4—5 省级行业厅局主管的高职院校办学条件情况表（场地、教学仪器设备、财政经费）

序号	高职院校名称	土地面积（亩）	校舍面积		教学仪器设备		财政经费		
			总值（万m²）	生均值（m²）	总值（万元）	生均值（元）	总额（万元）	年生均财政拨款（元）	年生均财政专项经费（元）
1	河南职业技术学院	1240.00	46.50	26.48	10407.00	6560.00	8361.00	6000.00	2334.26
2	河南工业和信息化职业学院	777.03	6.12	21.48	4440.00	15589.00	4973.74	7000.00	1400.00
3	河南水利与环境职业学院	165.00	13.00	36.39	5000.00	16035.12	5061.15	14168.94	2914.21
4	河南信息统计职业学院	372.00	7.10	16.80	3065.30	7270.00	2498.56	6542.41	1983.23
5	河南林业职业学院	339.65	11.35	61.92	3389.57	37072.84	3697.89	9106.27	5966.18
6	河南建筑职业技术学院	628.49	34.70	30.69	6500.00	4699.87	9122.20	11086.37	3745.10
7	河南艺术职业学院	1063.06	42.04	104.68	4183.77	8732.00	7530.23	8200.00	1800.00
8	河南护理职业学院	535.50	15.00	15.79	5597.68	5892.29	4037.50	4250.00	1964.00
9	河南推拿职业学院	400.00	16.03	68.31	423.46	4479.87	9449.15	9760.02	2005.60
10	河南司法警官职业学院	606.00	12.94	20.38	3025.78	8370.00	5483.02	15167.00	未查到
11	河南工业职业技术学院	1261.86	21.53	22.48	14608.63	15307.00	3075.00	15307.00	3075.00
12	河南检察职业学院	1018.00	18.00	39.85	2845.71	6300.00	1200.00	3000.00	未查到
13	郑州工业安全职业学院	703.90	9.86	60.79	1740.62	10731.32	223.78	1379.65	未查到
14	河南交通职业技术学院	981.00	24.84	19.78	10027.00	7875.46	2217.95	7737.60	2217.95
15	河南农业职业学院	1218.00	52.00	56.44	9884.69	10729.07	1933.15	8000.00	1933.15
16	河南工业贸易职业学院	753.00	24.49	22.28	8258.63	7000.00	1553.67	6881.36	1553.67
	平均	753.91	22.22	39.03	5837.37	10790.24	4401.12	8349.16	2055.77
	泰尔指数T	0.10671	0.182291	0.169007	0.202676	0.189175	0.21778	0.117075	0.223836

表4-6　省级行业厅局主管的高职院校办学成果情况表（学生）

序号	高职院校名称	新生			在校生总数	毕业生		θ^*
		招生计划人数	第一志愿上线人数	第一志愿上线率(%)		总数	就业率(%)	
1	河南职业技术学院	2993	5860	195.79	17561	5470	92.87	1.0000
2	河南工业和信息化职业学院	752	160	21.28	4387	无毕业生	无毕业生	1.0000
3	河南水利与环境职业学院	1381	705	51.05	3572	无毕业生	无毕业生	1.0000
4	河南信息统计职业学院	1405	506	36.01	4216	1584	93.18	1.0000
5	河南林业职业学院	625	435	69.60	1833	无毕业生	无毕业生	0.3860
6	河南建筑职业技术学院	2625	1933	73.64	11305	3703	82.76	1.0000
7	河南艺术职业学院	579	347	59.93	4016	1615	87.77	0.6705
8	河南护理职业学院	1453	855	58.84	9500	1203	78.22	1.0000
9	河南推拿职业学院	639	256	40.06	2346	375	89.33	1.0000
10	河南司法警官职业学院	1827	513	28.08	3615	1490	76.28	0.9989
11	河南工业职业技术学院	2687	2304	85.75	9577	4161	92.30	1.0000
12	河南检察职业学院	1621	840	51.82	4517	1359	63.06	1.0000
13	郑州工业安全职业学院	1610	265	16.46	1622	810	76.00	1.0000
14	河南交通职业技术学院	2261	2469	109.19	12555	4142	90.61	1.0000
15	河南农业职业学院	3693	1920	51.99	9213	4168	95.68	0.9384
16	河南工业贸易职业学院	3967	3023	76.20	10994	3680	91.01	1.0000
	平均	1882	1399	74.34	6926	2596	85.31	

一、省级行业厅局主管的高职院校办学条件公平指数测算

省级行业厅局主管的高职院校办学条件公平指数测算，是指用泰尔指数作为测算差异的工具，对省级行业厅局主管的16所高职院校办学条件各个单项指标逐项进行测算，据以在该隶属关系类别内部进行高职院校个体层次的公平性横向比较。

数据预处理时，在表中有部分数据没有信息，则取其本列的平均值进行计算，如果没有编制，则取0。针对公式（4）、（5），采用Matlab软件进行

编程计算。详细计算结果见表4-4、表4-5。

表4-4师资方面的泰尔指数 T 值数据显示，绝对数中"双师型"教师总数 T 值0.333546最高，教职工在岗总数 T 值0.125645最低，相对数中具有硕士、博士学位的教师占比 T 值0.087343最高，高级职称教师占比 T 值0.020635最低，表明省级行业厅局主管的高职院校之间"双师型"教师总数差距最大，教职工在岗总数差距最小，具有硕士、博士学位的教师占比差距最大，高级职称教师占比差距最小。

表4-5场地、教学仪器设备、财政经费方面的泰尔指数 T 值数据显示，总额类数据中财政经费总额 T 值0.21778最高，土地面积总额 T 值0.10671最低；生均类数据中年生均财政专项经费 T 值0.223836最高，年生均财政拨款额 T 值0.117075最低，表明省级行业厅局主管的高职院校之间财政经费总额差距过大，土地面积总额差距最小，年生均财政专项经费差距最大，年生均财政拨款额差距微小。

师资10个指标泰尔指数 T 均值0.1382，场地3个指标泰尔指数 T 均值0.1527，教学仪器设备2个指标泰尔指数 T 均值0.1959，财政经费3个指标泰尔指数 T 均值0.1862，整体18个指标泰尔指数 T 均值0.1550。泰尔指数 T 均值数据显示，教学仪器设备方面泰尔指数 T 均值最高，师资方面泰尔指数 T 均值最低，表明省级行业厅局主管的高职院校之间教学仪器设备方面差异最大，师资方面差异最小。

二、省级行业厅局主管的高职院校办学效率测算

省级行业厅局主管的高职院校办学效率，是指用 DEA 方法作为测算组内个体之间办学效率差异的测算工具，计算省级行业厅局主管的16所高职院校个体既定的办学资源投入（办学条件）与教育教学直接产出（办学成果）的比值，并据以在该隶属关系类别内部进行高职院校个体层次的办学效率横向比较。采用 DEA 方法，按照公式（12），设计 Matlab 程序进行计算，运行得到办学效率相对评价结果（见表4-6）。

从以上运算所得办学效率相对评价结果来看，各高职院校 DEA 效率总体较高，其中河南职业技术学院、河南工业和信息化职业学院、河南水利与环境职业学院、河南信息统计职业学院、河南建筑职业技术学院、河南护理职业学院、河南推拿职业学院、河南工业职业技术学院、河南检察职业学院、郑州工业安全职业学院、河南交通职业技术学院、河南工业贸易职业学院12所学校均为 DEA 有效学校。只有河南林业职业学院、河南艺术职业

学院、河南司法警官职业学院、河南农业职业学院 DEA 相对较低，又以河南林业职业学院 DEA 取值 0.3860 为最低，说明河南林业职业学院、河南艺术职业学院、河南司法警官职业学院、河南农业职业学院等 4 所高职院校与其他 12 所高职院校相比 DEA 无效，办学效率还需要提高。

第四节　地级市政府举办的高职院校办学状态解析

地级市政府举办的高职院校办学状态，主要包括高职院校的办学条件、办学成果两个方面的综合情况，其中表 4-7 呈现办学条件中的师资情况，表 4-8 反映办学条件中的场地、教学仪器设备、财政经费情况，地级市政府举办的高职院校的办学成果情况用表 4-9 即学生情况呈现。

一、地级市政府举办的高职院校办学条件公平指数测算

地级市政府举办的高职院校办学条件公平指数测算，是指用泰尔指数作为测算差异的工具，对地级市政府举办的 20 所高职院校办学条件各个单项指标逐项进行测算，据以在该隶属关系类别内部进行高职院校个体层次的公平性横向比较。

数据预处理时，在表中有部分数据没有信息，如属没有查到，则取其本列的平均值进行计算，还有些没有编制，取 0。针对公式（4）、（5），采用 Matlab 软件进行编程计算。详细计算结果见表 4-7、表 4-8。

表 4-7 师资方面的泰尔指数 T 值数据显示，绝对数中"双师型"教师总数 T 值 0.139738 最高，教职工在岗总数 T 值 0.075468 最低，相对数中具有硕士、博士学位的教师占比 T 值 0.079948 最高，"双师型"教师占比 T 值 0.031461 最低，表明地级市政府举办的高职院校之间"双师型"教师总数差距最大，教职工在岗总数差距最小，具有硕士、博士学位的教师占比差距最大，"双师型"教师占比差距最小。

表 4-8 场地、教学仪器设备、财政经费方面的泰尔指数 T 值数据显示，总额类数据中教学仪器设备总额 T 值 0.147533 最高，财政经费总额 T 值 0.085852 最低，生均类数据中年生均财政专项经费 T 值 0.666902 最高，生均校舍面积 T 值 0.495761 最低，表明地级市政府举办的高职院校之间教学仪器设备总额差距过大，财政经费总额差距最小，年生均财政专项经费差距最大，生均校舍面积差距微小。

表4—7　地级市政府举办的高职院校办学条件情况表（师资）

序号	高职院校名称	人员编制 总数(人)	教职工在岗 总数(人)	专任教师		"双师型"教师		高级职称教师		具有硕士、博士学位的教师	
				总数(人)	生师比(%)	总数(人)	占比(%)	总数(人)	占比(%)	总数(人)	占比(%)
1	漯河职业技术学院	800	884	670	14.82	374	55.80	210	31.60	176	26.20
2	三门峡职业技术学院	661	963	523	17.21	335	64.05	124	23.71	257	49.14
3	郑州财税金融职业学院	134	264	154	11.12	90	58.44	51	33.12	115	74.68
4	郑州旅游职业学院	441	556	456	14.02	373	81.87	96	21.10	206	37.06
5	郑州职业技术学院	439	823	509	16.73	248	62.80	131	25.74	258	31.35
6	安阳职业技术学院	465	490	388	11.42	80	20.60	103	26.50	134	34.50
7	新乡职业技术学院	905	743	378	12.74	227	60.05	126	33.33	91	24.07
8	驻马店职业技术学院	392	392	163	9.47	101	62.30	80	20.41	45	13.50
9	开封文化艺术职业学院	589	553	374	16.70	280	74.91	94	25.20	156	28.30
10	许昌电气职业技术学院	306	334	208	8.56	111	53.37	49	23.56	211	29.81
11	许昌职业技术学院	641	709	598	15.37	390	65.30	151	25.37	272	45.61
12	洛阳职业技术学院	492	382	221	14.66	124	44.80	91	23.82	82	21.47
13	南阳农业职业学院	288	256	188	1.48	105	70.90	62	24.22	75	29.29
14	濮阳职业技术学院	734	685	364	16.00	291	80.00	252	36.79	272	39.71
15	商丘职业技术学院	998	1173	685	12.93	529	80.00	343	29.24	269	22.93
16	周口职业技术学院	815	855	665	12.70	505	76.00	120	14.04	224	26.20
17	济源职业技术学院	650	605	432	13.15	199	53.12	126	29.20	232	53.70
18	鹤壁职业技术学院	885	804	718	15.29	385	53.76	250	34.82	346	48.19
19	河南质量工程职业学院	611	816	342	14.01	180	43.27	73	8.95	130	15.93
20	信阳职业技术学院	1134	986	737	15.81	400	54.27	191	25.92	335	44.37
	平均	619	663	438	13.17	266	60.78	136	25.83	194	34.80
	泰尔指数 T	0.086567	0.075468	0.09815	0.048475	0.139738	0.031461	0.137069	0.035759	0.105285	0.079948

表 4—8 地级市政府举办的高职院校办学条件情况表（场地、教学仪器设备、财政经费）

序号	高职院校名称	场地			教学仪器设备		财政经费		
		土地面积（亩）	校舍面积（万 m²）		总值（万元）	生均值（元）	总额（万元）	年生均财政拨款（元）	年生均财政专项经费（元）
			总值（万 m²）	生均值（m²）					
1	漯河职业技术学院	580.20	40.97	35.34	10864.52	10109.39	4736.00	3188.00	72.00
2	三门峡职业技术学院	1400.00	34.83	27.78	9549.40	7615.76	9383.97	7483.83	1881.82
3	郑州财税金融职业学院	301.00	12.00	44.48	3958.78	14673.00	6040.57	12181.00	3899.00
4	郑州旅游职业学院	1286.74	24.01	30.81	4196.92	11006.79	12939.00	20532.36	10161.46
5	郑州职业技术学院	1004.00	36.38	30.57	6860.89	5755.08	11357.78	6989.00	2554.55
6	安阳职业技术学院	1100.00	30.00	68.99	4138.32	6500.66	2062.69	3954.00	790.00
7	新乡职业技术学院	1800.00	41.00	76.35	8866.70	16511.55	15029.35	1208.00	810.00
8	驻马店职业技术学院	640.49	17.56	61.54	2424.15	13719.00	3933.34	20239.00	2021.00
9	开封文化艺术职业学院	325.00	18.40	35.89	2872.96	5747.33	6762.54	1500.00	1200.00
10	许昌电气职业学院	990.00	12.09	167.68	3920.18	19939.88	13052.21	70871.00	58494.00
11	许昌职业技术学院	1437.00	37.34	28.52	10081.43	7562.96	13474.00	10290.10	7150.39
12	洛阳职业技术学院	525.00	17.95	53.76	4000.00	9471.40	5635.20	1528.00	1528.00
13	南阳农业职业学院	613.80	15.35	1208.66	1377.94	108499.21	8664.00	226850.00	404488.00
14	濮阳职业技术学院	1162.00	37.80	33.06	8739.00	10759.00	8863.00	7359.00	2835.00
15	商丘职业技术学院	1742.80	67.95	62.19	17105.01	15655.33	13085.16	7762.00	3569.00
16	周口职业技术学院	1645.00	37.80	44.75	12000.00	10400.00	5650.19	6689.00	未填报
17	济源职业技术学院	1200.00	51.00	46.13	12000.00	10106.30	7684.58	7010.10	4077.46
18	鹤壁职业技术学院	1306.00	42.84	39.68	9601.00	6022.83	11812.32	14888.27	5755.85
19	河南质量工程职业学院	727.49	18.64	29.95	5760.10	4167.35	12377.395	7904.22	3763.28
20	信阳职业技术学院	2374.00	70.92	52.60	8766.78	6468.99	10654.63	7527.70	2503.34
	平均	1108.03	33.24	108.94	7354.20	15034.59	9159.89	22297.73	27235.90
	泰尔指数 T	0.116615	0.120348	0.495761	0.147533	0.51273	0.085852	0.610625	0.666902

（表中"未填报"数据取 3400）

师资 10 个指标泰尔指数 T 均值 0.0838，场地 3 个指标泰尔指数 T 均值 0.244241，教学仪器设备 2 个指标泰尔指数 T 均值 0.3301，财政经费 3 个指标泰尔指数 T 均值 0.45446，整体 18 个指标的泰尔指数 T 均值 0.199683。泰尔指数 T 均值数据显示，财政经费方面泰尔指数 T 均值最高，师资方面泰尔指数 T 均值最低，表明地级市政府举办的高职院校之间财政经费方面差异最大，师资方面差异最小。

二、地级市政府举办的高职院校办学效率测算

地级市政府举办的高职院校办学效率，是指用 DEA 方法作为测算组内个体之间办学效率差异的测算工具，计算地级市政府举办的 20 所高职院校个体既定的办学资源投入（办学条件）与教育教学直接产出（办学成果）的比值，并据此在本隶属关系类别内部进行个体层次的办学效率横向比较。采用 DEA 方法，按照公式（12），设计 Matlab 程序进行计算，运行得到办学效率相对评价结果（见表 4—9）。

表 4—9　地级市政府举办高职院校办学成果情况表（学生）

序号	高职院校名称	新生			在校生总数（人）	毕业生		θ^*
		招生计划人数	第一志愿上线人数	第一志愿上线率(%)		总数（人）	就业率（%）	
1	漯河职业技术学院	3053	951	31.15	10662	2925	97.23	1.0000
2	三门峡职业技术学院	2984	1524	51.07	12539	4597	91.46	1.0000
3	郑州财税金融职业学院	1163	971	83.49	2698	无毕业生	无毕业生	1.0000
4	郑州旅游职业学院	2080	886	42.59	7793	2596	96.20	1.0000
5	郑州职业技术学院	2120	3526	166.32	11901	3804	95.58	1.0000
6	安阳职业技术学院	1635	290	17.74	4348	839	94.52	1.0000
7	新乡职业技术学院	1173	686	58.48	5370	1753	95.49	1.0000
8	驻马店职业技术学院	851	27	3.17	1767	366	80.05	1.0000
9	开封文化艺术职业学院	750	533	71.07	5127	1168	92.03	1.0000
10	许昌电气职业学院	850	122	14.35	721	112	93.75	0.7159
11	许昌职业技术学院	2518	2030	80.62	13093	4904	95.58	1.0000
12	洛阳职业技术学院	611	248	40.59	3339	835	88.98	0.7656
13	南阳农业职业学院	480	14	2.92	127	无毕业生	无毕业生	0.7029
14	濮阳职业技术学院	2740	1174	42.85	11435	3388	95.51	1.0000

续表4—9

序号	高职院校名称	新生			在校生总数（人）	毕业生		θ^*
		招生计划人数	第一志愿上线人数	第一志愿上线率(%)		总数（人）	就业率（%）	
15	商丘职业技术学院	3075	983	31.97	10926	3905	96.97	0.8409
16	周口职业技术学院	1732	322	18.59	8447	1354	90.25	0.9490
17	济源职业技术学院	982	585	59.57	11056	2981	97.72	1.0000
18	鹤壁职业技术学院	1465	1855	126.62	10797	3554	92.07	0.8191
19	河南质量工程职业学院	2046	298	14.57	6223	2297	79.10	1.0000
20	信阳职业技术学院	2023	1924	95.11	13482	4718	92.94	1.0000
	平均	1790	1148	52.64	7592	2560	92.52	

从以上运算所得办学效率相对评价结果来看，各高职院校 DEA 效率总体较高，其中漯河职业技术学院、三门峡职业技术学院、郑州财税金融职业学院、郑州旅游职业学院、郑州职业技术学院、安阳职业技术学院、新乡职业技术学院、驻马店职业技术学院、开封文化艺术职业学院、许昌职业技术学院、濮阳职业技术学院、济源职业技术学院、河南质量工程职业学院、信阳职业技术学院 14 所学校均为 DEA 有效学校，只有许昌电气职业学院、洛阳职业技术学院、南阳农业职业学院、商丘职业技术学院、周口职业技术学院、鹤壁职业技术学院等 6 所学校 DEA 相对较低，又以南阳农业职业学院 DEA 取值 0.7029 为最低，说明许昌电气职业学院、洛阳职业技术学院、南阳农业职业学院、商丘职业技术学院、周口职业技术学院、鹤壁职业技术学院等 6 所高职院校与其他 14 所高职院校相比 DEA 无效，办学效率还需要提高。

第五节　国有企业举办的高职院校办学状态解析

国有企业举办的高职院校办学状态，主要包括高职院校的办学条件、办学成果两个方面的综合情况，其中表 4—10 呈现办学条件中的师资情况，表 4—11 反映办学条件中的场地、教学仪器设备、财政经费情况，国有企业举办的高职院校办学成果情况用表 4—12 即学生情况呈现。

表 4—10　国有企业举办的高职院校办学条件情况表（师资）

序号	高职院校名称	人员编制总数（人）	教职工在岗总数（人）	专任教师		"双师型"教师		高级职称教师		具有硕士、博士学位的教师	
				总数（人）	生师比（%）	总数（人）	占比（%）	总数（人）	占比（%）	总数（人）	占比（%）
1	平顶山工业职业技术学院	879	861	655	15.34	380	58.03	155	18.00	370	54.90
2	永城职业学院	170	426	319	7.44	212	41.07	89	20.89	78	18.31
	平均	524	643	487	11.39	296	49.55	122	19.45	224	36.61
	泰尔指数 T	0.250079	0.058261	0.060742	0.061401	0.040825	0.014717	0.037043	0.002764	0.230808	0.130700

表 4—11　国有企业举办的高职院校办学条件情况表（场地、教学仪器设备、财政经费）

序号	高职院校名称	场地			教学仪器设备		财政经费		
		土地面积（亩）	校舍面积		总值（万元）	生均值（元）	总额（万元）	年生均财政拨款（元）	年生均财政专项经费（元）
			总值（万 m²）	生均值（m²）					
1	平顶山工业职业技术学院	1453.94	41.27	36.57	17329.87	15817.92	7000.00	0	0
2	永城职业学院	2122.00	20.67	76.98	5050.99	18811.00	1338.31	4893.00	2551.00
	平均	1787.97	30.97	56.78	11190.43	17314.46	4169.16	2446.50	1275.50
	泰尔指数 T	0.017554	0.056372	0.064734	0.159139	0.00374	0.252647	0.691207	0.689681

注：年生均财政拨款额（元）、年生均财政专项经费（元）计算过程中取 1 元，以便于计算。

143

一、国有企业举办的高职院校办学条件公平指数测算

国有企业举办的高职院校办学条件公平指数测算，是指用泰尔指数作为测算差异在该隶属关系类别内部进行高职院校个体层次的公平性横向比较。

数据预处理时，在表中有部分数据没有信息，如属没有查到，则取其本列的平均值进行计算，还有些没有编制，则取 0。针对公式（4）、（5），采用 Matlab 软件进行编程计算。详细计算结果见表 4—10、表 4—11。

表 4—10 师资方面的泰尔指数 T 值数据显示，绝对数中人员编制总数 T 值 0.250079 最高，高级职称教师总数 T 值 0.037043 最低，相对数中具有硕士、博士学位的教师占比 T 值 0.1307 最高，高级职称教师占比 T 值 0.002764 最低，表明国有企业举办的高职院校之间人员编制总数差距最大，高级职称教师总数差距最小，具有硕士、博士学位的教师占比差距最大，高级职称教师占比差距最小。

表 4—11 场地、教学仪器设备、财政经费方面的泰尔指数 T 值数据显示，总额类数据中财政经费总额 T 值 0.252647 最高，土地面积总额 T 值 0.017554 最低，生均类数据中年生均财政拨款额 T 值 0.691207 最高，生均教学仪器设备 T 值 0.00374 最低，表明国有企业举办的高职院校之间财政经费总额差距过大，土地面积总额差距最小，年生均财政拨款额差距最大，生均教学仪器设备差距微小。

师资 10 个指标泰尔指数 T 均值 0.0887，场地 3 个指标泰尔指数 T 均值 0.0462，教学仪器设备 2 个指标泰尔指数 T 均值 0.0814，财政经费 3 个指标泰尔指数 T 均值 0.5445，整体 18 个指标泰尔指数 T 均值 0.1568。泰尔指数 T 均值数据显示，财政经费方面泰尔指数 T 均值最高，场地方面泰尔指数 T 均值最低，表明国有企业举办的高职院校之间财政经费方面差异最大，场地方面差异最小。

二、国有企业举办的高职院校办学效率测算

国有企业举办的高职院校办学效率，是指用 DEA 方法作为测算组内个体之间办学效率差异的测算工具，计算国有企业举办的两所高职院校个体既定的办学资源投入（办学条件）与教育教学直接产出（办学成果）的比值，并据以在本隶属关系类别内部进行个体层次的办学效率横向比较。采用 DEA 方法，按照公式（12），设计 Matlab 程序进行计算，运行得到办学效率相对评价结果（见表 4—12）。

表4-12　国有企业举办的高职院校办学成果情况表（学生）

序号	高职院校名称	新生			在校生总数	毕业生		θ^*
		招生计划人数	第一志愿上线人数	第一志愿上线率(%)		总数	就业率(%)	
1	平顶山工业职业技术学院	3083	736	23.87	11285	4992	95.17	1.0000
2	永城职业学院	803	126	15.69	2685	860	90.35	1.0000
	平均	1943	431	19.78	6985	2926	92.76	

从以上运算所得办学效率相对评价结果来看，两所高职院校均为DEA有效学校，两校DEA效率总体较高。

综上所述，本章采用五节的篇幅，根据本书选取的高职院校办学状态指标和评价方法，分别对省级教育厅局、省级行业厅局、地级市政府和国有企业各自主管或举办的高职院校的办学状态，从办学条件和办学效率两个方面进行了解析。下面将以上述内容为基础，对高职院校办学状态进行跨隶属关系的综合比较研究。

第一，不同隶属关系高职院校类别间办学条件比较。

分别采集四种隶属关系的高职院校类别的办学条件各个指标数据的平均值作为该类别整体层次的各个单项指标的平均水平，用来与其他隶属关系高职院校类别整体层次的办学条件指标进行公平性比较。

采用DEA方法，针对公式（4）、（5），采用Matlab软件进行编程计算。数据及计算结果见表4-13、表4-14。

表4-13师资方面的泰尔指数T值数据显示，绝对数中具有硕士、博士学位的教师总数T值0.021305最高，人员编制总数T值0.008472最低，相对数中具有硕士、博士学位的教师占比T值0.033961最高，"双师型"教师占比T值0.006565最低，表明四种隶属关系的高职院校类别之间具有硕士、博士学位的教师总数差距最大，人员编制总数差距最小，具有硕士、博士学位的教师占比差距最大，"双师型"教师占比差距最小。

表4-14场地、教学仪器设备、财政经费方面的泰尔指数T值数据显示，总额类数据中财政经费总额T值0.418327最高，校舍面积总额T值0.017989最低，生均类数据中年生均财政专项经费T值0.68535最高，生均教学仪器设备T值0.04364最低，表明四种隶属关系的高职院校类别之间财政经费总额差距过大，校舍面积总额差距最小，年生均财政专项经费差距最大，生均教学仪器设备差距微小。

表 4-13 不同隶属关系高职院校办学条件情况平均值表（师资）

序号	类别	人员编制总数（人）	教职工在岗总数（人）	专任教师		"双师型"教师		高级职称教师		具有硕士、博士学位的教师	
				总数（人）	生师比（%）	总数（人）	占比（%）	总数（人）	占比（%）	总数（人）	占比（%）
1	省级教育厅局主管的高职院校	566	648	486	17.77	306	62.78	136	25.94	272	65.39
2	省级行业厅局主管的高职院校	431	447	303	16.44	179	48.78	95	28.61	153	44.11
3	地级市政府举办的高职院校	619	663	438	13.17	266	60.78	136	25.83	194	34.80
4	国有企业举办的高职院校	524	643	487	11.39	296	49.55	122	19.45	224	36.61
	泰尔指数 T	0.008472	0.011702	0.016459	0.015081	0.019561	0.006565	0.009947	0.00949	0.021305	0.033961

表 4-14 不同隶属关系高职院校办学条件情况平均值表（场地、教学仪器设备、财政经费）

序号	类别	场地			教学仪器设备		财政经费		
		土地面积（亩）	校舍面积		总值（万元）	生均值（元）	总额（万元）	年生均财政拨款（元）	年生均财政专项经费（元）
			总值（万m²）	生均值（m²）					
1	省级教育厅局主管的高职院校	919.23	38.23	30.37	8885.36	7763.36	36495.06	9647.22	3409.87
2	省级行业厅局主管的高职院校	753.91	22.22	39.03	5837.37	10790.24	4401.12	8349.16	2055.77
3	地级市政府举办的高职院校	1108.03	33.24	108.94	7354.20	15034.59	9159.89	22297.73	27235.9
4	国有企业举办的高职院校	1787.97	30.97	56.78	11190.43	17314.46	4169.16	2446.50	1275.50
	泰尔指数 T	0.055678	0.017989	0.12425	0.028181	0.04364	0.418327	0.228138	0.68536

省域高职院校办学条件中，师资 10 个指标泰尔指数 T 均值 0.0153，场地 3 个指标泰尔指数 T 均值 0.0660，教学仪器设备 2 个指标泰尔指数 T 均值 0.0359，财政经费 3 个指标泰尔指数 T 均值 0.4439，整体 18 个指标泰尔指数 T 均值 0.0975。泰尔指数 T 均值数据显示，财政经费方面 T 均值最高，师资方面 T 均值最低，表明四种隶属关系的高职院校类别之间财政经费方面差异最大，师资方面差异最小。

第二，不同隶属关系的高职院校类别间办学效率比较。

计算四种隶属关系的高职院校类别办学效率的平均值，视为该隶属关系的高职院校类别整体层次的办学效率平均水平，作为与其他隶属关系的高职院校类别整体层次的办学效率进行比较的依据。

采用 DEA 方法，按照公式（12），设计 Matlab 程序进行计算，运行得到对四种不同隶属关系的高职院校类别办学效率的相对评价结果（见表4-15）。

表 4-15　不同隶属关系的高职院校办学成果情况表（学生）

序号	类别	新生			在校生总数（人）	毕业生		θ^*
		招生计划人数（人）	第一志愿上线人数（人）	第一志愿上线率(%)		总数（人）	就业率（%）	
1	省级教育厅局主管的高职院校	2883	3819	132.56	13261	3799	94.88	1.0000
2	省级行业厅局主管的高职院校	1882	1399	74.34	6926	2596	85.31	1.0000
3	地级市政府举办的高职院校	1790	1148	52.64	7592	2560	92.52	0.8518
4	国有企业举办的高职院校	1943	431	19.78	6985	2926	92.76	1.0000

从以上运算所得办学效率相对评价结果来看，各隶属关系的高职院校类别 DEA 效率总体较高，其中省级教育厅局主管的高职院校、省级行业厅局主管的高职院校、国有企业举办的高职院校三种类别均为 DEA 有效类别，只有地级市政府举办的高职院校类别 DEA 取值 0.8518 相对较低，表明地级市政府举办的高职院校类别与其他三种隶属关系的高职院校类别相比 DEA 无效，办学效率还需要提高。

第五章　隶属关系对高职院校办学的影响机理

第一节　高职院校办学事项及选取

本书从第二章到第四章，从办学定位、重点建设项目和办学状态等三个方面分析了隶属关系对高职院校的影响所在及所导致的公平与效率两种价值的变化，说明了高职院校对外部环境要求的回应以及对公共教育资源的竞争都深受隶属关系的影响。本章将通过研究高职院校的干部人事、财政拨款、教学运行等内部办学事项的体制机制，进一步揭示隶属关系对高职院校发生影响的工作机理。

干部人事、财政拨款、教学运行等事项均由《教育法》《职业教育法》《高等教育法》等相关法律做了明文规定。作为教育基本法的《教育法》在第三章"学校及其他教育机构"第二十九条规定，学校及其他教育机构行使下列权利：按照章程自主管理；组织实施教育教学活动；招收学生或者其他受教育者；对受教育者进行学籍管理，实施奖励或者处分；对受教育者颁发相应的学业证书；聘任教师及其他职工，实施奖励或者处分；管理、使用本单位的设施和经费；拒绝任何组织和个人对教育教学活动的非法干涉以及法律、法规规定的其他权利。《教育法》第三十一条规定："学校及其他教育机构的举办者按照国家有关规定，确定其所举办的学校或者其他教育机构的管理体制。"与高职教育和高职院校直接相关的教育部门法《职业教育法》在第二章"职业教育体系"第十三条规定："高等职业学校教育根据需要和条件由高等职业学校实施，或者由普通高等学校实施。"对高职教育和高职院校具有调节作用的教育部门法《高等教育法》在第四章"高等学校的组织和活动"从第三十二条到第三十八条分别规定招生，设置和调整专业，制定教学计划、选编教材、组织实施教学活动，开展科学研究、技术开发和社会服务，开展跨境校际科学技术文化交流与合作，确定内部组织机构设置和人员配备、评聘教师与调整津贴及工资分配，管理和使用学校财产等 7 项高校自主办学权限。

综合以上三部法律相关规定可知，在高职院校的诸项办学权利和管理体制中，法律对组织机构设置和教师职员资质及工作生活待遇均以专章作出规定，体现干部人事的"硬核"作用，对办学经费来源和财务与校产管理以及教育投资体制的规范折射经费投入的"瓶颈"现实，对教学运行自主管理权的完整确认和充分保障凸显教育教学的"中心"地位。这是本书将干部人事、财政拨款、教学运行设定为高职院校办学事项的法律依据。

本章将从省域高职院校的四种隶属关系中各选择一所高职院校——隶属于河南省教育厅的 HSZY、隶属于河南省人力资源和社会保障厅（省级行业厅局）的 HNZY、隶属于鹤壁市人民政府（地级市政府）的 HBZY、隶属于河南能源化工集团有限公司（国有企业）的 YCZY——作为案例，对各高职院校的干部人事、财政拨款、教学运行等三种办学事项进行分析和比较，研究省级教育厅局、省级行业厅局、地级市政府和国有企业四种隶属关系如何作用及所造成影响的差异性。

在研究过程中，笔者通过在以往校际工作交往中建立联系的各案例高职院校中间关系人的引荐介绍，分别与各案例高职院校负责人事管理部门工作的人事处处长、负责财务管理部门工作的财务处处长和负责教学管理部门工作的教务处处长——预约进行当面访谈（或者事前见面联系确认后，通过电子邮件发送访谈提纲，对方以文字形式完成访谈作答后发回电子邮件），得到作为研究基础的各案例高职院校干部人事、财政拨款、教学运行等方面体制机制的第一手资料。[①]

干部人事管理体制是指高职院校与具有隶属关系的同级政府行政主管部门或者其他干部管理部门之间就校长等校级领导干部、教师职工等任免调配或者招考引进、专业技术岗位设置与人员聘任、内部绩效考评与奖惩等干部人事事务所建立的机构设置、管理权限划分的体系和制度。以校长为代表的治理主体在高职院校行使前瞻力、决策力、执行力、感召力四种领导力，负责对内统筹决策和宏观控制全校的人、财、物、事，对外代表学校联系政府、社会机构等利益相关者，密切联系合作办学和教育服务为主要对象的行

[①] 访谈对象提供的高职院校个别数据与本书第四章"隶属关系对高职院校办学状态的影响"中的个别数据有所出入，但不至于改变基本结论。

业企业，履行塑造精神、凝聚力量、领导师生、推动发展的使命。教师是高职院校履行教育教学职责的个体成员，按照担任课程内容的不同分类为文化课教师和专业课教师两个群体，需要满足数量和质量两种要求。专业课教师队伍要符合"双师型"的整体来源结构要求和"双师素质"的个体专业素质要求。"双师型"是指在专业课教师队伍结构中，既有高职院校在编专职教师，也有来自企业的校外兼职教师。"双师素质"是指高职院校专业课教师一人兼备专业理论知识和职业实践技能两种素质，既能任教专业理论课，又能胜任专业实训课。

经济学相关研究认为，"不论生产的社会形式如何，劳动者和生产资料始终是生产的因素。但是，二者在彼此分离的情况下只在可能性上是生产因素。凡要进行生产，就必须使它们结合起来"[①]。政治学相关研究认为，"政治路线确定之后，干部就是决定的因素"[②]。普通教育学研究认为，教师是学校教育活动中在学生（教育客体）、教育影响（教材教法等内容、手段）两种要素之外独立存在并在各种要素中发挥主导性作用的作为教育主体的要素。[③④] 高等教育学者对大学教师作用的研究中，中国大学校长所作的代表性界定是"所谓大学者，非谓有大楼之谓也，有大师之谓也"[⑤]。美国大学校长的代表性说法是，在与学校发展有关联的人中，教师是大学中占据核心地位的雇员，是大学教学和研究活动的原动力；教师的绝对质量达到国际水平时，一个大学才能称得上是一所优秀大学；在大学中没有比发现和聘用高级教师更加重要的问题。[⑥] 因此，校长、教师等人力资源是高职院校最重要的办学资源，干部人事管理工作是高职院校的核心办学事项。行政主管部门基于隶属关系（行政契约）对高职院校通过调配干部、教职员工等人力资源持续补给，将其与所隶属高职院校两个主体之间的独立并存关系转化为"垂直一体化"的供应链组织内部化关系，意在领导和管理高职院校领导班子的行为，保证高职院校按照行政主管部门的委托或授权，代理行政主管部门举办社会需要的高职教育公益事业机构。行政主管部门掌握着高职院校领导干

① 卡尔·马克思. 马克思恩格斯全集（第二十四卷）［M］. 中共中央马克思恩格斯列宁斯大林著作编译局，译. 北京：人民出版社，1972：44.

② 毛泽东. 毛泽东选集（第2卷）［M］. 北京：人民出版社，1991：526.

③ 陈桂生. 关于教育的基本要素问题［J］. 山东教育科研，1989（2）：5—6.

④ 成有信. 论教育活动及其诸要素［J］. 北京师范大学学报，1990（4）：15—16.

⑤ 刘述礼，黄延复. 梅贻琦教育论著选［M］. 北京：人民教育出版社，1993：10.

⑥ 陆登庭. 一流大学的特征及成功的领导与管理要素：哈佛的经验［J］. 阎凤桥，译. 国家高级教育行政学院学报，2002（5）：17，18.

部和教师人力资源的"任命权"和"审批权",管理掌握高职院校的干部、教师持续供应,巩固隶属关系对高职院校干部人事管理体制的影响。各案例高职院校反馈的访谈情况显示,受到行政主管部门(举办主体)隶属关系影响的干部人事事务主要包括校长等校级领导干部来源、教师编制指标和职称结构比例审批等重要内容。

财政拨款管理体制是指高职院校基于财政体制和隶属关系与同级的政府行政主管部门、政府财政部门或政府发展与改革部门之间就政府教育财政经费拨付来源级次、归口拨款模式、拨款标准、收支科目结构比例等财政拨款事务所建立的机构设置、管理权限划分的体系和制度。政府教育财政经费拨付来源级次是指基于高职教育的隶属关系(事权)而在政府层级间所作的财权(责任)纵向划分。归口拨款模式是指在现行财政体制中,政府财政部门将高职院校归入所从属行政主管部门的财政账户户头,按照行政主管部门的职能性质对应归入政府财政部门内设各个业务处室的职责范围,据以确定相应的拨款标准。拨款标准是指政府财政部门在财政预算内教育经费中列支并拨付高职院校的财政经费标准,目前包括教育事业费、基本建设经费等正常经费和项目经费。政府财政部门一般依据全日制在校学生的人数或在编在岗教职工的人数,按照定员定额标准(即生均经费或"人头费")核定高职院校维持运转所需的正常经费,或者以往期经费作为基数核定适当增长比例实行增量拨款,或者实行协商拨款以及绩效拨款。项目经费一般以先急后缓为原则,由政府财政部门根据财力适当安排。

按照"谁举办,谁出资,谁管理"的隶属关系原则,省级教育厅局、省级行业厅局主管的省属高职院校,由省级政府财政部门分别归口省级教育厅局、省级行业厅局拨付财政经费;地级市政府举办的市属高职院校,由市级政府财政部门拨付财政经费;国有企业举办的高职院校,由国有企业拨付办学经费。按照前述原则,河南省域高职院校按照隶属关系分为四种拨款模式,即省属高职院校的省级教育厅局主管、省级行业厅局主管两种拨款模式,市属高职院校拨款模式,国有企业办学拨款模式。

教学运行管理体制是指高职院校基于隶属关系与同级的政府行政主管部门、省级教育部门之间就设置和调整专业,制订教学计划、选编教材、组织实施教学活动等教学事务所建立的机构设置、权责划分的体系和制度。教学运行管理体制具有学术性、行政性、行业性三重价值以及学术权力、行政权力、行业权力三种权力,教学所内含的学术性由学术权力保障,是教学运行管理体制的根本价值,管理所内含的行政性由行政权力保障,是教学运行管理体制的从属价值，高职教育所内含的行业性由行业权力保障，是教学运行管理体制所属教育类型的独特价值。在教学运行管理体制中，尽管三重价值和三种权力同根同源于教育教学管理，但是各自的地位和作用并不相同。学术性属于根基，行政性为学术性提供资源保障而依附其存在，为实现和发展学术性服务，行业性附加于学术性和行政性之上而凸显高职教育的类型特性，意在对学术性和行政性的适用领域进行限定。学术权力来自基层，处在核心地位，行政权力虽然高居上位以保障学术权力，但也不能压制学术权力，行业权力来自外来的行业协会和企业组织。教学运行管理体制分为宏观、中观、微观三种层次，每一个层次都由主体、客体、目标等要素构成。宏观教学运行管理体制是高职院校对外与政府行政主管部门、省级教育部门之间就教学事务而发生的机构设置、权责匹配的体系和制度。中观教学运行管理体制是高职院校内部的学校与院系两级之间就教学事务而发生的机构设置、管理权限划分的体系和制度。微观教学运行管理体制是高职院校院系内部教学权责划分的体系和制度。以河南省级行业厅局主管的高职院校中的案例院校——HNZY 为例，宏观教学运行管理体制对外包括政府行政主管部门河南省人力资源和社会保障厅、省级教育部门河南省教育厅两个外部管理主体，对内涉及 HNZY 一个被管理主体。根据选题主旨，本书关注的是隶属关系直接影响所及的宏观视角的教学运行管理体制。

第二节　高职院校办学事项体制机制解析

一、省级教育厅局主管的高职院校办学事项体制机制解析

笔者选择 HSZY 作为省级教育厅局主管的高职院校的代表院校进行案例研究。该校原由水利部主管，在 20 世纪 90 年代普通高教管理体制改革中划转河南省人民政府，由河南省教育厅作为行政主管部门负责日常管理。该校在经过改革的举办体制和管理体制的支持下，办学实力和办学水平在河南省高校和全国高职院校中始终名列前茅，在河南省教育厅主管的高职院校中具有显著的典型性。

（一）隶属关系对省级教育厅局主管的高职院校干部人事管理体制的影响

笔者于 2017 年 6 月 27 日就该校干部人事管理体制及受到行政主管部门河南省教育厅影响的问题，在该校人事处处长办公室对该校人事处处长进行

深度访谈，并于 2017 年 7 月 9 日收到通过电子邮件反馈的文字访谈记录。以下将干部人事管理体制分为干部管理体制、教师管理体制两个方面，分析隶属关系的具体影响和对干部人事管理体制总的影响。

1. 干部管理体制及隶属关系影响

省域高职院校按照国家对事业单位干部管理要求，实行中共省级党委组织部门统一领导下的分部门、分级干部管理体制。行政主管部门利用干部管理体制控制高职院校领导干部的任免权限，宏观驾驭高职院校的战略发展。鉴于 HSZY 在河南省机构规格序列中属副地厅级事业单位，故而该校配备的校级领导干部为正处级以上干部，包括正校级和副校级两级干部，其中正校级对应副厅级，副校级对应正处级；中层以下干部即副处级及以下干部，包括中层正职干部、中层副职干部等。HSZY 人事处处长在访谈中这样谈及该校干部管理体制：

> 学校属于省管高职院校，正处级以上干部属于省管干部，由（中共河南）省委高校工委负责考核提拔管理；中层以下干部由学校负责考核提拔管理，但须向（中共河南）省委高校工委备案。

在同日进行的访谈中，HSZY 教务处处长也谈到隶属关系的影响领域问题：

> 隶属关系的主要影响表现在人事和经费投入方面。人事方面，省管高校领导班子由省委组织部统一任命或调配。

HSZY 实行中共高校基层党委领导下的校长负责制，校长在中共高校基层党委领导下全面负责学校的行政工作。"校长直接影响学校状态"的说法表明校长（党委书记）对学校的生存和发展具有决定性的价值。为保持 HSZY 在河南全省高教领域和全国水利行业的既有办学声誉，河南省教育厅较为关注该校的校长（党委书记）人选。通常的做法是该校的校长（党委书记）大多从河南省属本科高校提拔任用熟悉高等教育规律、富有高校工作经验、掌握国家政策和省情的中层管理干部，一旦入职即能尽快适应高职院校领导岗位要求，确保该校主动响应政府规划和社会需求，始终按照高职教育规律办学。河南省教育厅作为举办者，按照"党管干部"和"下管一级"的干部管理原则和管理权限，垂直行使或者掌握 HSZY 党委书记、校长等高层领导干部的提名任免权与考核管理权，意在强化供应链激励机制，形成对 HSZY 的实际控制，保持 HSZY 对河南省教育厅的归属感。

2. 教师管理体制及隶属关系影响

行政主管部门操控高职院校教师配置机制和队伍结构，引导支撑高职院校的未来发展。根据高职院校作为政府公共部门组成部分分担社会公益功能的内在要求，国家在长期沿用政府机关干部人事管理模式对高职院校教师配置实行计划性、行政化管理的过程中，探索形成适用于高职院校（高校）逐人逐事逐次严格受控于省级机构编制管理机关、省级人力资源和社会保障部门、省级财政部门以及所隶属政府行政主管部门等多部门审批的机构人员事业编制核定制，教师录用补充公开招考制、全员聘用制、岗位管理制、教师职称制、绩效考核制、收入分配制等事业单位教师职工人事管理制度体系。在高职院校内部，结合办学定位和发展方向，教师配置的数量比例因素分为结构性因素与效益性因素。结构性因素包括专任教师比例、年龄结构、学历结构、职称结构和专业结构等，效益性因素包括生师比、科研成果数量与质量[①]等。结构优化的高职院校教师队伍应同时具备数量比例合理、结构组合得当两个基本标准。HSZY 人事处处长在访谈中谈到人员编制问题时说：

> 编制数量不够，制约教师队伍建设。按照教育部有关规定，高等学校生师比应控制在 18：1。对照此标准，我校现有在校学生 18580 人，应有教师总数为 1031 人。但河南省实际给学校的定编人数为 828 人，学校现有职工总数 893 人，属于超编单位。由于编制不够，每年度的高层次人才引进、职称评定等工作都受到影响，制约了师资队伍的发展。每年度的进人指标计划都是按照当年退休人员的数量核定的，想增加硕士（研究生学历）指标难度很大。

生师比是省级机构编制管理机关核定高职院校机构人员编制的基本依据。生师比是指一个专任教师承教的学生平均人数，体现专任教师存量对在校生规模总量的满足程度，反映高职院校的人力资源利用效率。专业结构体现教师队伍的学科力量分布状况，要符合高职院校目标定位和专业定位要求及分专业资源配置存量格局，适应面向区域经济结构和社会发展的教研需

---

① 科研并非职业技术型高职院校教师的主要任务，故本书不多涉及高职院校教师科研问题。见：刘献君. 论高等学校定位 [J]. 高等教育研究，2003（1）：25.

要，折射既高度分化又交叉融合的学科专业演变规律与世界发展变化新型态势的应对。HSZY 人事处处长在访谈中谈到生师比和教师队伍专业结构问题时说：

> 各院系教师队伍数量、结构不均衡。学校平均生师比为 29∶1，超过规定的 18∶1，而且水利、土木、交通、机械、测绘这几个学校重点发展的工科院（系），生师比更高，教师数量偏少，需尽快补充教师。目前编外人员主要是劳务外包，人数很少，不到 20 人。今年（笔者按：指 2017 年）学校开始招聘人事代理（人员），计划招聘 10 人，人事代理招聘人员逐渐扩大，将有助于改善学校的师资队伍。

在访谈中，HSZY 人事处处长既充分肯定该校师资队伍建设既往取得的成绩，也谈到在政府部门严格控制下教师队伍职称结构和学历结构方面存在的问题。职称结构反映教师队伍的学术能力状况，学历结构反映教师队伍的学术基础状况。HSZY 人事处处长对该校师资队伍建设中存在的问题具有清醒的认识。他将问题主要归纳为教师队伍职称结构、高层次人才数量两个方面：

> 一是职称结构不尽合理。现有的 669 名专任教师中，副高以上 196人，占教师比例的 29.3%；中级职称 316 人，占教师比例的 47.2%；初级职称 156 人，占教师比例的 23.3%。按照河南省（相关部门）规定的职称结构比例，我校高级职称的比例还有一定空间，基本能满足要求；中级职称人数已经接近 50%，初级职称人数已经超过比例。按照河南省每年核定我校高级、中级职称人数的计算方法，近几年中级职称评审压力大，特别是土木交通学院、艺术系等院（系）的初级职称占专职教师的 40% 以上，存在职称结构不合理、高级职称（比例）偏低的问题。学校将进行职称评审改革，加大力度引进高层次人才，改善职称结构。
>
> 二是高层次人才数量少，高学历人才紧缺。我校专任教师中具有硕士学位的占到 73%，比例比较高；但是具有博士学位的只有 20 人，占专任教师的 3%。高学历高层次人才的引进和自我培养将是"十三五"期间师资队伍建设的重要工作。

3. 隶属关系归因

鉴于事业单位对政府体制改革的依附性以及人事管理制度改革的敏感性，国家对高职院校人事管理制度改革采取首先确保严格受控，其次坚持持续推进的原则。在事业单位人事管理制度的逐渐改进完善过程中，高职院校的人事管理自主权不断扩大，未来高职院校将拥有充分的人事活力。HSZY对政府严密控制人事管理制度改革进程和环节感受深切。该校人事处处长在访谈中谈到人事管理体制受到隶属关系影响的问题时说：

> 隶属关系对学校的影响可大了。学校归（河南省）教育厅管理，人事管理、师资队伍建设方面的办学自主权比较小，进人、岗位、工资等方面的事宜都需要省里审批，对学校的管理和发展有比较大的限制，不利于提高学校教职工的积极性和活力。

（二）隶属关系对省级教育厅局主管的高职院校财政拨款管理体制的影响

政府财政拨款是高职院校办学经费的主要来源。高职院校财政拨款从来源渠道政府财政部门的角度看，属于经济学研究的政府公共物品供给问题，即政府公共财政部门向教育部门所作教育财政支出、财政投入范畴的问题，或者属于教育部门预算范畴的问题。

改革开放以来，高职院校财政拨款理念经过从公平优先、兼顾效率到效率优先、公平"托底"的变化，财政拨款管理体制经过从中央统收统支到中央、省分级管理，再到按照隶属关系实行中央、省、地级市三级管理的变化，财政拨款机制经过从少参数、单一政策目标到多参数、综合政策目标，全程加大竞争性并从当下开始到最终完全走向绩效拨款的变化，财政拨款模式经过从"基数＋发展"到"综合定额＋专项补助"，再从"基本支出拨款＋项目支出拨款"发展到"基本支出预算拨款＋项目支出预算拨款＋绩效支出预算拨款"的变化。

笔者于2017年6月27日就HSZY财政拨款管理体制及受到所隶属的河南省教育厅影响的问题，在该校财务处处长办公室对该处长进行深度访谈，并于2017年8月8日收到通过电子邮件反馈的文字访谈记录。

1. 财政拨款管理体制

HSZY财务处处长在访谈中既谈及办学经费的合理安排和充足保障，也谈及财政经费自主权行使受到程序限制的问题：

经费自主权现在存在一些问题：省属高职院校的学费在上交（河南）省财政（厅）后，全部变为预算指标，不能返回学校基本账户，在使用上有局限性，无法按学校的支付要求（时间、季节、用途等）及特殊性进行支付。

在使用（程序）上存在一些问题：由于财政拨款全部属于指标额度，需要按预算用途申请才能支付，如果（用途）需要改变必须（预先）进行预算调整申请，时间长，环节多；（纳入）河南省招投标（的项目）全部进入（河南省）公共资源交易中心，该中心容量小、工作量大，难以满足现有的财政（项目）招投标的需要，造成项目积压严重，无法实现（笔者按：及时、顺利完成）支付。

2. 财政拨款运行机制

按照"谁举办，谁出资，谁管理"的隶属关系原则，河南省教育厅主管的6所省属高职院校财政经费应由省级财政部门拨付政府行政主管部门河南省教育厅，再由河南省教育厅分别拨给6所省属高职院校。但是，现实中的省属高职院校教育财政拨款从政府财政部门拨出以后，并不经过河南省教育厅中转，流程非如前述。HSZY财务处处长在访谈中这样谈及财政拨款流程：

学校的办学经费中生均财政拨款及专项拨款由财政厅预算处直接编制下达，部分项目经费如科研经费经过科技厅到财政厅科技处做预算直接下达。现在（科研）经费全部实行"上打下"的原则，项目在上年评审下年下达，（上年）获得立项，相关项目经费打入下年预算。

按照财政拨款的接受者不同，财政拨款区分为直接财政拨款和间接财政拨款。直接拨款管理体制共有政府和高职院校两个主体，高职院校是直接财政拨款的接受者。间接拨款管理体制共有政府、高职院校、学生三个主体，学生是间接财政拨款的接受者。HSZY财务处处长在访谈中这样谈及办学经费来源结构和充足性：

学校经费来源主要有5个方面：生均财政拨款及专项拨款（55%）、学费收入（20%）、国家专项资金（13%）、国家奖助学金（11%）、科技服务创收及其他收入（1％）。财政拨款在年初编制预算时采用生均拨款加因素法进行，主要考虑学生竞争力、参与大赛、课程建设等等因素。从总额看，经费是逐年提高的，差别（笔者按：指年增长幅度）很大。2010 年预算总额不足 2 亿元，2016 年预算总额 3.9 亿元，2017 年预计达到 4.2 亿~4.5 亿元，比 2010 年翻一番还要多。由于学校在河南省高职高专中处于领先（地位），财政拨款较充足，基本满足需要。

从访谈记录知悉，该校来自政府财政部门的财政拨款在各项收入中占比 55％，远高于学费收入占比 20％，表明政府财政拨款是该校办学经费的主要来源，该校没有形成对学费收入的严重依赖；用于向学生发放国家奖助学金的间接财政拨款占比为 11％，表明财政拨款等绝大部分经费收入用作开展公共教育教学活动，能够确保教学活动在高职院校的各项工作中实际处于中心地位。

3. 隶属关系归因

HSZY 教务处处长在 2017 年 7 月 13 日向笔者反馈的文字访谈记录中，谈到隶属关系对财政拨款管理体制具有直接的影响：

> 不管是哪种隶属关系，经费投入是一个关键因素，对学校的办学规模、办学层次等发展定位有直接的影响。经费有保障，钱多了，学校自主发展定位的选择余地就比较大。省管高校财政投入比较稳定，职工工资、福利待遇相对比较稳定。

HSZY 教务处处长的上述说法在该校财务处处长反馈的访谈记录中得到印证。该校财务处处长也谈及其他归口的高职院校对隶属关系变革的诉求：

> 从与（多）个高职院校交流（情况）来看，（省级行业厅局、地级市政府、国有企业主管或者举办的高职院校）都希望直属省级教育厅局管理，（财政）经费直接（由河南省）财政厅预算核拨。

HSZY 教务处处长和财务处处长反馈的文字访谈记录表明，基于省属高职院校——尤其是省级教育厅局主管的高职院校所具有的以上优势，河南省教育厅主管的高职院校对现归口隶属关系总体满意。

（三）隶属关系对省级教育厅局主管的高职院校教学运行管理体制的影响

1985 年《中共中央关于教育体制改革的决定》发布后，政府统一领导的高校教学运行管理体制逐步改革，转入由政府与高校共同建设教学运行管理体制、加大高校办学自主权的进程之中。目前，除院系组织变动、专业设置调整和思想政治理论课程教学继续受到政府部门的强力控制之外，教学已经成为高校各项管理体制中改革最为彻底、政府干预最少的领域。

基于满足区域经济社会需要为地方行业企业培养技术人才和提供技术服务的办学宗旨，落实在教育类型上的职业技术型高校定位（与普通学术型高校相区别）和在教育职能上的教学服务型高校定位（与研究服务型高校相区别），政府部门和高职院校都注重改进教学管理支持体系，构建具有特色的教学运行管理体制机制，保障技术型人才培养质量水平。高职院校逐步形成政府部门主导下的专业设置和动态调整机制，产教双主体合力打造高职教育条件，校企合作设计基于工作过程系统化思想的专业课程体系和工学结合的教材，实施双元教学设计与考核鉴定。

笔者于 2017 年 6 月 27 日就 HSZY 教学运行管理体制及受到所隶属的河南省教育厅影响的问题，在该校教务处处长办公室对该处长进行深度访谈，并于 2017 年 7 月 13 日收到通过电子邮件反馈的文字访谈记录。

HSZY 教务处处长在访谈中谈及隶属关系对该校的专业设置存在一定的影响：

> 采取"以水为特，以工为基，经、管、艺多科相容"的专业发展理念，根据各专业招生、就业、基础条件、人才培养等指标进行重点建设，通过专业评估进行动态调整。目前设置水利建筑工程、测绘工程、机械工程、自动化工程、信息化技术应用、环境工程（以及）管理类、财经类、旅游类、公共艺术类等 64 个专业。在专业设置与特色定位方面，省管院校比其他三种院校具有更大的自主空间，主要是因为服务面比较宽，（所以）在专业设置上（选择余地）相对比较宽松，专业门类较多。但就具体行业、企业或地域优势来看，其他三种院校在校企合作、专业设置、毕业生就业等方面的切合度往往更深一些。

HSZY 教务处处长谈及，隶属关系对该校的课程建设影响不大：

教学方面，不同隶属关系的院校没有特别的不同，开什么课程，讲什么内容，完全依照各自的人才培养规格和目标要求而定。体育课、思政课依照教育部的规定开设。所以，单从教学方面考虑，隶属关系的选择（笔者按：指作用）并不是很重要。我校注重课程建设工作，产生了许多重要成果，国家级、省级精品共享课、网络在线课程（门数）在河南省高校中排名第一，国家级、省部级规划优秀教材在同类院校中居于领先地位，岗·课·证相融通的职业院校核心技能课程建设模式起到了示范引领作用。

二、省级行业厅局主管的高职院校办学事项体制机制解析

笔者选择 HNZY 作为省级行业厅局主管的高职院校的代表院校进行案例研究。该校原由河南省劳动厅主管，在河南省政府机构改革中，转由河南省人力资源和社会保障厅作为行政主管部门进行日常行政管理，该厅内设机构人事处代表行政主管部门行使对该校的行政管理权，属于行业部门举办体制；教育教学业务接受河南省教育厅指导，实行行政事务和教育教学业务由两个政府部门分别领导的双重管理体制。该校办学实力和办学水平在河南省和全国高职院校中名列前茅，在省级行业厅局主管的高职院校中具有显著的典型性。

（一）隶属关系对省级行业厅局主管的高职院校干部人事管理体制的影响

笔者于 2018 年 10 月 20 日就该校干部人事管理体制受到所隶属的河南省人力资源和社会保障厅（即省级行业厅局）影响的问题对该校人事处处长（现任该校副院长）进行深度访谈。以下将干部人事管理体制按照干部、教师分开，分别进行分析。

1. 干部管理体制及隶属关系影响

按照党管干部的原则和国家层级间的干部管理权限划分要求，HNZY作为省级直属副地厅级事业单位，干部管理纳入中共省级党委组织部门统一领导的分部门、分级别的干部管理体制。该校的正校级干部即党委书记和校长，行政级别为副地厅级，由该校所隶属的行政主管部门河南省人力资源和社会保障厅负责推荐提名，中共省级党委组织部门、中共省委高等学校工作委员会负责任前考察，中共省级党委、省级人民政府分别任命。该校的副校级干部（包括党务、行政）行政级别为正处级，由行政主管部门中共河南省

人力资源和社会保障厅党组、行政负责任免和管理。HNZY 人事处处长在
访谈中谈及该校干部管理体制以及受到隶属关系影响的问题时说：

> 校级干部管理方面，过去正职、副职都是省管，从 2014 年起调整
> 干部管理权限，校长书记两个一把手省管，副职厅管（笔者按：指行政
> 主管部门，此处指河南省人力资源和社会保障厅）。正职，由（中共河
> 南）省委组织部组织考察，联合（中共河南）省委高校工委，最后由
> （河南）省（人民）政府任命。副职，管理权限在厅（笔者按：指行政
> 主管部门，此处指河南省人力资源和社会保障厅），按程序遴选、民主
> 测评、民主评议、谈话等等。中层正职、副职、副科等干部管理权限在
> （中共）学校（基层党委）组织部。中层正职，需要到厅里（笔者按：
> 指行政主管部门，此处指河南省人力资源和社会保障厅）备案。
>
> 领导班子考核，按干部管理权限，由省委组织部、省委高校工委联
> 合组织进行，一般是省委组织部委托省委高校工委考核。考核时厅里
> （笔者按：指河南省人力资源和社会保障厅）参与，因为行政上厅里是
> 主管（部门）。三家联合参加学校领导班子考核。其他人员的考核由学
> 校自己组织。

基于行业部门举办体制和政府对该校实行双重管理模式的影响，该校的
干部管理经常陷入双重报告工作的体制困扰。该校人事处处长在访谈中谈及
双重（某些事项多重）管理体制对干部管理体制的影响时说：

> 由于实行双重领导，考核的时候每年协调起来很麻烦。省委高校工
> 委、厅里都要联系，到底是谁主导，两家有时候互相推。省委高校工委
> 有人的时候就来，没人的时候委托厅里考核。所以，对领导班子的考
> 核，每年都要跑来跑去。
>
> 另外一个，对于上级布置的重大活动，（河南省）人社厅、（河南
> 省）教育厅双方都会做出安排，所报的材料就要做成双份。一份做成以
> 后，换个（部门）名头和上报时间，（向另一个部门）再报一份，增加
> 麻烦。

HNZY 教务处处长在 2018 年 9 月 19 日与笔者的访谈中，则谈及干部
管理体制与学校发展受到所隶属的河南省人力资源和社会保障厅影响的

问题：

> （河南省）人力资源和社会保障厅是我们的行政主管部门，会适度干预我们的干部调配等干部队伍建设，对干部队伍建设的影响最为明显。最大的问题是单纯行政管理。教育容不得外行过分参与管理。比如（河南省）人力资源和社会保障厅派来的领导至少需要一个适应的过程，或者需要更长时间的适应过程。

2. 教师管理体制及隶属关系影响

行业部门举办而非教育部门举办的体制性质制约 HNZY 教师队伍数量发展与质量进步。该校人事处处长在访谈中谈及人员编制管理现状与问题时说：

> 学院编制总额是 659 人。按照教育部评估标准规定的生师比，合格 18：1，优秀 16：1，学院目前远远超出 18：1[①]，师资总量缺口比较大。采用的弥补办法有三个：一是进人补充编制。每年年末由各单位根据专业课老师空岗情况向学院申报需求计划，学校统一研究制定下年进人计划。确定了以后，根据空编情况，向省编办报告用人计划，申请进人指标，审批以后进行招聘。二是采用人事代理的办法录用 143 人，但学历层次差别较大。人事代理人员跟在编人员同样管理，工资待遇、福利待遇、绩效工资等待遇跟在编人员完全一样。三是聘用外聘教师。目前外聘教师数量较大，下一步要出台管理办法，加强管理。

1999 年制定并适用至今的《普通高等学校编制管理规程（草案）》用以核算高校机构设置和人员编制以及政府财政部门据以核拨高校人员经费的高校编制管理模式，与现今高校的发展需要严重脱节，亟待改革。该校人事处处长在访谈中谈及人员编制管理改革的方向时说：

> 编制是制约学校发展的瓶颈。教育部门考核按生师比，省编办却不

---

① 根据现行中央机构编制委员会办公室、教育部、财政部 1999 年 9 月 27 日印发的《普通高等学校编制管理规程（草案）》规定的高校编制核算公式：高校教职工总编制＝在校标准学生人数/生员比以及高校教师编制＝在校标准学生人数/生师比，学生人数既是确定高校编制的核心指标，也与政府的财政拨款直接挂钩，生员比和生师比是确定高校人员编制的主要指标和辅助指标。

增加编制，学校只能自筹经费录用人事代理人员、外聘教师，挤占在编人员福利，经费包袱很重。听说省编办要搞试点，逐步淡化编制，实行总量控制。（等到）老人逐步消化完，新人以后不说编制的事了。原来的编制跟拨款有关。目前拨款方式变了，编制作用小了。

全员聘任制是事业单位人事管理的基本制度，使人员管理从身份管理转向岗位管理，意在扩大事业单位人事管理自主权，建立内部激励约束机制。教师职务政策则经历从任命制到评聘制，再到当前实行岗位聘用制的变迁过程，意在提升学术职业的开放性和竞争性，使教师队伍建设为知识创新和高校发展服务。基于所隶属的河南省人力资源和社会保障厅所具有的行政职能优势，HNZY 在全员聘任制和教师职务政策环境方面相对宽松，但因无法突破制度约束而伴生新的问题。该校人事处处长在访谈中谈及教师聘任制管理的现状与问题时说：

> 在聘任制方面，2006 年实行工资政策改革时（学院）已经实行全员聘任制，现在事业单位基本上都已经实行。在聘任时，考察岗位数等几个因素，同等条件下就进一步互相比较，有岗位就聘，没岗位就等，只是这几年（学院与教职工）没有再签（书面）协议。在职称结构方面，按照职称结构比例，职称越高，指标数越少。目前副高级、中级职称在岗人数都已经超标，但因为评估、申报优质校都有（高级职称人员数量方面的）要求，所以学校发展需要高层次、高职称人才。学院现有职称结构与发展的需求不适应，这是一个矛盾。解决办法是为了满足学校教学需要、评估需要，尽量把指标用完。尽管中级、副高级（职称在岗人数）实际都超标，但该争取的还要争取。

3. 隶属关系归因

尽管《教育法》第三章"学校及其他教育机构"第二十九条和《高等教育法》第四章"高等学校的组织和活动"第三十七条均赋权学校行使聘任教师及其他职工，自主确定人员配备，按照国家有关部门规定享有评聘教师专业技术职务和实施奖励或者处分的权利，但在现实中，学校对这些权利的行使效果不尽如人意。另外，基于行业部门举办体制和双重管理体制，HNZY在人事管理方面还面临特有的体制困扰。该校人事处处长在访谈中谈及现行隶属关系和双重管理体制对干部人事管理体制的影响问题时说：

在干部人事管理上，学校没有决策权，只能按照上边要求，执行上边决定。办学都应归教育口，因为历史原因，学校归（河南省）人社厅。目前属于双重领导，行政上归（河南省）人社厅，教学业务归（河南省）教育厅。行政归（河南省）人社厅，好多事情本来是应该享受优越条件的，实际没有享受到。比如高校职称工作，历年开会，（河南省）人社厅直接将文件发到（河南省）教育厅，但是始终没有给我们发通知，好几个会都没能参加。推优、评先的指标，（河南省）教育厅都分到（河南省）人社厅，（河南省）人社厅再往下分配。（河南省）人社厅还管着几个中专学校，等于二次分配，需要权衡很多东西，程序比较多，中间环节也多，对我们有很多不便利的地方，严重影响工作的开展。正在跟厅里（笔者按：指河南省人力资源和社会保障厅）积极协商，给厅人事处说过几次，包括厅职称处、事业处也正在沟通：要么通知到厅人事处，由厅人事处通知我们，要么直接通知我们。这几年一直在反映这个问题。

基于行业部门举办体制和双重管理体制的诸种弊端，该校人事处处长在访谈中谈及对高职院校隶属关系的认识：

从大的方面来说，既然是教育工作，还是（河南省）教育厅管好一些。因为（河南省）教育厅毕竟是专门管教育的，他们对学校了解全面，了解教学规律，管理起来会比较顺畅。中小学、大学，都归（河南省）教育厅管。这是体制问题。毕竟学校以教学为主，培养学生为主，不是行政机关。（河南省）人社厅是个行政机关，主要从行政这方面进行领导，对教学工作不熟悉。教育有教育规律，行政有行政管理规律，两者不一样。（采用）行政命令（的方式管理学校）违背教学规律，用行政管理手段管理学校不合适，教学工作不能用行政命令的方式（管理）。

（二）隶属关系对省级行业厅局主管的高职院校财政拨款管理体制的影响

高职院校办学经费来源包括国家财政性教育经费、社会捐赠经费、事业收入及其他经费收入等多元化筹资渠道，其中社会捐赠经费占比微小，国家财政性教育经费占比远超居于第二位的学杂费等事业收入占比，成为高职院校的主要经费来源，凸显政府作为高职教育发展的责任主体地位和作用。从政府层级区分，国家财政性教育经费包括中央级财政拨款、省级财政拨款、地级市财政拨款三种来源渠道。

笔者于 2018 年 9 月 10 日就 HNZY 财政拨款管理体制受到所隶属的河南省人力资源和社会保障厅影响的问题对该校财务处处长进行深度访谈。

1. 财政拨款管理体制

HNZY 财务处处长在访谈中谈及，作为河南省人力资源和社会保障厅主管的高职院校，能够享受来自行政主管部门的特有的资金政策优势：

> 　　行业高校也有好处。人社厅（笔者按：指河南省人力资源和社会保障厅）掌握一部分经费。从 2014 年起，国务院主导全国实施现代职业教育质量提升计划专项资金，包括公共实训基地建设、高技能人才培训计划 2 块，由各省市人社部门组织实施，对中职扶持力度比较大。省人社厅（笔者按：指河南省人力资源和社会保障厅）主办的学校存在近水楼台先得月的优势，给咱拨的经费总额每年都是全省第一。每年都拨几百上千万元，2014 年给了 500 万元，2015 年给了 700 万元，2016 年给了 1500 万元，这几年下来给了 5000 万元。
>
> 　　不同的省级行业主管部门之间所能够带给各自隶属高职院校的资金政策优势各不相同。有些行业，比如河南农业职业学院，属于（河南省）农业厅管。（河南省）农业厅没那么多钱，掌握不了那么多钱去拨付。这几年（河南省）财政按要求不会给（河南省农业厅）机关里头拨那么多钱，（财政资金）都是专款的钱，不通过（河南省）农业厅他们那个口下达。有些可能给农业支持的钱，直接通过（河南省）财政厅农业处拨付给它们。但是这个钱是了了的，不是很多。

对于行业主管部门带给学校的资金优惠政策，HNZY 人事处处长在访谈中也有所谈及：

> 　　（河南省）人社厅给学校（笔者按：指 HNZY）的优惠政策可能会多少倾斜一点，只是某一方面，涉及学校（比例）是小部分，也不可能太出格，否则（河南省人力资源和社会保障厅主管的）别的学校有意见。

HNZY 财务处处长在访谈最后，谈及隶属关系对行业部门主管高职院校财政拨款管理体制的影响时说：

> 学校总的拨款额比较充足，获得的项目经费总额在全省高职院校里头经常排在第二位。从总体上说，省管高校经费是有保障的，有优势，基本上都能达到生均经费 1.2 万元。但是，行业办学在经费上的优势不是很大，没有（河南省）教育厅主管的学校有优势。比如"经贸"（笔者按：指河南经贸职业学院）和"黄水"（笔者按：指黄河水利职业技术学院），属于（河南省）教育厅主管，它们在经费拨付方面，很有优势。

HSZY 教务处处长在文字访谈记录中，谈到隶属关系对省级行业厅局主管的高职院校财政拨款管理体制具有直接影响的以下说法，印证了上述 HNZY 财务处处长的看法：

> 省管高校（经费）比较稳定，职工工资、福利待遇相对比较稳定。相比来说，行业院校在财政投入方面是不平衡的。

2. 财政拨款运行机制

按照"谁举办，谁出资，谁管理"的隶属关系原则，河南省 15 个省级行业厅局主管的 16 所省属高职院校，由面向各个省级行业厅局的省级财政部门内部业务处室归口拨付财政经费，涉及省级财政部门、15 个省级行业厅局等 16 个省级政府部门以及 16 所省级行业厅局主管的高职院校。省级财政预算拨款对省属高职院校实行"基本支出预算＋项目支出预算"的拨款模式，其中"基本支出预算"以生均定额标准拨款为基础，用于高职院校维持日常工作运转，"项目支出预算"用于高职院校完成特定工作任务。为提高高职院校财政经费利用效率，政府正在通过实时监测体系逐步加强对高职院校经费运行和预算绩效的刚性监管。

HNZY 财务处处长在访谈中谈及该校财政拨款的结构、拨款路线等运行机制现状时说：

> 学校（笔者按：指 HNZY。下同）经费来源就是央财（笔者按：指中央财政。下同）、省财（笔者按：指省级财政。下同）、社会捐款。

社会捐款，目前学校几乎没有。

　　财政拨款程序是这样的：每年 6 月份开始，在（河南省）财政厅下达的额度之内编制学校经费预算，包括人员经费、办公经费、项目经费、科研经费等央财、省财混到一起。这几年央财经费投入很高。省级财政对学校执行略高于生均 1.2 万元经费预算标准。这是学校的基本支出预算经费，通过（河南省）财政厅社保处拨付学校。另外一部分央财资金按项目经费下拨，由（河南省）财政厅教育事业处直接拨到预算单位高校，2017 年起从过去每年下半年的 10 到 12 月份拨付改为预算年度上半年的 6 月份拨付。项目经费根据学校的招生情况、就业情况、项目承办情况以及支付情况等因素，利用因素法计算确定拨款额度。

3. 隶属关系归因

HNZY 财务处处长基于所在行业部门主管的高职院校财政拨款管理体制受到所隶属的河南省人力资源和社会保障厅影响的各种问题，在访谈中谈及高职院校的隶属关系变革设想时说：

　　学校作为省管高职院校，受地方保护主义影响，咱厅（笔者按：指河南省人力资源和社会保障厅）领导不舍得放开。（河南省）农业厅下设学校，他们也不舍得放开。行业办学，是历史遗留下来的问题，实际应该从国家层面全部归到教育口管。过去很多大学由行业主管，比如中国矿业大学，现在归教育部管。行业办学趋势不应该扩大，应该是缩小，应该都归到教育部门。

HNZY 人事处处长从归口省级行业厅局主管对高职院校财政拨款管理体制影响的不利角度出发，谈及对省级行业厅局主管的高职院校隶属关系变革的设想时说：

　　因为历史原因，学校隶属（河南省）人社厅，属于行业办学，有不方便的地方，多年困扰学校。（河南省）财政厅不同处室分管业务不一样，不同的处室分管向不同部门拨款，各业务领域掌握的财政政策尺度不一样。学校资金拨款渠道通过（河南省）财政厅社会保障口拨款。因为社保口不管学校这一块，所以按照社保口拨款政策，对学校来说不一定是好事。比如，原来学校请了外教，（河南省）教育厅的科研基金，原来（河南省财政厅）一直不给配套财政拨款。因为学校是社保口，不是教育口，拨款时没有包括这一块，享受不到这方面待遇。（河南省）教育厅管的学校都是通过教育口拨款。教育口比较成熟，而且高校比较多，同样的政策大家都会享受。按道理说，办学应都归教育口。

（三）隶属关系对省级行业厅局主管的高职院校教学运行管理体制的影响

HNZY 人事处处长在与笔者的访谈中谈及双重管理体制对教学运行管理体制影响的问题：

咱归（河南省）人社厅管，有好的地方。就业创业这一块属于人社部门的事，另外（河南省人力资源和社会保障厅）职业能力建设处也给咱不少优惠条件，都先尽着咱。尽管同属于一个厅，学校归他们管，也得去做工作。这都是关系搞得比较好的。办学自主权，（河南省）人社厅没有过多干预，比如专业设置，不多干预。

笔者于 2018 年 9 月 19 日就 HNZY 教学运行管理体制受到所隶属的河南省人力资源和社会保障厅影响的问题对该校教务处处长进行深度访谈，该处长随后采用书面形式通过网络社交工具 QQ 向笔者作出以下反馈：

（河南省）人力资源和社会保障厅虽然是我们的行政主管部门，但基本上能够给予我们充分的办学自主权。最大的优势是行政主管部门会在部门职责范围内给予支持，比如学校在职业培训、技能鉴定等方面就受益于（河南省）人力资源和社会保障厅的大力支持。客观地讲，目前我国职业学校的校企合作有点"两张皮"的感觉。如果仅仅从教学方面考虑，从职业教育校企合作的角度说，我更希望（HNZY）隶属于大型国有企业，只有这样才能真正使职业教育校企合作的本质属性得以落实。但客观地讲，因为目前政府部门与企业之间的"契合度"较低，即使选择了国有企业举办体制，想使职业学校健康发展还有很长的路要走。从职业教育的（社会分工）属性来说，本人希望（HNZY）隶属于省级教育部门。

三、地级市政府举办的高职院校办学事项体制机制解析

笔者选择 HBZY 作为地级市政府举办的高职院校的代表院校进行案例研究。该校位于鹤壁市城区，是河南省地级市——鹤壁市人民政府举办的唯一的高等教育机构，即所谓市属高职院校，是鹤壁市的最高学府，承载着实现鹤壁市高等教育最高目标的组织使命。在鹤壁市人民政府的主导下，HBZY 与所在的城市——鹤壁市依托共生的城市空间进行以双向资源交换为内容的功能互动。鹤壁市基于 2016 年 12 月 29 日国家发展和改革委员会印发的《中原城市群发展规划》（发改地区〔2016〕2817 号）中的建设定位和产业分工提出对所举办高职教育（高等教育）的服务定位要求，向 HBZY 提供领导干部和保障科教人才、土地、政府财政拨款、教学条件等基本办学条件以及社会经济环境、区域产业结构、城市文化观念等内涵发展条件。HBZY 基于服务面向的地方性，根据鹤壁市的社会经济发展规划和产业结构政策调控教育资源配置，整合学科专业设置及人才培养结构，向鹤壁市提供高技术人才、应用型技术开发、技术咨询与服务和社会人员职业技能培训。HBZY 在服务鹤壁市的办学过程中建立起良好的社会影响和办学声誉，2011 年被确定为河南省骨干高职院校立项建设单位，2013 年被确定为河南省职业教育品牌示范院校立项建设学校，在地级市政府举办的高职院校中具有显著的典型性。

（一）隶属关系对地级市政府举办的高职院校干部人事管理体制的影响

国家对于中心城市出资举办的 HBZY 等市属高职院校，根据与省属高职院校等省属事业单位"职责同构"原则以及副地厅级事业单位由正地厅级政府（部门）主管的原则，打破中央、省属高校实行的分部门管理模式，由所隶属的地级市人民政府负责举办，该级政府各部门按照职责范围进行分工协助，按照 1985 年 5 月 27 日发布的《中共中央关于教育体制改革的决定》（中发〔1985〕12 号）中提出的高校"实行中央、省（自治区、直辖市）、中心城市三级办学的体制"实施综合管理。

2017 年 7 月 6 日，HBZY 人事处处长就该校干部人事管理体制以及受到所隶属的鹤壁市人民政府影响的问题，通过网络社交工具 QQ 向笔者反馈文字访谈记录。以下将干部人事管理体制按照干部、教师分开，分别进行分析。

1. 干部管理体制及隶属关系影响

改革开放以后，国家在地方上向省级政府进行政治集权，由省级政府掌握地级市政府领导干部的任免管理权。地级市政府举办的高职院校的校级正职干部属于副地厅级行政级别的领导干部，一般由举办者地级市政府进行提名和任前考察，报由省级党委和省级政府任免，其他干部人事管理权则由地级市政府行使。故而，HBZY 人事处处长在访谈记录中这样说：

> 学校没有干部任免管理自主权，干部任命考核的权限在中共鹤壁市委组织部。

2. 教师管理体制及隶属关系影响

事业单位干部人事管理制度经过改革，与政府机关公务员制度和企业干部人事制度相区别而趋于自成体系，高职院校用人自主权逐步落实和扩大。HBZY 人事处处长在访谈记录中谈及教师队伍现状时说：

> 学院在编教职工共有 610 人，专业技术人才 583 人，其中专任教师360 人，具有高、中、初级职称的人数分别为 196 人（其中正高 36人）、320 人、67 人，分别占专业技术人才总数的 33%、54%、11%。有中级以上专业技术职称同时具有行业职业资格的"双师素质"教师180 人，占专任教师总数的 50%。

HBZY 人事处处长在访谈记录中也谈及教师数量不足问题以及目前的应对措施：

> 学校目前师资总量不足，缺口较大，师生比为 1∶33，暂时没有实施聘任制。编制外人员分为学院招聘和外聘教师两类，其中学院招聘的编制外人员包括原则上与在编人员享受同样待遇的人事代理教师 5 人和待遇低于人事代理人员的合同制辅导员 36 人。

3. 隶属关系归因

在国家政策执行过程中，政策执行主体组织或个人作为理性的经济人出于维护或扩大自身政治利益、经济利益的内在动因需要，倾向于采取敷衍、选择性执行、附加"土政策"、停滞或对抗等各种政策规避行为，降低政策执行对象的政策目标影响力，强化政策执行主体的自身利益，导致政策初始目标逐级缩小，政策效用呈边际递减的趋势。基于这一理论分析，地级市政府作为政策执行主体组织必然控制高职院校的用人自主权。教师职工编制、职称等人事事务，由地级市人力资源和社会保障部门代为严格掌握，以抵消高职院校作为政策执行对象的政策影响力。由于政策规避现象的存在和蔓延，即使市属高职院校和省属高职院校同为一省同级事业单位，但市属高职院校的人事管理权一般不如省属高职院校来得充足。

HBZY人事处处长在访谈记录中谈及该校教师管理自主权不足以及现有隶属关系对教师管理的影响时说：

> 学校在人事管理方面基本没有办学自主权，进人指标和职称指标严格执行鹤壁市人社局批复下发的指标，招聘、职称数量和结构比例完全按照上级规定执行。学校会尽量争取与鹤壁市（人民）政府沟通协调适应。我们也在积极努力争取升本，但升本对师资状况有明确要求，我们希望争取到（鹤壁）市（人民）政府对学院最大程度的支持。

HBZY教务处处长2017年7月6日向笔者反馈的文字访谈记录中同样谈及现有隶属关系下干部人事管理体制受到的影响：

> 隶属关系对一个学校的影响最大的是人和财。由于我校是鹤壁市唯一的一所公办院校，市政府给予了较多的办学自主权，但是在干部任命、引进人才、评定职称等方面自主权会受到一定的限制。

HBZY人事处处长在访谈记录中谈及不同隶属关系对高职院校的不同影响时说：

> 假如可以选择行政主管部门，我们会选择（河南省）教育厅为行政主管部门，改为省属高校后更好。（在现有隶属关系下）因为地域原因和待遇原因，（学院）引进人才和留住人才方面存在不足之处。（即使改为）其他两种隶属关系之一（笔者按：指省级行业厅局、国有企业），学院在提高教师待遇、引进和留住人才方面也会面临困境，给教学工作带来困扰。

（二）隶属关系对地级市政府举办高职院校财政拨款管理体制的影响

按照高职教育"谁举办，谁出资，谁管理"的隶属关系原则和省以下财政分权体制，地级市政府举办的市属高职院校主要由地级市承担财政供养责任，地级市政府财政部门向市属高职院校直接拨付财政经费。

HBZY 财务处处长就该校财政拨款管理体制以及受到所隶属的鹤壁市人民政府影响的问题，2017 年 8 月 8 日通过网络社交工具 QQ 向笔者反馈相关情况。

1. 财政拨款管理体制

一段时期以来，"唯 GDP 论"的地方政府官员考核晋升机制导致一些地方的地级市社会发展政策关注经济增长率等短期显性"硬指标"，轻视高职教育投入等长期隐性"软指标"。高职教育所具有的正外部性的受益范围外溢特点以及地级市之间的横向经济竞争阻碍欠发达地区加大财政投入提高高职院校社会服务能力的政治意愿。欠发达地区高职院校毕业生主要留在当地就业，但也有部分毕业生流往发达地区就业，使欠发达地区政府对高职院校投入的部分财政经费趋于直接无效，而获得收益的发达地区并不给予对等补偿。所以，欠发达地区具有削减对所举办高职院校财政投入的内在动力，意图控制和保证高职院校面向内部提供当地收益。HBZY 财务处处长在访谈记录中谈及该校财政拨款受到隶属关系影响所存在的充足性不足的问题时说：

> 我院为市属院校，中央和省级下拨资金有限，需要（鹤壁市财政局）加大经费投入。

HSZY 教务处处长在文字访谈记录中，也曾谈到隶属关系对地级市政府举办的高职院校财政拨款管理体制的影响：

> 相比来说，地市院校在财政投入方面是不平衡的。

HNZY 财务处处长在 2018 年 9 月 10 日与笔者的访谈中，也谈及地级市政府举办的高职院校存在财政拨款充足性问题：

> 地方性高职院校，甚至一些地方性大学，不是省管的，经费有时候

就保障不了，因为它要吃地方财政。比如济源职业技术学院，由济源市（人民）政府给它拨经费。因为地方政府没有那么多钱，它的生均经费很难达到1.2万元。

2. 财政拨款运行机制

改革开放以后，国家实行"条块结合，以块为主"的方针，既实行中央向省级政府适度分权，也在省级政府、地级市政府之间进行适度分权，以财政分权作为激发地级市推动经济发展积极性的手段，但财权小于事权的责任配置规则抑制着地级市发展公共服务的主动性。HBZY财务处处长在访谈记录中谈及该校财政拨款管理体制反映省地财政分权以及事权与财权匹配现状时说：

> 办学经费以市级财政下拨为主，主要由鹤壁市财政局通过国库集中支付管理系统下拨给学院。办学经费和其他项目经费，是由鹤壁市财政局教育事业科下拨至学院。下拨准时，不需要周期性地到各个部门联系（疏通）。

3. 隶属关系归因

省级政府主导地方官员政治晋升竞争机制、事权大于财权的省地政府财政分权体制、高职教育正外部性特点、地级市之间的经济竞争等多种因素综合作用的结果是，地级市政府无意提升对高职院校的财政努力程度，使地级市之间的经济发展水平不均衡格局演化为差异化的市属高职院校之间、市属高职院校与其他隶属关系高职院校之间的财政投入结构。因此，HBZY的干部对该校的隶属关系"见异思迁"毫不奇怪。HBZY教务处处长于2017年7月6日向笔者反馈的文字访谈记录中，从办学经费角度谈及对该校隶属关系变革的设想：

> 从职业教育的属性来说，隶属于省级政府，办成省属学校更好。这样，专项资金会更多。

HBZY财务处处长在访谈记录中从高职院校财政拨款管理体制角度谈及对该校隶属关系变革的同样设想：

> 我院如有可能改为省属学校，由（河南）省财政（厅）拨款更好。
> （因为）我们认为（河南）省财政（厅）会拨给更多经费。

（三）隶属关系对地级市政府举办的高职院校教学运行管理体制的影响

地级市政府举办的高职院校对外与其他隶属关系高职院校一同接受省级教育统筹管理，外部由省级教育部门及其各业务处室进行教育教学业务宏观指导，内部建立校长（分管副校长）—职能部门（教务处）—各二级院系—各教研室和实训室四级教学组织体系，组成内外结合、总分结合的教学运行管理体制。2017年7月6日HBZY教务处处长就该校教学运行管理体制以及受到所隶属的鹤壁市人民政府影响的问题，通过网络社交工具QQ向笔者反馈相关情况，其中谈及教学运行管理体制现状时说：

> 在教学业务方面，学校受（河南省）教育厅的直接指导。市政府只是宏观管理，不对业务作具体指导；在教学业务上，学校与（鹤壁）市教育局几乎没有关系。

在高职院校内部教学运行管理体制中，采取本土化取向消化所在地的应用型人才需求和科技文化需求，按照教学资源充分共享利用的原则，主要以社会职业技术工作领域（或者职业技术岗位群）为划分依据，设置具有教学、行政等权责的二级院系以及分支等教学与研究机构。该校教务处处长在访谈记录中谈及教学建设及受隶属关系影响时说：

> 隶属关系对教学本身影响不大。从教学方面考虑，选择省级教育厅局（比省级行业部门、国有企业）会更好一些。隶属地市级政府，对我们学校来说，最大的优势是作为鹤壁市的"独生子"，市政府关注度高；最大的问题是因为是"独生子"，所以，市政府只能将高校和其他机关事业单位一样管理，不会关注高校的独特性。

四、国有企业举办的高职院校办学事项体制机制解析

笔者选择YCZY作为国有企业举办的高职院校的代表院校进行案例研究。该校得名于驻地河南省永城市（县级市），但与永城市人民政府没有隶

属关系。该校原由统辖永城市的地级市商丘市人民政府独家举办和管理，后改制为由河南省属国有独资企业河南能源化工集团有限公司、商丘市人民政府两方出资举办，河南能源化工集团有限公司为主办方、商丘市人民政府为协办方的股份制高职院校。由于企业出资的国有所有制性质没有发生改变，企业向该校认缴占比70%控股出资的所有制性质与另一出资方地级市政府的出资性质实际相同。因此，尽管采用混合形式的"企业＋政府"举办者出资结构，但该校资产仍属国有。尽管该校法律性质为事业单位法人，但由混合形式的举办者出资结构所决定，举办体制既不同于省级教育厅局、省级行业厅局、地级市政府等政府或者政府部门独资举办的高职院校，也不同于其他由国有企业独资举办的高职院校，而是兼有政府独资举办、国有企业独资举办两种体制的混合型特点，在各种隶属关系的高职院校中具有显著的典型性。

（一）隶属关系对国有企业举办的高职院校干部人事管理体制的影响

国有企业作为高职院校的主办方，必将在高职院校办学中张扬国有企业的本来意志。在市场经济体制下，国有企业的政治职能受到市场的压制和削弱，而国有企业的逐利本性与国民教育的公益属性存在内在矛盾，使支配性的企业利润最大化目标与根本性的学校教育公共性目标同体共生面临困难，企业管理的刚性绩效追求和学术自由的柔性内在逻辑产生根本冲突，导致"立足企业，服务地方"的高职院校办学定位不易和谐达成。2017年6月28日就YCZY干部人事管理体制以及受到所隶属的河南能源化工集团有限公司以及商丘市人民政府两者影响的问题，笔者在该校人事处处长办公室对该校人事处处长进行现场访谈。以下将干部人事管理体制按照干部、教师分别进行分析。

1. 干部管理体制及隶属关系影响

根据2010年12月河南省人民政府印发的豫政文〔2010〕185号文件、2010年12月商丘市人民政府批准下发的商政文〔2010〕238号文件、2016年3月24日河南省教育厅核准的教政法〔2016〕171号文件，YCZY内部领导体制（法人内部治理结构）实行董事会领导下的校长负责制，董事会是最高决策机构，董事长是该校的法定代表人，由河南能源化工集团有限公司委派的董事担任。2017年6月28日就YCZY干部管理体制以及受到主办方河南能源化工集团有限公司影响的问题，笔者对该校人事处处长进行现场访谈。该校人事处处长在访谈中这样说：

干部的任免、考核管理权限问题，受隶属关系影响较深。因企业出资多，所以企业派出人员担任董事长，兼任学校党委书记。现学院董事长、党委书记即由企业派出。他主动辞去企业职务，自愿放弃 100 万元企业年薪，全职担任学校领导职务，领取 1 万元月薪。企业派出的副职学院领导因为担心全职归入学校后，收入将会大为降低，所以都退回企业，不再担任学校职务。

政府倾向于从自身系统选任现职正处级行政干部经提升职务进入所隶属的高职院校担任副地厅级行政级别的主要领导干部。根据 2010 年 12 月河南省人民政府印发的豫政文〔2010〕185 号文件、2010 年 12 月商丘市人民政府批准下发的商政文〔2010〕238 号文件、2016 年 3 月 24 日河南省教育厅核准的教政法〔2016〕171 号文件规定，YCZY 的校长由协办方商丘市人民政府推荐或公开选聘后，由该校董事会聘任。由于 YCZY 地处远离区域政治中心商丘市的县级市永城市，所以副地厅级行政级别的校长职位并非商丘市现职正处级行政干部升职的"热门"竞争目标。该校人事处处长在访谈中谈及干部管理体制以及受到协办方商丘市人民政府影响的问题时说：

商丘市人民政府负责委派院长、副校级领导干部。最近几年派来的院长上任时多数都年届退休，难以提出学院长期规划。所以学校发展目标一直不明晰，一直处在摇摆之中。

2. 教师管理体制及隶属关系影响

国有企业在推行现代企业制度的进程中逐步确立维护和扩大出资者利益为核心的法人治理结构，国有企业与职工的劳动行政关系经过全国范围的多轮改革使职工失去企业"主人翁"的政治身份，转而成为拥有劳动力生产要素经受市场机制调节配置的国家资本雇佣的个体劳动者，经济权益遭受侵蚀导致生活水平相对下降。人事管理方面实行的企业化方式在该校引发教师对职业安全感的担忧，导致原有教师队伍的流失。该校人事处处长在访谈中谈及教师管理体制以及受到主办方河南能源化工集团有限公司影响的问题时说：

最近几年教师流失 30 多人。只引进 2 名硕士研究生，主要解决职工子女就业问题。（新录用）8人按企业人员管理，未办理事业编制手续，待遇由学校解决，标准与编制内人员一致。

商丘市人民政府对 YCZY 采取事业单位的人事管理办法，体现出该校虽属国有企业主办、地级市政府协办的高职院校，但与地级市政府单独举办的高职院校同样，人事管理事务也受到所隶属的地级市政府严密控制。该校人事处处长在访谈中谈及教师管理体制以及受到协办方商丘市人民政府影响的问题时说：

> 学院事业编制由商丘市人事局直管，进人指标只减不增，无法引进人才。（河南）省能源化工集团（有限公司。笔者按：指主办方）并不（提供指导加强）管理。目前教师总人数 312 人，职称结构合理，1 个正教授、32 个副教授，学科专业以教育学类为主，专业课教师偏少，学历结构以本科为主，学缘、学位结构没有多样化。编制内教师职称政策宽松、评聘指标问题不大。

3. 隶属关系归因

YCZY 教师管理体制一方面在实行"新人新办法"，表明主办方企业化管理方式的强力影响已经彰显，另一方面也在实行"老人老办法"，又折射出对教师职工中普遍存在的对事业单位人事管理体制的传统做法的心理认同感甚或是怀旧心理的回应。因此，目前的 YCZY 教师管理体制尚处在定型之前的过渡期，未能从两种管理办法的"两张皮"状况走向有机融合，尚未取得理想的效能。该校人事处处长在访谈中谈及干部人事管理体制以及未来可能的隶属关系走向问题：

> 假设完全归入企业管理，就像平顶山工业职业技术学院一样，可以拉开在职教职工的收入档次，优劳优得（从而调动教职工的工作积极性）。但是按照眼下的（企业职工退休）国家制度，教职工退休之后待遇较低。所以教职工不愿意学校再继续由企业主管，免得自己退休时拿到较低的企业职工退休待遇。希望学校归入商丘市（人民）政府管理，使教师职业、工作、退休有保障。
>
> 前不久（河南省）能源化工集团（有限公司）、商丘市（人民）政府联合进校调研学校的归属问题。职工们倾向于归入商丘市（人民）政

府。但（学院驻地）永城市（人民）政府也承诺划给学校大块土地建设新校区，希望学校归入永城市（人民）政府管辖。学校的未来归属尚待商丘市（人民）政府、（河南省）能源化工集团（有限公司）共同商定。

（二）隶属关系对国有企业举办的高职院校经费投资管理体制的影响

按照"谁举办，谁出资，谁管理"的隶属关系原则，国有企业举办高职院校由国有企业财务部门向隶属高职院校拨付办学经费。YCZY办学经费由主办方河南能源化工集团有限公司财务部门、协办方商丘市人民政府财政部门按各自认缴出资比例分别拨付。

2017年6月28日就YCZY经费投资管理体制以及受到所隶属的河南能源化工集团有限公司、商丘市人民政府影响的问题，笔者在该校人事处处长办公室对该校财务处处长进行深度访谈。

1. 经费投资管理体制

改制之后，YCZY办学经费来源为主办方河南能源化工集团有限公司和协办方商丘市人民政府在联合办学协议中承诺的按比例认缴的出资以及其他事业收入。2016年3月24日河南省教育厅核准的教政法〔2016〕171号文件第四条规定："河南能源拥有YCZY70％的股权，商丘市人民政府拥有YCZY30％的股权。股东以各自认缴的出资额对学院承担责任，按各自实缴的出资比例分享合理回报。"主办方河南能源化工集团有限公司在入主办学之初，采用直接投资的形式，以购买土地为建设新校区做准备的方式向该校注入资金5.1亿元，意图加强硬件建设，改善办学条件。但是在随后的办学过程中，该校对主办方投资的土地没有善加利用，主办方的意图没有落实。该校财务处处长在访谈中谈及经费投资管理体制以及受到隶属关系影响的问题时说：

学校2011年（由主办方）注入5.1亿元资金购买（土地准备用于建设）新校区，属于学校资产，至今土地抛荒，白白浪费。

商丘市（人民）政府提供人头费，（学校提出）有别的（经费）需求均以"你校已经由企业主管，你们问企业要"为理由答复；企业资金均由集团下属财务公司总控，（学校使用）也非常不便，并不像外面想象的那样能够自由使用。

2. 经费投资运行机制

在改制之前，YCZY 隶属于商丘市人民政府，为地级市政府举办高职院校。在 21 世纪前后全国进行高等教育管理体制变革和中央政府力推高等教育大众化加剧高等教育竞争的过程中，YCZY 因地处偏僻而生源锐减，陷入经费紧张的办学困境，于是主动与同驻永城的河南能源化工集团有限公司洽谈合作，寻求将学校改制，以便走上新生之路。该校财务处处长在访谈中谈及改制之前的经费投资运行机制时说：

> 在过去隶属于商丘市人民政府时期，办学经费是从商丘市财政局下拨，永城市财政局每年拨款 200 万元。从归属企业主管以后，永城市财政局原每年 200 万元的拨款不再划拨。

在改制之后，由于主办方没有继续向该校追加办学投资，协办方也坚持按照规定股权比例之内的出资义务履行联合办学协议拨付办学经费，使该校目前面临的财政困局远甚于引企入校改制之前时期。该校财务处处长在访谈中以绩效工资制度的推行为例谈及改制之后所处的办学经费紧张局面：

> 实行绩效工资制度以后，内部收入分配只能发超课时津贴，未（充分）体现多劳多得，大家没有工作积极性。

3. 隶属关系归因

河南能源化工集团有限公司主办 YCZY，首先是国有企业作为公有制经济载体反映社会主义国家意志承担经济主导任务和发挥道德表率作用，体现国有企业的公益属性和承担政治职能的自觉履行社会责任的行为。其次，根据溯源于美国学者马克 S. 施瓦茨于 1999 年提出的企业社会责任动力因素理论，河南能源化工集团有限公司主办 YCZY 是受到社会压力促动政府管制等外来动力以及经济、道德两种内部动力组合构成动力机制的共同作用，自觉履行企业社会责任的行为。在市场机制被鼓吹到"神化"地步的当代中国，国有企业的逐利性被彰显膨胀，应有的社会责任意识遭到淹没，自愿履行社会责任的选项被企业排在末位，举办高职院校的持续追加投资显得"不情不愿"。

HSZY 教务处处长在访谈中谈及国有企业办学经费不稳定和不充足的隶属关系归因：

  相比来说，省级主管（高职）院校（办学经费）比较稳定，行业、企业以及地市（高职）院校，在财政投入方面是不平衡的。（因为）企业所属（高职）院校（的办学经费）是与企业效益相挂钩的。

HNZY 财务处处长在访谈中，也谈及国有企业举办高职院校存在办学经费是否充足的问题：

  像平顶山这个（笔者按：指平顶山工业职业技术学院），（国家要求生均经费达到 1.2 万元），它也达不到。

（三）隶属关系对国有企业举办的高职院校教学运行管理体制的影响

  在社会系统中，国有企业和高职院校由于社会职能不同而分属不同的子系统且各自遵循不同的运转逻辑。国有企业处在经济系统中，属于逐利性的经济组织。高职院校处在第三部门（教育系统），属于公益性的事业组织。国有企业的生产经营计划服从于复杂多变的市场需求，在供大于求的中国劳动力市场条件下具有充足的挑选用工自由，缺乏与高职院校合作培养自用人才的内驱动力。高职院校的人才培养长周期与国有企业生产经营短周期不能同步，国有企业接纳高职院校的技术技能"生手"学生编排实习实训任务必然干扰正常的生产经营秩序。因此，囿于营利本性和优越的劳动力市场雇主地位，以及不易换取与举办或者参与所作投入等值的预期利益，国有企业对于举办高职院校或者参与高职教育通常缺乏主动性、积极性。

2017 年 6 月 28 日就 YCZY 教学运行管理体制以及受到主办方河南能源化工集团有限公司影响的问题，笔者在该校人事处处长办公室对该校教务处处长进行深度访谈。该校教务处处长在访谈中谈及国有企业作为主办方对教学的影响时说：

  职业院校教学要求校企合作能够做实。曹书记在兼任永煤集团（笔者按：指永城煤电集团有限责任公司。该集团为 YCZY 主办方的下属实体企业）董事长、学院董事长时期，学院可享受企业派来副院级干部、去企业实习实训等（便利）。曹书记不再兼任企业职务后，企业派来的干部撤回，学院实习实训也没那么容易安排到企业去。归属企业主管以后，对教学建设并没有太多实际帮助，没有真正实现专业对接产业、课程对接职业标准、实训对接项目的"三个对接"，与其他行政主管部门主管的（高职）院校相比，没有特殊性（笔者按：指优越性）。

第三节　隶属关系对高职院校办学的影响机理

一、隶属关系对高职院校办学的影响分析

本节将总结四种隶属关系影响高职院校办学事项的体制机制，剖析隶属关系影响的归因和机理，揭示高职教育举办体制问题的哲学依据。

通过对四个案例中的高职院校的内部访谈发现，隶属关系对干部人事、财政拨款和教学运行等高职院校办学事项的影响至为深远。在不同的隶属关系下，各高职院校办学事项的举办体制、管理体制表面看似差异，其实管理机制趋同。省域高职院校系统内隐的中心边缘结构外显为高职院校之间递减的资源获取能力排序和资源配置存量结构，综合呈现不同隶属关系的高职院校办学水平上的显著差距。

在干部人事事务方面，不论属于何种隶属关系，即使高职院校的校长和党委书记均由省委组织部考察任命或者由省级人民政府任命，但不同举办主体的参与均能有效影响领导干部的选拔范围和推荐对象，加上校级副职党政领导干部由举办主体负责直接考察任命，使各高职院校的干部人事事务不免凸显来自隶属关系的深刻"印记"。省级教育厅局主管的高职院校的校级党政领导干部大多由省级教育厅局主导，一般从省内普通本科高校的中层干部中选拔提任或由普通本科高校在任校级党政干部转任而来，或从高职院校内部的中层干部中选拔提任产生。省级行业厅局主管的高职院校的校级党政领导干部由省级行业厅局主导，主要从省级行业厅局机关本部的中层干部中选拔提任，少数从高职院校内部的中层干部中选拔提任产生。地级市政府举办的高职院校的校级党政领导干部由地级市政府主导，主要从地级市政府各职能部门机关的党政领导干部中选拔提任产生，少数从高职院校内部的中层干部中选拔提任产生。国有企业举办的高职院校的校级党政领导干部由国有企业主导，主要从国有企业本部的领导干部中选拔提任产生，少数从高职院校内部的中层干部中选拔提任产生。各隶属关系高职院校的校级党政领导干部主要来源于所从属的行政主管部门机关本部，少数来源于省内普通本科高校

或高职院校内部。不同来源的高职院校校级党政领导干部的教育理论和政策水平、教育领导能力与素质以及领导理念和精神状态各不相同，直接影响所任职的高职院校的办学思路和发展水平。

在财政拨款事务方面，在现有举办体制下，隶属关系直接决定高职院校的财政拨款来源渠道，间接影响高职院校的财政拨款额度，使高职院校因为隶属关系不同而获得差异化的财政支持力度，形成按照省级教育厅局、省级行业厅局、地级市政府、国有企业四种隶属关系的先后顺序呈现财政拨款额度从大到小持续下降的规律性走势。因此，居于后位顺序的其他三种隶属关系的案例高职院校都一致表现出将现行政主管部门变更由省级教育厅局主管的主观愿望。省级教育厅局主管高职院校和省级行业厅局主管高职院校尽管都由省级财政部门拨付办学经费，但是省级财政部门对高职院校的财政拨款政策因行政主管部门行业归口不同而有所差异，并不统一按照教育口省级拨款标准拨付办学经费，所以省属高职院校之间也因行业归口不同而使财政经费额度不一，体现出隶属关系对高职院校财政拨款所具有的基础性的和决定性的影响。地级市政府举办高职院校受所属地级市政府财政实力和地级市政府行政意志影响，高职院校之间来自所属地级市政府财政部门的财政经费额度既不统一，也不稳定。或许个别的地级市政府举办的高职院校财政拨款额度在少数年份会偶然地高于省属高职院校平均水平，但是大部分地级市政府受财政实力所限，对所举办高职院校的财政拨款额度低于省属高职院校平均水平。国有企业举办的高职院校从国有企业所获办学经费，受国有企业市场化经营状况的直接影响而缺乏稳定性和充足性。

在教学运行事务方面，省级教育厅局主管的高职院校受与省级教育厅局隶属关系的直接影响，但教学自主权的保障较为充分。其他三种隶属关系的高职院校类别在教育教学方面均实行双重领导体制，教育教学业务主要接受省级教育厅局的指导，与行政主管部门的隶属关系对教学运行的作用机制及效果显得比较隐蔽。

二、隶属关系影响的高职教育举办体制结构归因

上述的隶属关系影响，归因于高职院校体制差异与机制趋同并存，二者一体同构省域高职教育的"双层结构"系统。

体制是指组织结构形式中的组织主体及其职权关系，与管理一词连用称为管理体制，是静态的组织学概念。在不同的体制中，组织主体具有所在体制赋予的目标、层级、结构、职能、权力，组织主体之间由此派生行政隶属

关系、资源供需关系等互动准则。在项目体制下，高职院校因为所归入隶属关系类别的不同而在获得项目等级、院校数量和项目数量方面显现结构性差异，表明隶属关系对高职院校在获得和完成重点建设项目方面具有显著影响，隶属关系差异成为阻碍省域高职院校重点建设项目等办学资源公平配置的重要因素。本书第三章对若干国家级、省级高职院校建设计划项目立项单位的统计分析结果支持前述结论。在办学条件上，省域高职院校按照省级教育厅局、省级行业厅局、地级市政府、国有企业的顺序呈分类下降走势，表明高职院校的办学条件受到隶属关系的影响而存在类别差异。本书第四章对河南省域高职院校办学状态的隶属关系分类分析同样支持前述结论。进而言之，省域高职教育举办体制的结构性差异既是举办主体多元化政策的必然结果，也是对省级行业厅局代表社会经济行业产业利益主管高职院校以体现高职教育的职业属性（行业属性）的制度安排的回应。但是，省域高职教育举办体制系统内隐的结构性差异凸显高职院校受到的不同行政主管部门的不同约束，影响高职院校之间的办学条件公平，导致高职院校之间的办学效率存在差异。

　　机制是指组织主体之间依据职权关系而工作运行的物理过程，常与运行一词连用称为运行机制，是动态的组织学概念。在本书中，高职院校在办理干部人事、财政拨款、教学运行等事项时，按照行政规程取得政府行政主管部门审批同意的动态过程即所谓管理机制。在现实中，干部人事、财政拨款、教学运行作为高职院校的组织要素和核心工作，即使享有《教育法》和《高等教育法》等教育法律赋予的自主办理授权，却依然受控于行政主管部门及其行政规章。干部人事事务统一执行"党管干部"和"下管一级"的干部管理原则，高职院校的内部机构增减和人员进出按照编制管理机关核定的职级、数额进行报批和配备。财政拨款事务统一纳入政府财政预算体系管理和支付，实行标准统一、量力而行以及充分保障、绩效考核的原则。教育教学事务统一接受省级教育部门的政策指导，高职院校结合自身定位和条件，通过内部教学运行管理体制履行教学、科研和社会服务职能。综合而言，尽管不同高职院校的各自行政主管部门归属于不同的政府层级，行使不同的行政职能，但在中国都是单一制国家科层制政府体系中或者纵向或者横向的组成部分，遵循的是同一行政理念，奉行的是同一行政价值，所以在实质上具有同一性，因此在对各自隶属高职院校的各项办学事项上都实行同一尺度。在省域高职院校举办体制体系中，各隶属关系类别的高职院校干部人事、财政拨款、教学运行等事项的管理程序公开、审核标准统一，表明政府行政主管部门之间对各自隶属高职院校事务的管理机制趋于同化。如此管理机制的弊端在于，不易彰显行政主管部门的自适性，却又容易影响高职院校的自主性。

以上分析表明，体制是机制的上位概念，是机制的组织基础和逻辑前提，对机制所体现的运行方式、作用过程具有框架意义的规定性。机制是体制的工作模式，依附于体制而存在和活动，在运行梗阻妨碍使命的极端情况下方有可能触发体制改变。在省域高职教育事业发展进程中，体制差异与机制趋同二者构成"双层结构"共存一体，既互相依存，也彼此限制，构成省域高职教育举办体制系统的逻辑理路。

三、高职教育举办体制结构哲学分析

高职教育举办体制系统的结构问题，可抽象上升到体制差异性与机制趋同性的哲学内核矛盾，即高职教育举办体制结构的理论实质，以助理解。

在隶属关系影响的举办体制归因中，差异与趋同都是关系概念，理论源头可追溯到西方哲学史早期本体论哲学关注的"多"与"一"的关系问题。差异是指实体之间的不同即存在物"质料"的多样性，或谓之殊相。差异意味着实体分化为异质性状，使主体对象的丰富性得到拓展。所以差异性可谓存在物的异质性，也意味着主体选择的自由性。差异性导向多元论，表现为多元思想、政治分权与经济民主以及在共同体中使多数成员获利的善的目的与结果。趋同从同一性延伸而来。同一性是指具有差异性的实体之间共同具有的固有本质属性即"形式"，可谓同质性，或谓之共相。按照同一性，存在物具有始终恒定的本原目的，操纵着主体自身及其运动达成存在目的。同一性导致本质取向的一元论，表现为一元思想、政治专权和统制经济以及共同体整体受益的善的目的与结果。趋同以现实的差异性为前提，以同一性为旨归，使实体经由个体多样性抹杀外围的差异性，到达属性近似之后，最终走向总体一致。综合而言，差异展现被同一性涵摄的对象，意味着存在物的感性载体和具体表象，同一（趋同）以目的的方式体现出差异性的本质，规定着存在物的形式指称和理性抽象。差异分有和还原同一（趋同），同一（趋同）遮蔽和抽象差异，二者有机统一、辩证存在。

高职院校举办体制差异导致价值目标呈现多种样态。在 20 世纪 80 年代中期启动的教育体制改革进程中，中央政府将高等教育管理权限从中央下放到省级政府，同时将高等教育举办权下放到大中城市直到一般的地级市，由此高职教育举办体制从中央和省两级办学发展为中央和省、地级市三级办学，加上省域原有在新中国成立以后大量涌现的行业部门办学和国有企业办学，举办主体的类别和数量随之增加。高职院校举办体制从初始同一性到动态多样性的这一转变过程，与法国哲学家柏格森根据物质对象从"一"到"多"经历时空过渡所显现的多样性特点而使用的哲学概念"绵延"相符合。法国哲学家德里达甚至认为"延异"（即差异）是存在物的原初存在方式和生成运动中的时空延缓。俞吾金认为差异性将成为未来哲学研究的聚焦点。[①] 王坤对法国因兴起张扬差异性的后现代思潮而成为世界思想中心的阐述，形同对俞吾金前述主张的思想支持。[②] 按照对这些哲学观点的演绎，高职教育举办主体多元化政策合乎哲学上的差异性的内在要求，因此，高职院校举办体制的差异性、体制效率的差异性必然存在。鉴于总量资源的有限性，省域高职教育的体制差异导致主体之间产生资源和效率的竞争。在省域高职教育"生态"系统，因受生态位"竞争排斥"现象的影响，共生于其中的不同隶属关系下的高职院校将运作各自的资源攫取机制，巩固和扩大生态位所需资源营养与生存边界，提高组织效率和稳定教育产出。另外，如果采用效率作为价值标准对高职院校举办体制按照隶属关系进行分类衡量，差异性的体制之间将因效率高低而显出优劣之别。

高职院校核心事项的管理机制趋同将使高职教育作为公共物品的价值和实体形态都分而走向同一。按照同一性作为哲学本体论的首要和终极原则的理解，高职教育作为需求受众巨量性和供给质量无差别性的公共服务，在供应链系统视角下的供给主体、需求主体、供给过程等全部要素都要使自身符合同一性，还要彼此支持形成整体的同一性，如此则同一性贯彻供应链系统的时间始终和空间全域，最终实现公平价值目标的彻底性。在同一性的观照下，省域高职教育体系及其举办体制系统的具体表现如下：首先，高职教育由以公共性为第一属性的政府及其职能部门作为举办主体开办隶属关系各异的高职院校，应能减少高职教育供给的差异性，使所有的高职院校都能遵守办学条件的同一底线标准。其次，各举办主体都竭力履职，加大财政努力程度，使不同隶属关系下高职院校之间差异化的基本办学条件和监测办学条件的配置状况符合高职教育属性内涵的目标要求，使高职院校的办学条件在硬件方面逐渐达到个体优质化和整体均等化。最后，政府在供给过程中应通过

---

① 俞吾金. 差异性、偶然性和个体性——未来哲学的新的聚焦点［J］. 求是学刊，2001（5）：14.

② 王坤. 同一性之殇与差异性之痒［J］. 河南师范大学学报（哲学社会科学版），2013（5）：125.

推进高职教育办学事项管理机制的同质性，增强供给高职院校之间办学条件的一致性和办学状态的水平性，确保高职教育无差别的公共性。

省域高职教育体系的"双层结构"即举办体制的差异性和管理机制的趋同性在一定时期内是客观存在的。在省域高职教育体系中，举办体制的差异性及其"效率"价值的动力性实践效果彰显省域高职院校的异质性，管理机制的趋同性及其"公平"价值的目标性行动效果彰显省域高职院校的同质性，两者的同步协调将激发省域高职教育体系的活力促进省域高职教育体系走向和谐发展，两者的掣肘失调将抑制省域高职教育体系的潜力导致省域高职教育体系陷入紊乱萎缩。因此，省域高职教育举办体制系统要保持一定的差异性，使高职院校之间由于隶属关系的差异性而保有一定的竞争性，维持省域高职教育体系的活力。在省域高职院校每一个个体的效率和总体的效率经过提高，达到一定"高原"限度以至于省域高职院校相互之间的个体效率差异几近消失的时候，趋同的管理机制的作用或许因而彰显和进一步扩大，促使省域高职院校举办体制系统走向以减少差异性为导向的变革，最终实现同一性。

第六章　高职教育举办体制变革对策

在高职教育举办体制系统中，所谓的"体"即举办者、办学者两种主体，都是实体性的社会组织，所谓的"制"即两种主体之间的隶属关系、运营关系、管理关系等各种相互关系及其所依附的法律条规、政策准则等制度载体。在系统论和结构功能主义理论看来，各行政主管部门和高职院校构成省域高职教育系统的主体结构要素，具有各自相应的系统功能，不同的行政主管部门向从属的高职院校供应资源产生隶属关系下的资源输入公平问题，不同的高职院校从所隶属的行政主管部门获得资源存在隶属关系下的资源利用效率问题。在委托代理理论和产业供应链理论看来，具有隶属关系的行政主管部门和高职院校两者构成委托代理关系和资源供需关系，行政主管部门是处在主导地位的委托方、上游资源提供方，高职院校是处在被动地位的代理方、下游资源需求方。受制于以隶属关系为核心的高职教育举办体制和对行政主管部门的资源、路径的双重依赖，高职院校在自主办学和政府操控两者的合力作用下生成现实的办学状态。

鉴于隶属关系处在举办体制的核心地带，是举办体制的本质所在，本章将基于前述隶属关系对高职院校"压力应对型"组织系统结构各相关方面的影响及其机理的分析，进行高职教育举办体制系统变革对策研究。

第一节　高职教育举办体制基本评价

一、高职教育举办体制评价尺度

通过本书第二章到第四章对河南省公办高职院校"压力应对型"组织系统结构按照隶属关系分类分别进行的办学定位、重点建设项目和办学状态等三个方面的分析，笔者认为，在现行高职教育举办体制系统下，囿于隶属关系的差异性影响，高职院校在办学定位上，多数准确，少数偏失；在重点建设项目上，重大项目多在高隶属层级高职院校，反之亦然；在办学状态上，老校较强，新校偏弱。概括而言，高职院校的办学条件随着隶属政府层级高低而相应地有高有低，办学效率按照隶属政府部门与教育关联强弱而相应地有大有小，表明隶属关系对高职院校办学具有明显的影响，使高职院校的办学状态在办学条件和办学成果两方面都呈现出按照所从属行政主管部门与权力中心之间的位阶差异而相应变化的规律性特点，体现出现行举办体制系统支持下省域高职教育"效率"价值提升的同时并存着"公平"价值被削弱的倾向。

对省域高职教育举办体制系统可从合理性、合法性、现实性三个维度进行评价，以发现优势与不足。

合理性维度的内涵是，现行高职教育举办体制系统使举办主体能够以最小的财政投入和资源配置，引导办学主体根据区域产业结构调整专业设置、确定招生专业结构和规模、保证教学质量，使办学主体产出适量合格人才、科研成果和社会服务等。合理性维度要求办学主体的行为外在地具有合规律性、合规范性，举办主体的行为内在地具有合目的性、合逻辑性。合理性维度指向"效率优先、质量第一"的高职教育举办体制系统价值目标。

合法性维度即办学主体根据教育规律自主作出判定，而非受到行政外力的强制，曲意认可教育体制的正当性。换言之，合法性维度即高职教育举办体制系统的目标、内容等包含着高职院校之间不因隶属关系差异而自然享有普遍公平性。所以，合法性维度主要指向在价值系统中处于"兼顾"地位的省域高职教育举办体制系统的"公平"价值目标。在高职教育举办体制系统内，高职院校之间地位平等、机会均等、过程平等，薄弱高职院校能够逐步"补齐"落后于优势高职院校的办学条件，使省域高职院校个体之间的办学能力和办学水平能够摆脱差异性的隶属关系的制约，在内涵上达到事实上的平等。

现实性维度即高职教育举办体制系统合于时代需求和社会经济条件，具有成本充足性和实际可行性。在现阶段，结合省域经济社会发展战略和条件以及升级高职教育低水平现状的要求，现实性维度指向"效率优先，质量第一，兼顾公平"的高职教育举办体制价值系统。

合理性、合法性与现实性三者的关系是，办学主体在价值目标指引和条件支持下（合法性），按照教育规律实施合乎规范的办学行为（合理性），以实现高职教育举办体制的有效性（现实性）。

对照前述三个评价维度，审视现行省域高职教育举办体制系统，既有应予肯定的显著功绩，也有有待改进的制度空间。

二、高职教育举办体制基本评价

对省域高职教育举办体制的评价，从体制成效、功能问题两个方面展开。

（一）高职教育举办体制基本成效（2005—2015）

高职教育在 20 世纪 80 年代刚刚出现，即借国家进行宏观教育体制改革之机，在以政府办学为主、行业部门办学为基的高职教育举办体制多元化政策推动下，在全国各个地方，高职院校数量呈雨后春笋之势增长，高职教育规模实现跨越式发展，经过 21 世纪前后将近四十年的时间已经能够与普通高等教育平分天下。本书以 2005 年到 2015 年河南省高职教育举办体制运行概况为例分析说明省域的高职教育发展基本情况。

笔者在河南省教育厅官方网站公开发布的 2005[①]、2010[②] 和 2015[③] 三个年度的"河南省教育事业发展情况报告"中，分别摘取高职教育方面的高职院校数、招生人数、在校生人数和校均规模等四种数据，制成河南省高职教育事业发展情况对照表（2005、2010、2015 年度）（见表 6-1），用以呈现河南省 2005、2010、2015 年的高职教育举办体制运行总体概况。[④]

表 6-1　河南省高职教育事业发展情况对照表

（2005、2010、2015 年度）

年份	2005	2010	2015	前 5 年变动（%）	后 5 年变动（%）	10 年变动（%）
高职院校数（所）	55	62	77	+12.73	+24.19	+40
招生（人）	171400	267000	292000	+55.78	+9.36	+70.36
在校生（人）	462500	769500	771400	+66.38	+0.25	+66.79
各校在校生平均数（人）	5436	8557	7120	+57.41	-16.79	+30.98

① 河南省教育厅.2005 年全省教育事业发展统计［Z/OL］.（2005-10-17）［2018-09-24］.http：//www.haedu.gov.cn/2010/10/30/1379489970585.html.

② 河南省教育厅.河南省 2010 年教育事业发展情况统计通报［Z/OL］.（2013-03-09）［2018-09-24］.http：//www.haedu.gov.cn/2013/03/09/1379489968585.html.

③ 河南省教育厅.2015 年河南省教育事业发展统计公报［Z/OL］.（2016-05-16）［2018-09-24］.http：//www.haedu.gov.cn/2016/05/16/1463367388162.html.

④ 表 6-1 各年度数据一方面未区分统计公办高职院校和民办高职院校，另一方面也未区分统计高职院校和高专学校。与本书中其他数据仅限于独立设置的专科层次高职院校的统计口径有异。

"前 5 年变动（％）"栏目即 2005—2010 年的各组数据显示，2010 年比 2005 年增长势头最为强劲的指标是高职院校在校生人数，增长幅度高达 66.38％，招生人数、校均规模人数的增长幅度也都超过 50％。从国家高职教育政策动态分析，这一阶段省域高职教育发展态势较好，主要是三个因素发挥了关键作用：一是 1999 年起到报告年份为止，中央政府推行高等教育大众化政策，高职教育成为"扩招"政策受益最大的教育领域；二是 2000 年，中央政府将专科高校的招生计划编制权、设置审批权下放给省级政府，省级政府由于对省域高教的统筹管理权力加大，乘势在各省域大力推行"扩招"政策；三是有关省级政府根据省情自主出台政策支持高职教育发展。2008 年河南省人民政府启动实施"职业教育攻坚计划"，2009 年起与教育部共建"国家职业教育改革试验区"，其间推出建立多元化举办体制、推进职业教育集团化办学、实施省级示范性职业院校建设工程、省级职业教育实训基地建设工程等多项得力措施，助推河南省域高职教育大力发展。

"后 5 年变动（％）"栏目即 2010—2015 年的各组数据显示，2015 年比 2010 年增长势头放缓。根据这一时期的国家高职教育政策动态，河南省域高职教育发展态势较好主要是两个因素在发挥作用：一是面对中等职业教育需求低迷以及国家和区域经济社会发展状况要求职业教育层次高移的社会现实诉求，省级政府支持挖掘省域存量社会教育资源举办高职院校，鼓励社会力量举办高职院校发展民办高职教育，造成高职院校数增长幅度在四种数据中"一花独秀"，使高职教育举办体制得以持续形塑和功能释放；二是深受社会适龄人口数量下降或者流向其他教育形式的影响，加上高职教育资源存量挖掘殆尽，促使高职教育发展由配合经济、效率主导的规模型、外延型模式，升级为战略先导、绩效驱动的质量型、内涵型模式，输出类指标主导主参照系，规模类数据贡献力降低。

"10 年变动（％）"栏目即 2005—2015 年的各组数据显示，河南省域高职教育的高职院校数、招生人数、在校生人数等规模类数据增长强劲，其中最具冲击力的是招生人数，10 年里终端比始端增长幅度高达 70.36％。居于增长排行第二位的是在校生人数，增长幅度高达 66.79％。排在第三位的高职院校数增长幅度达到 40％。排行末位的校均规模项目增幅也在 30.98％。在全部数据和各个总分时段内，唯一呈负向增长的是校均规模，第二个 5 年里终端相比始端下降 16.79％。

通过以上对河南省 2005—2015 年高职教育发展的前后两个 5 年以及 10 年总体趋势方面的各年份节点数据对比发现，此间河南省域高职教育存在高职院校数量后发高走和校均规模陡然下降两个指标走向反差的现象，启示我们得出以下判断：一是"政府主导型"举办体制多元化改革加速推进，使高职教育的外延式增长模式得以持续，举办体制的"效率"价值在高职教育发展中持续彰显；二是校均规模呈现分时段先升后降的反常态势，表明举办体制多元化政策在高职院校之间正得其功，既让"井喷式"增长的社会高职教育需求随着高职院校数量的增加得以有序释放，也为高职院校在全面对冲招生压力的同时预留提升教学质量的空间。

综上所述，现行高职教育举办体制系统通过运行，使省域高职教育在不太长的历史时期顺利完成自身规模发展，能够基本满足省域、行业、地级市经济社会发展规划、产业转型升级和国有企业事业单位生产经营对高技术人才的数量质量要求，有效回应社会适龄人群接受高职教育的需求，教育教学业绩突出，社会服务职能彰显，表明现行高职教育举办体制符合合理性维度的要求，而且由于基本适应省域经济社会发展需要，也合乎现实性维度的要求。所以，对现行高职教育举办体制系统发展高职院校、服务经济社会进步之功，应在总体上予以充分肯定。

（二）高职教育举办体制功能问题

高职教育举办体制功能是指举办体制对高职院校实现系统目标所发挥的能力、作用，实质是举办体制价值理念的落实。高职教育举办体制功能的载体即各隶属关系高职院校的举办体制，功能目标即效率和公平价值，功能内容是保障高职教育发展。两种功能目标的条件和内涵是，效率目标即高职教育在从以数量、规模为主的发展模式转入以质量、内涵为主的发展模式的过程中，效率价值持续发挥作用，使省域高职教育不断进入新的发展状态；公平目标表现为高职院校之间的办学条件公平和办学水平公平。结构功能主义理论认为，结构决定功能，一定的结构必然具有一定的功能，功能对结构也有一定的反向要求，一定的功能要求配置一定的结构；结构之间如果出现矛盾将削弱整体功能，所以须先行解决结构问题，方能修复功能。反过来说，基本功能不变则结构也应相应基本保持不变，功能的演化将导致结构的变化，功能升级或重点转移必然要求结构进行相应的变革与之匹配。因此，省域高职教育举办体制的系统结构决定省域高职院校体系的功能状态和发展水平。

美国通用电气公司工程师 L. D. 迈尔斯 1947 年在《美国机械师》杂志

上公开发表《价值分析》一文创立的价值工程方法认为,[①] 产品功能与成本的比值即事物的价值,产品需耗费最低限度的资源成本以具备必要的功能,功能受制于资源成本而影响价值。资源成本的耗费不高,将弱化产品的功能,从而影响事物的价值。或将引起资源主体改变目标,抬高资源成本耗费量,增强产品的功能,提升事物的价值。高职教育举办体制功能目标的达成,取决于资源成本供给是否达到举办体制功能需要的程度。在省域高职教育体系中,处在以远离权力中心的行政主管部门为举办主体的弱隶属关系中的高职院校相对获益不多,因而资源成本耗费不高,办学实力将受到抑制甚或削减办学职能,压缩社会贡献,形同"产品功能弱化",以致循环造成该隶属关系类别高职院校数量减少,使"产品数量减少",成为省域高职教育体系中沉降的"洼地",整体下拉省域高职教育体系的"公平"价值水平,降低"省域高职教育举办体制系统"的产品价值;反之亦然。

综合以上两个方面的理论分析可知,影响高职教育举办体制功能的主要因素有体制结构、资源成本两大类。省域高职教育举办体制的问题相应地表现为体制结构上主体比例失衡、权力授受不均和资源成本上资源差异配置、政策福利失序问题。

1. 体制结构问题

主体比例失衡,影响教育保障能力和需求满足水平。主体比例失衡主要是指高职教育举办主体之间的举办能力及行使效果不均衡,导致按照举办主体分类的高职院校办学主体总量不足、内部结构比例失衡。举办主体在高职教育举办体制系统中处在主导地位。在省域高职教育的举办者、办学者中,除省级教育部门代表同级政府承办和直接管理一定数量的高职院校以外,省级行业厅局、地级市政府等非教育部门举办主体针对社会用人需求开发社会职能,依据省域规划的高职院校设置方案和量入为出的财政投资能力以及高职教育管理能力等政策和资源要求,按照行政主管部门与隶属高职院校之间"一对一"的原则要求设置高职院校,也有个别举办主体因存量教育资源充裕而举办多个高职院校即"一对多"的设置情形。目前,举办主体结构方面的主要问题是国有企业举办高职院校的动力减弱而未充分发挥举办主体职能,其中的缘由可用 L. D. 迈尔斯的价值工程方法理论予以解释。问题集中表现在两个方面:一是国有企业举办高职院校的数量在省域高职教育体系中

---

① Lawrence D. Miles. Techniques of Value Analysis and Engineering . 3rd Edition Eleanor Miles Walker, 1989.

总量占比过小，难当"重要办学主体"地位；二是国有企业参与高职教育的深度、广度普遍不足，不配既往和预期的"依靠力量"，阻碍高职教育实施深度的产教融合、校企合作和工学结合，成为制约高职教育质量和效率的关键"瓶颈"。

权力授予的有限，抑制高职院校自主意识和办学状态。举办者（行政主管部门）、办学者（高职院校）作为隶属关系的主体，双方在政治学意义上构成委托代理关系，分享国家教育权。举办者基于维持自身存在和发展的需要，采用控制领导干部、师资准入、财政经费等方式，运用政治权力、行政权力对高职院校及其教师的知识技能传播和发现活动进行扶持或限制等外部干预。高职院校作为学术组织，应当按照大学的逻辑奉行大学自治的原则，建立科层制行政体系应对复杂的社会环境，保障教师享用教研学术自由传承和发展知识技能履行社会责任。但是，当前全能领导型定位的政府管理主要依靠行政手段，对高职院校的干预过多过细，使高职院校只是享有形式上的事业单位法人自主权，无法充分行使办学自主权，主体性无法充分释放，基本职能发挥受到限制。进而言之，不同的行政主管部门受对高职教育规律的理解程度和对高职教育职能的重视程度的影响，在对隶属高职院校的管理上存在合目的性差异，使省域高职院校办学自主权凸显从权力中心外展渐次顺序递减的规律性的隶属关系"印记"。

2. 资源成本问题

"隶属"引流资源，形塑区校差异和体制差序。举办者（行政主管部门）、办学者（高职院校）作为隶属关系中的两个相对主体，二者在经济学意义上构成投资回报关系，各自分享财产所有权当中的处置权以及占有权、使用权和收益权。一些政府部门长期规避《教育法》第五十四条教育投入"以财政拨款为主"和《高等教育法》第六十条高等教育"以举办者投入为主、受教育者合理分担培养成本"的法定经费筹措机制条款对高职教育财政投入体制的适用性，实际执行由教育部、国家计委两个中央政府行政部门于前述两部法律通过和施行之后于 1999 年 1 月 11 日联合发布、法律位阶为行政部门规章的《教育部、国家计委关于印发〈试行按新的管理模式和运行机制举办高等职业技术教育的实施意见〉的通知》（教发〔1999〕2 号）中所作"教育事业费以学生缴费为主，政府补贴为辅"的行政决定。对应于高职院校的隶属关系，省域高职教育主要由省级政府（包括省级教育部门、省级行业厅局）、地级市政府、国有企业等分担高职院校的财政投入主体责任。近年来，尽管各级政府不断加大对高职教育的公共财政投入，但由于高职院校的基础先天薄弱，截至目前，高职教育财政投入在总量占比和内部结构上均显不足。一方面，高职教育财政投入总量过低。高职教育财政投入不仅在普通高等教育财政投入总量中占比偏低，而且与本科普通高等教育财政投入相比也差距显著。另一方面，在省域高职教育内部，由于各级各地方财政实力错落，各级地方财政部门对所属高职院校的财政努力程度也多有差异，使区际、校际高职教育财政投入呈现按照高职院校隶属关系类别结构而顺序失衡的规律性格局。在"效率"价值导向的项目制下，行政主管部门与所属高职院校组团竞逐项目态势复制行政体制位序影响的教育资源配置格局，稀释高职教育的公益属性和高教属性，有碍高职教育实现高效率发展和优质公平发展。

政策功效悖离，阻遏举办体制主体关系和运行效能。政策功效悖离是指各级政府各部门的相关高职教育管理者为响应国家和区域社会经济发展战略履行管理职能出台各层级、分部门、各领域高职教育政策，整体呈现"文本繁荣"之态，但是由于标准杂乱、内容笼统、执行疲软、监督缺位等原因，致使政策与实践脱节，价值目标空置、成效明显不足。省域高职教育管理政策方面存在的主要问题：一是在纵向的政府层级上，省级政府统筹职权没有完全落实到位，地级市政府统筹辖区高职院校于法无据，省、地两级政府之间的管理权限边界不明，尚未形成有效的现代化治理体系；二是在横向的政府部门职能分配上，多头管理、力量分散，影响举办体制系统的整体运行效能；三是行业企业支持和指导高职教育的体制机制不健全，无法发挥主体作用，难以推进产教融合和校企合作。出现以上三个问题的根本原因是高职教育的职业属性（行业属性）未能凸显，因而高职教育政策在议题、决定、执行和评估等政策过程各个环节遭遇价值矛盾、利益纷争等多重困扰，造成对高职教育发展的政策环境条件限制，使省域高职院校在办学定位、重点建设项目以及办学状态等方面拟制行政权力中心——边缘的体制位序，难以实现公平办学和效率发展。

总之，高职教育举办体制系统运转存在局部结构不调问题，按照隶属关系进行资源配置使省域高职院校发展格局整体有所失衡，多元主体举办高职院校的体制机制不能调谐达到同步发展，以至于高职教育的外部效率和内部效率均显不足，导致高职教育举办体制系统的整体功能部分受阻，有违举办体制多元化政策的价值目标初衷。因此，现行高职教育举办体制尚存有待完善之处，需要从合理性维度挖掘潜力，持续提升效率，同时也要在合法性维度施加力度，使高职教育达到高水平公平。

基于以上分析，笔者认为，现行高职教育举办体制系统的整体功能应予基本肯定，但存在一定的结构功能问题，需要进一步改革完善。

第二节　高职教育举办体制变革理论分析

一、高职教育举办体制变革理论基础

经济学上的制度变迁理论适用于本书。从利益视角讲，制度本质上是一种利益分配机制，制度变迁是社会主体之间进行利益再分配的手段。从演化论视角讲，制度变迁是指旧制度从长期量变（改革、改良）经过逐个的关键节点的过渡和积累，终至断裂促成质变（变革）出现新制度的周期性过程，这一过程在博弈论视角下呈现为均衡—非均衡—均衡的动态阶段结构。在制度变迁的历史过程中，新制度总是要在旧制度的历史性作用的影响下，沿着旧制度的原有路径惯性前进。旧制度的历史性作用主要表现为两种不同的影响，使制度变迁因而区分为路径依赖和"锁定"两种模式：一种制度变迁模式是，在制度运行初期，需要设置机构和支付成本，并使组织设施与制度环境适配，让制度借以运行和自我强化，并筛除和消解人们的其他制度选择，形成收益递增的良性循环，使制度的运行轨迹得以固化，形成制度的历史性路径。这就是制度变迁的路径依赖（Path-dependence）。另外一种制度变迁模式是，在制度运行中，如果受到竞争不充分、信息不对称、政治腐败等意识形态因素或文化因素的困扰，即使利益集团因赖以寄生而勉力撑持，但终归无法挽救经济的长期惯性衰退，也无力逆转制度困境，使制度陷入低效率循环以至于成为发展阻碍。这样低水平的制度自我维系称为制度变迁的路径"锁定"（lock-in）。在制度"锁定"状态下，除非受到外来强力反复冲击引致政府主导发生外生性制度变迁，或者由于内部矛盾爆发，导致组织诱导引起政权更迭出现内生性制度变迁，使得触动制度路径和结构改变，制度方能走出路径"闭锁"。不管经由什么模式，制度变迁作为一个历史过程，都要经历从量变到质变的螺旋式循环，在质变的关键节点上，各主体的利益达到普遍最大化，随后制度进入新质的量变过程。基于以上分析可知，制度的理想模式是外部、内部及其间的政治力量（权力）、经济利益（经费）进行对抗磨合，并与精神性的观念、意义、价值与文化等意识形态互为表里，融合相生，制度由此趋于均衡稳定。

制度变迁的理论中，路径依赖理论用以解释稳态社会演变的历史轨迹，

"锁定"理论用以解释社会剧变，均是从制度的产生和作用机制方面展示制度变迁理论的现实解释力，因而在社会科学各领域得到广泛的应用，具有对本书的适用性。

二、高职教育举办体制变革价值分析

在高职教育举办体制系统中，除"体"和"制"两者之外，还存在各主体共识共行的价值观，简称为"观"，主要是指高职教育举办体制变革理念。"体""制"和"观"三者的逻辑顺序是首先立"体"，完成举办主体和办学主体的设置；次则明"制"，明确举办主体与办学主体之间的相互关系，建立健全举办体制及其系统；先导是"观"，对"体""制"发生支配作用，统驭各种主体之间的复杂关系，引领主体彼此协调，使高职院校强"能"事"功"。

按照德国社会学家马克斯·韦伯的研究，组织理念属于价值合理性范畴，组织的举办体制属于工具合理性范畴。合理性含义之一是社会行动与组织理念一致或者不一致。如果社会行动纯粹出于信念，与组织理念一致，则社会行动获得合理性，此时组织理念对社会行动而言即价值，社会行动具有价值合理性。合理性含义之二是社会行动对目的有效或者无效。如果社会行动对目的有效，则社会行动具有合理性，此时社会行动对目的而言即工具或者手段，社会行动获得工具合理性。两者在社会实践领域体现为文化合理化、社会组织合理化。文化合理化表现为道德的正当性等，社会组织合理化表现为政府建立"获得最高程度的效率"的官僚体制。

高职教育组织理念即举办体制蕴含的行政价值，核心特性是道德。高职教育举办体制即达成组织理念的工具或者手段，核心特性即效率。举办体制与组织理念一致时，举办体制专注价值意义而忽视工具目的，在举办体制运行前后的初始组织理念和结果组织理念两者之间的价值同一，则举办体制获得价值合理性（实质合理性、主观合理性），具备道德正当性，实现文化合理化。举办体制对组织理念有效时，在举办体制运行后的结果举办体制与初始组织理念两者之间合乎同一性要求，举办体制因"获得最高效率"而成为实现组织理念的有效工具，获得工具合理性（形式合理性、客观合理性），实现社会组织合理化。

在不同的历史时期，受经济政治、科学技术、社会人口等多方面因素的综合影响，举办体制与组织理念会有不同，表明举办体制、组织理念具有历史性。不同时期的组织理念尽管保持着价值正当性和对象普惠性，但是彼此之间同时存在着事实上的差异性和继承性。从价值层面讲，如果举办体制与组织理念一致，在目的上能够实现组织理念，则举办体制获得正当性，反之则失去合法性；如果举办体制使管理对象普遍受益，即举办体制对组织理念有效，则举办体制凸显普惠性。从事实层面讲，组织理念之间的差异性反映举办体制在各个阶段的价值独特性，继承性呈现举办体制价值随时代变化而转移的逻辑统一性，使举办体制变革既"因时而变"以回应各个时代的核心价值，又能使主体结构保持稳定性，避免"革命性"震荡。

高职教育举办体制与组织理念均体现公共行政价值。在行政学发展史上，从经济学视角讲，传统公共行政学回应合理性诉求，强调政府的"市场化"，关注的是衡量政府管理自身质量的"效率""经济"两种工具理性价值，改革方向是更少的政府管理。从政治学视角讲，新公共行政学回应合法性诉求，"公平"进入价值体系的核心地带，政府回归"公共性"，目标是立足于分配正义而提供政府服务，改革指向是提供更多的政府服务。新公共管理学强调"公共性"要求的公共服务质量和"管理性"要求的公共部门绩效，尤其偏重"管理性"关注的绩效，凸显"民主＋效率"价值。美国学者乔治·弗雷德里克森认为公共行政应当同时具有"效率""经济"和"公平"三种核心价值。① 本书认为，鉴于"经济"价值意味着以定量投入获取最大收益，与"效率"价值的内涵有重合之处，应将"经济"价值纳入"效率"价值，使两者合二为一。"效率"价值具有手段性，最多具有阶段性的目的性，取向于主体之间取消整体上的差异性和不平等，可达到经济正义，有助于实现更高层次的公平。"公平"价值具有终极目的性，取向于主体之间内在的同一性和彼此平等，达到政治正义。综上所述，公共行政的基本价值即公平、效率。

在当前以隶属关系为核心建构的高职教育举办体制系统中，效率是举办主体追求的基本价值，公平是办学主体关注的基本价值，两者综合体现高职教育举办体制系统的"管理性"经济正义和"公共性"政治正义。

当前河南省域高职教育在地级市已经完成普及性布局，在效率目标方面已经实现数量发展、外延发展（即规模发展）的目的，初步实现低阶公平，但是高职教育整体质量水平和优质高职院校建设水平在国内并不靠前。因此，高职教育举办体制系统在未来的变革中，一是要在"效率"方面持续给

① 乔治·弗雷德里克森. 公共行政的精神（中文修订版）[M]. 张成福，刘霞，张璋，等译. 北京：中国人民大学出版社，2003：3-5.

力，加大投入，改进高职院校的办学效益，抬升省域高职教育整体绩效，彰显举办体制系统的效率价值；二是要在"质量"上加大力度，"锦上添花"塑造个体高职院校的优质办学能力，提升高职院校的办学质量，使高职教育实现质量发展、能力发展（即内涵发展）；三是在公平目标方面，首重高职教育的过程公平，按照不同类型高职院校的基础确定目标与任务，分步实现办学条件公平、办学水平公平，对薄弱高职院校坚持"托底"政策实行"雪中送炭"，以便在预期的时间节点消除教育投入的"马太效应"，在高职院校间均衡配置教育资源。

政府在高职教育举办体制系统变革的决策中，首先应当确定适合于当下社会环境的行政价值目标排序及其整体体系，然后编制和挑选备选政策方案，比较和明确各项备选政策方案的预期成本和可能后果，确定最为符合行政价值目标而且与资源成本相比社会收益最大化的方案作为正式的政策。综合而言，省域高职教育举办体制系统变革应以"效率"和"质量"为首要价值目标，以"公平"为远期和终极价值目标，将"效率优先，质量第一，兼顾公平"确定为现阶段的总体价值目标。

三、高职教育举办体制变革动力分析

举办体制属于制度范畴的概念。公共制度将为组织的发展、人的发展和社会系统运行乃至形成人、社会与自然环境的和谐关系聚焦公共伦理，设定行为边界，提供约束规则，形塑群体秩序。如果将制度理解为一个包括目标系统、规则系统、组织系统和设备系统四个子系统组成的系统整体，[①] 那么，举办体制系统属于高职教育制度系统整体当中由举办主体、办学主体和管理主体构成的组织系统，各类主体认同和执行对自身行为具有引导或限制功能的隶属关系规则、投资关系规则、管理关系规则等各种不同规则共同构成的规则系统，整合土地和校舍、教学设施设备、财政经费等构成设备系统，三个子系统在效率和公平价值目标构成的目标系统统合下构成省域高职教育系统整体。体制变革则是对高职教育组织系统部分的或者整体的变革。

体制变革的动力理论主要有自然演化和人为建构两种。新自由主义代表人物、英国经济学家弗里德利希·奥古斯特·冯·哈耶克主张社会制度自发

---

① 贺培育．制度学：走向文明与理性的必然审视［M］．长沙：湖南人民出版社，2004：17—22.

形成和进化。[①] 他以个人自由为理论起点，扩展提出新自由主义政治哲学，将自由竞争的市场机制推广应用到社会整体秩序，反对政府干预和经济计划，理论体系具有与实存"人化世界"规律相悖逆的内在矛盾和现实局限。就本书而言，在中国当前环境下，高职教育举办体制系统变革必然舍弃哈耶克主张的自然演化之路。

新制度经济学代表人物、美国经济学家道格拉斯·C．诺斯主张制度变迁是人类的理性自为。[②] 他认为制度变迁对经济发展具有决定性意义。制度变迁须具备国家行为、产权激励和意识形态三个基础性条件。首先，国家作为空间维度上处在宏观层次的社会组织单位负责制定合理的产权制度界定产权结构，决定产权主体之间以自由竞争和公平交易为基本准则的市场规则。其次，制度主体包括初级和次级行动团体等利益集团，是经济发展的关键和经济衰退的根源。初级行动团体即熊彼特所称政治的、经济的或军事的决策者和首创者等支配着制度变迁进程的"企业家"，次级行动团体即帮助"企业家"作出决策的政府机构等。再次，在资源稀缺环境中，主体产权具有竞争性和排他性，能在主体之间激励竞争，促进效率开展知识创新，从而推动经济增长。最后，意识形态作为制度的文化背景，为产权主体提供民族心理等非正式理念约束规则，维护或者批判与人们的经验事实相符或者相悖的道德伦理准则，在主体之间凝聚共识支持主流信仰体系拒绝"意义漂移"，从而阻碍或者促成制度变迁。制度变迁按照动力来源的不同，区分为由政府管制的外部动力发动的强制性制度变迁，由基层组织内部动力触动的诱致性制度变迁。基层组织为增加收益而实施各种可能导致诱致性制度变迁的努力行动，都是由于能动性的社会产权规则在发挥着根本性的决定作用和方向性的指引作用。所以，从根本上讲，制度变迁的动力不在基层组织内部，而是来自制度外部。在现实中，以政府管制为形式的政治势力博弈形成的主体矛盾和地位失衡、社会产权规则与利益分配不均造成的经济冲突，以及对观念控制的不满引发的思想解放或者蜕变，单独或者组合发挥作用都有可能打破制度稳态格局，促使制度环境出现裂缝，指引人们对社会经济道路进行变革抉择，走向新一轮制度变迁。

---

① 弗里德利希·冯·哈耶克．自由秩序原理［M］．邓正来，译．北京：生活·读书·新知三联书店，1997：82.

② 兰斯·E．戴维斯，道格拉斯·C．诺斯．制度变迁的理论：概念与原因［A］．罗纳德·H．科斯，等．财产权利与制度变迁——产权学派与新制度学派译文集［C］．刘守英，胡庄君，陈剑波，等译．上海：格致出版社，上海三联书店，上海人民出版社，2014：185-205.

制度变迁理论对高职教育举办体制变革的动力意义在于，精英集团将省域经济社会发展规划对高职教育发展的共识性要求凝聚生成"效率优先、质量第一、兼顾公平"的社会性意识形态，政府主导据以建立高职教育多元化举办体制系统，制定和监督高职院校执行"效率优先"的运行规则，高职院校在行政主管部门的强制性约束下以"质量第一"的理念按照教育规律自主办学，对于现有体制带给高职院校参与竞争的不利因素由政府托底尽量消除以保证"兼顾公平"，体制系统中的社会各方理性主动作为，协同行动推进高职教育举办体制系统运行和变革。

在本书中，行政主管部门秉持"效率"价值和社会组织合理化规则，构成路径依赖与强制性体制变迁的初始外部动力。不同隶属关系的高职院校秉持"优质＋公平"的自赋价值和文化合理化规则，在正式制度的框架内自主实施看似触碰但并不逾越体制边界的各种诱致性办学行为，构成资源依赖与诱致性体制变革的基层组织内部动力。体制变革的外部动力与内部动力从各自的源泉出发，在体制环境中会合，进行量的积累和持续博弈，在举办主体、办学主体等各种主体的能量、利益达到最大化的节点时，体制系统将在部分或整体层面发生质变，新体制由此进入向稳运行周期，开始从新量变到新质变的新一轮体制变迁循环。

第三节　高职教育举办体制变革目标与路径

省域高职教育举办体制变革的指导思想是，在高职教育属性的指引下，通过理论研究和实践探索，针对高职教育"双层结构"体系中存在的问题，从举办体制子系统、管理机制子系统分别着力，经过变革形成定型的河南特色高职教育举办体制系统模式，为理想的河南特色高职教育举办体制系统模式奠基。在确定定型的河南特色省域高职教育举办体制系统模式时，既要充分挖掘本国本省的优秀传统，以我为主，也要适当吸收国外域外先进经验，做到兼收并蓄，但要反对根据"西方中心论"或"社会趋同论"简单模仿炮制的西方"摹本"。

一、高职教育举办体制变革目标与路径

在当前阶段，针对省域高职教育"双层结构"系统中的高职教育举办体制子系统，要大力张扬高职教育的职业属性（行业属性），正视各种举办体制之间的差异性，发挥举办主体的主导作用，实行"外力拉动型"策略，促

进省域行业协会发挥对高职教育的指导作用。在变革中，要厘清举办体制子系统的"不变"与"变"，采取得力措施，达到高职教育举办体制系统变革目标。

（一）保持高职教育举办体制系统架构基本"不变"

在高职教育举办体制变革中，以下几个方面要在一定时期内坚持"不变"：

一是稳步推进高职教育举办主体多元化政策，继续释放社会各方面举办高职教育的积极性，做到省域总体贯彻"效率"价值目标，细部保障"公平"价值目标，落实"效率优先、质量第一、兼顾公平"的总体理念。

二是充分发挥省级行业厅局和地级市政府在发展高职教育中的重要作用，加大对隶属的薄弱高职院校的经费支持和规划指导的力度，彰显高职教育的职业属性（行业属性）和河南省域的地方特性。

三是在社会主义初级阶段的一定时期，保持现行高职教育举办体制系统的框架结构基本"不变"，一直到全面实现预期的"效率"价值目标为止。

（二）对高职教育举办体制架构进行"小变"

在高职教育举办体制变革中，在以下几个方面要力求有"变"：

一是放大职业属性（行业属性）对高职院校教育教学的"后台"奠基和"标准"支撑作用，努力消除现有举办体制系统所体现的高职教育职业属性（行业属性）不够显明的"短板"。省级政府统筹制定和实行倾斜政策培育和发展省域行业协会，由行业主导教学标准，加强行业指导办学。省级行业厅局负责审批设立行业职业资格，省域行业协会负责制定和监督实施行业职业资格标准、考核颁发行业职业资格证书，高职院校负责组织招生和实施文化课与专业理论课的教育教学并考核颁发学业（学历学位）证书。省级教育部门将国有企业和民营企业其中的经过考核者认定为教育企业，这些教育企业组成实践教学支持系统，负责配合省域行业协会实施行业职业资格考核，支持高职院校制定教学文件，按照教学文件组织实施实训教学。

二是在重点建设项目竞争和建设中取消行政主管部门的不当干预，不同隶属关系高职院校都要聚焦办学定位制定发展战略，以加强内涵建设、保障教育教学质量、提升办学能力和办学水平为要务，提升内部办学效率，优化办学状态。

三是探索"下沉"省域高职院校举办主体的行政层级，鼓励经济发达县域根据法律法规设置高职院校，拉近高职教育与社会经济"脉动"和居民教育需求的距离。

至此，本书在"绪论"部分"一、问题的提出与研究意义"和"三、文献综述"中"高职院校举办体制变革走向现有研究评价与问题再聚焦"两处所作设问，在这里给出了答案。①

二、高职院校管理机制变革目标与路径

根据省域高职教育举办体制变革指导思想的要求，省域高职教育"双层结构"系统中的高职院校管理机制子系统应力行高职教育的高教属性，形塑由办学主体主导的"内驱自适型"的模式，使高职院校成为完整意义上的学术自治主体。行政主管部门摒弃"管理"观念，以服务为主要工作理念，消解隶属关系的不当影响，支持高职院校管理机制从趋同性发展为同一性，努力实现教育过程公平。经过变革，高职院校实现学术自治。省级教育部门负责制订和监督实施省域高职教育事业发展规划，第三方组织实施绩效评估为政府部门匹配高职院校的干部教师、财政拨款等资源提供依据，高职院校按照事业单位法人自负其责的法理自主安排干部教师、财政拨款、教学运行等办学事项，在优质发展成为普遍现实的前提下，鼓励高职院校追求卓越发展，帮助学生达到人人学业优质、整体成就卓越。

一是在高职院校干部人事事项方面，在任职条件上，要按照"教育家"和"政治家"的"双家"标准选配和管理校级党政领导干部，保证和提高校级党政领导干部的办学治校能力，按照与在校生规模相适应的数量要求和资质标准落实师资编制配备；在任用程序上，中共省级党委组织部门、省级人力资源和社会保障部门行使政治权力或行政权力时要适度引入竞争机制，改革推行领导干部公开选拔与教师职工统一招考录用等人事制度，抵制"黑箱操作"，确保领导干部和教职工的整体胜任率和个体优质化。

二是在高职院校财政拨款事项方面，中央和省级政府联合督促落实2014年提出的高职院校生均财政拨款绩效考核制度，加大对经济欠发达地区高职教育、薄弱高职院校的财政支持力度，逐步消灭由隶属关系差异造成的高职院校财政经费"级差"格局，并保证行政主管部门和高职院校科学调度财政拨款，充分发挥经费效能。

---

① 笔者注意到《广州日报》关于《广东9校成建制划转省教育厅管理》的新闻报道以及广东省政府的相关做法，与本书研究结论不符，有待于开展省际比较进行深入研究。该新闻报道详见：徐静.广东9校成建制划转省教育厅管理［N/OL］.广州日报，2018－12－20［2019－03－20］.http：//gd.people.com.cn/GB/n2/2018/1220/c123932－32431272.html.

　　三是在高职院校教学运行事项方面，省级教育部门统筹实施高职院校人才培养状态数据平台年度更新、公开发布高职院校年度质量报告和教学质量诊断改进等教学质量监控管理措施，形塑基于第三方认证的专业教育教学模式，高职院校要结合所隶属行政主管部门要求和自身发展定位以及资源结构自主安排专业设置和调整、课程体系和教学实施计划、校企合作育人等教学事务，各自发力推动省域高职教育整体走向高效、优质、公平。

　　按照上述思路进行省域高职教育"双层结构"系统变革以后，河南省域高职教育体系将以"效率"为主导价值经过长期的符合高职教育规律的发展，在未来的一个时间节点上，省域高职院校的总体办学效率和个体办学效率将达到全国一流地位甚至世界先进水平。接下来，河南省域高职教育体系的价值目标将实现转换。在举办体制系统层面，"公平"将成为优先价值，"效率"价值将退居次要地位，这种价值系统安排将一直运行到走完教育过程公平阶段，并在教育结果公平阶段通过对个人层面的"后进学习者"进行补偿而持续作用；在高职院校个体层面，主导价值将由"公平"向"效率"转换。河南特色省域高职教育举办体制系统的理想状态是，高职院校取消隶属关系差异，由省级政府统配办学资源；省级教育部门、省级行业厅局、省域行业协会、高职院校、教育企业五类主体共同构成河南省域高职教育的组织体系。届时，河南省域高职院校全部改由省级政府直隶，省级政府相关职能部门根据高职院校的办学需要统一配置干部人事、财政拨款等教育资源，改变根据隶属关系进行差异性教育资源配置的原有分配格局，消除原有举办体制系统对高职院校办学的差异性影响。在通过省级行业厅局和省域行业协会加强行业指导使高职教育的职业属性（行业属性）得到外在保障的前提下，高职院校根据法律法规自主合理安排干部人事、财政拨款和教学运行等办学事项，达到管理机制的同一性，彰显高教属性，实现完整意义上的"大学自治"。地级市政府、国有企业由于对所举办的高职院校的支持存在难以消灭的差异而退出举办主体序列，不再充当高职院校的举办主体，但可根据需要采用项目方式提供资源支持由高职院校设置专业或者课程。

结 束 语

一、本书的创新点

本书具有以下创新点：

省域高职教育举办体制系统内在地接受和反映高职教育属性的约束。职业属性（行业属性）和高教属性是高职教育的本有属性。高职教育属性规定着省域高职教育举办体制系统的结构特征。

受隶属关系影响，省域不同高职院校获取教育资源的能力和结果不同，使各高职院校呈现不同的办学状态和办学水平，导致高职院校之间产生带有"隶属关系"印记的办学效率差异，催生省域高职教育举办体制系统的公平性问题。

受隶属关系影响，省域高职院校整体既呈现组织趋异的体制性特点，同时呈现组织趋同的机制性特点，使省域高职教育体系表现为内嵌的由高职教育举办体制子系统和高职院校管理机制子系统组成的"双层结构"系统。省域高职教育体系内隐的系统结构特征逻辑地预示着省域高职院校的公平与效率状况。

高职教育举办体制系统应从制度变迁理论寻求变革动力，树立"效率优先、质量第一、兼顾公平"的总体价值理念，理清高职教育举办体制系统的"变"与"不变"，确定高职教育举办体制系统变革的目标和路径。

二、本书的不足之处

限于时间和精力以及资料的可获取性，本书的不足集中表现在以下两个方面：

一是鉴于民办高职院校举办体制自成系统，与公办高职院校的举办体制差异悬殊，本书将民办高职院校的举办体制问题暂时搁置，留待以后研究。

二是本书以河南一省为例，以一个年度的横截面数据作为样本所得研究结论，是否具有对全国各省域的普适性，是否具有跨年度情势的适用性，值得跟进研究。

三、进一步研究的课题

按照本书的思路延伸，以下课题可供进一步研究：

2015 年度以外其他年份或不同历史时期国家层面或分省域高职教育举办体制研究，国内省际高职教育举办体制比较研究，国内省域与国外同级政区高职教育举办体制比较研究，国别高职教育举办体制比较研究。

附　录

附录 1　高职院校人事处处长访谈提纲

尊敬的处长：

您好！

我叫＿＿＿＿＿＿＿，在＿＿＿＿＿＿＿学院工作，眼下在华中科技大学教育科学研究院攻读博士学位。我的博士论文选题是《省域高职教育举办体制变革研究——基于隶属关系对高职院校办学影响的分析》，将从高职院校与行政主管部门——包括省级教育厅局、省行业厅局、地市级政府、国有企业四种——构成的隶属关系入手，分析隶属关系对高职院校办学产生影响的机制和后果，探究高职院校管理体制应然的未来变革走向。

贵校作为隶属于＿＿＿＿＿＿＿的高职院校，可能具有不同于其他隶属关系高职院校的差异之处。想请您谈谈贵校的行政主管部门在为贵校的师资队伍建设、职称评聘、内部收入分配方面所做的工作情况。

为了便于研究使用，我会对访谈进行现场录音。

1. 请您谈谈目前贵校师资队伍建设的基本情况，包括教师总人数，职称结构、年龄结构和学历、学位、学缘结构，荣誉教师级别、种类、数量。

2. 编制内教师职称评审、评聘政策；聘任制实施情况；有无使用编制外人员，以及编制外人员资质、数量、待遇、管理情况。

3. 进人指标、职称指标是否容易获得审批，省级教育厅局有无最终决定权，主要有哪些问题，学校一般会如何解决？师资总量是否充足，与稳定的在校生总量之间的师生比如何？

4. "双师型"教师认定标准、数量及待遇、管理情况，企业兼职教学人员资质、数量、工作量、待遇、管理情况。

5. 内部收入分配办法、实施情况；收入分配方面有没有管理岗位人员、教学岗位人员之间的矛盾问题，贵校是如何解决的，有哪些成熟的经验？

6. 人事管理、师资队伍建设的基本政策和主要思路情况，有哪些成熟的经验，有哪些主要问题或者不足，学校准备如何解决？

7. 隶属于_____（部门、单位），人事管理方面自主权状况如何，学校的优势是什么，不足是什么，一般如何处理隶属关系问题？学校是隶属于教育厅好，还是隶属于省级行业厅局好？

8. 从人事管理、师资队伍建设来看，假设能够自主选择教育厅、行业部门、所在地级市政府、国有企业（河南省直属企业）四种行政主管部门，学校会做何选择？另外三种隶属关系的学校都有哪些优势，可能的问题或者不足是什么？学校是省属好，还是市属好？

9. 校级干部、中层干部的任免、考核管理权限，以及受隶属关系影响的具体表现、问题与不足。

我向您承诺，在博士论文写作中，贵校的名称、您的名字都会以代号的形式出现，您所谈到的相关情况只会被应用在我的研究中。

感谢处长接受我的访谈！

附录 2　高职院校财务处处长访谈提纲

尊敬的处长同志：

　　您好！

　　我叫_____，在_____学院工作，眼下在华中科技大学教育科学研究院攻读博士学位。我的博士论文选题是《省域高职教育举办体制变革研究——基于隶属关系对高职院校办学影响的分析》，将从高职院校与行政主管部门——包括省级教育厅局、省行业厅局、地市级政府、国有企业四种——构成的四种隶属关系入手，分析隶属关系对高职院校办学产生影响的机制和后果，探究高职院校管理体制应然的变革走向。

　　贵校作为隶属于_____的高职院校，可能具有不同于其他隶属关系高职院校的差异之处。想请您谈谈贵校的行政主管部门在为贵校获得办学财政经费方面所做的工作情况。

　　为了便于研究使用，我会对访谈进行现场录音。

　　1. 请您谈谈目前贵校获得办学经费的基本情况，包括经费来源部门和环节，申请时间、程序和下拨时间、程序；总额、生均、形式，主要拨款类型的各自占比；数额是否充足，规则是否合理，能否满足需要、方便使用；主要存在哪些问题或者不足，或者存在哪些优势。

　　2. 办学经费和其他项目经费，是从_____厅（公司）的财务处往学校下拨，还是从财政厅的哪一个处往学校下拨，还是另有其他财政拨款部门？这样的安排主要考虑的是什么，存在哪些问题，或者存在哪些优势？办学经费和项目经费的下拨时间是否准时，是否需要周期性地到各个环节去打通关节，才能得到预期的拨款？

　　3. 在过去隶属于_____时期，办学经费是从_____的财务处往学校下拨，还是从中央财政部的哪一个司、处往学校下拨，还是需要经过其他哪些拨款环节？这样的安排，存在哪些问题或者不足，或者存在哪些优势？

　　4. 根据您的工作经验和掌握的情况，学校是作为一所中央部门院校，经费充足、能够灵活使用，还是下放地方后，作为一所省属院校，经费充足、能够灵活使用；哪一个时期，经费更加充足、及时？前后两个时期，财政拨款（或者拨款标准）有没有差额，大概是多少？

　　5. 贵校现隶属于_____厅（公司），经费方面的办学自主权如何，存在哪些问题需要改进？是不是隶属于省级行业厅局更好？

　　6. 四种行政主管部门——省级教育厅局、省级行业厅局、市地级政府、国有企业中，哪一种对院校拨款环节少、渠道顺畅、数额充足？

　　7. 从经费方面考虑，如果自主选择行政主管部门，学校会在省级教育厅局、省级行业厅局、所在地级市政府、国有企业四个主管部门中，作何选择？如果学校市属，经费会是什么情况？

　　8. 历史地回顾和评价，贵校原来隶属的＿＿＿＿＿厅（公司），现在隶属的河南省人民政府＿＿＿＿＿＿厅（公司），或者所在地级市政府，对学校的发展都发挥了什么样的作用？

　　我向您承诺，在博士论文写作中，贵校的名称、您的名字都会以代号的形式出现，您所谈到的相关情况只会被应用在我的研究中。

　　感谢处长接受我的访谈！

附录3 高职院校教务处处长访谈提纲

尊敬的处长同志：

您好！

我叫_____，在_____学院工作，眼下在华中科技大学教育科学研究院攻读博士学位。我的博士论文选题是《省域高职教育举办体制变革研究——基于隶属关系对高职院校办学影响的分析》，将从高职院校与行政主管部门——包括省级教育厅局、省行业厅局、地市级政府、国有企业四种——构成的四种隶属关系入手，分析隶属关系对高职院校办学产生影响的机制和后果，探究高职院校管理体制应然的变革走向。

贵校作为隶属于_____厅的高职院校，可能具有不同于其他隶属关系高职院校的差异之处。想请您谈谈贵校的行政主管部门在专业设置、课程建设、教学改革与研究、招生计划指标分配四个方面为贵校所做的工作情况。

为了便于研究使用，我会对访谈进行现场录音。

1. 请您谈谈目前贵校的专业设置、课程建设、教学改革与研究、招生计划指标分配四个方面的基本情况。

2. 贵校在河南省受_____厅主管，教学方面的办学自主权状况如何？与另外三个主管部门——省级行业厅局、地级市政府、国有企业主管相比，在教学方面，学校最大的比较优势是什么，最大问题是什么，隶属关系对教学的影响有哪些，学校如何解决？是教育厅直管学校好，还是省级行业厅局直管学校好？

3. 从教学方面考虑，假设能够自主选择省级教育厅局、省级行业部门、所在地级市政府、国有企业（河南省直属企业）四个主管部门，学校会作何选择？省属学校好，还是市属学校好？（或者可以塑造一种现实中不存在，但吸收各种部门模式的优点、摒弃各种不足、更加有利于院校发展的超级行政主管部门，外国有可能存在）

4. 隶属关系对一个学校的影响，最大影响是哪一个方面，其他主要有哪些方面？

5. 贵校过去是中央部委直属高校，隶属于_____，现在是河南省省属高校，隶属于河南省_____厅，前后两个时期相比较，学校在哪一个时期获得的上级政策、项目和资金支持更多，学校发展状态更好？

6. 贵校在中央部委直属院校时期,在教学方面的最大问题是什么,学校如何解决?现在作为河南省直属高校,在教学方面,与以前相比,最大的不同是什么?

7. 贵校下放河南省时,如何决定是由_____厅,而不是别的部门,比如_____厅来主管学校?这个历史过程与决策细节,大概是怎样的?

我向您承诺,在博士论文写作中,贵校的名称、您的名字都会以代号的形式出现,您所谈到的相关情况只会被应用在我的研究中。

感谢处长接受我的访谈!

附录4　笔者攻读博士学位期间主要成果

1.	省域高职教育管理体制的历史、逻辑和变革路径	汤敏骞	教育与职业	2018（6）：18－24
2.	省域高职教育管理体制变革：延续抑或重塑？	汤敏骞	职教论坛	2018（1）：74－80
3.	高职院校办学的隶属关系因素研究	汤敏骞	教育与职业	2017（6）：10－16
4.	隶属关系对高职院校办学的影响研究	汤敏骞	职教论坛	2016（34）：52－57
5.	我国高职教育管理体制变革研究	汤敏骞	教育与职业	2016（18）：11－14
6.	应用技术型本科思想政治理论课教学观创新路径研究	汤敏骞	河南商业高等专科学校学报	2015，28（4）：116－118
7.	新制度主义视角下我国高等职业教育政策变迁与启示	汤敏骞	教育与职业	2015（28）：5－8
8.	论高职院校的新制度主义发展理路	汤敏骞	中国成人教育	2015（12）：88－90
9.	高职院校隶属关系的政策梳理与办学影响分析	汤敏骞	职教论坛	2015（7）：52－56，60
10.	德国高职办学模式及其对河南高职教育的启示	汤敏骞	教育与职业	2014（36）：19－22
11.	论目前高职院校的社会责任	汤敏骞	中国成人教育	2014（12）：17－20
12.	论区域技术创新体系中高等职业院校的科学研究职能	汤敏骞	中国成人教育	2013（17）：93－95
13.	论高职院校的技术创新使命和体制	汤敏骞	河南商业高等专科学校学报	2011，24（6）：102－104

主要参考文献

一、中文著作

陈英杰，2007. 中国高等职业教育发展史研究［M］. 郑州：中州古籍出版社.

陈莹，2015. 论德国职业教育本质特征及其发展动力［M］. 上海：上海三联书店.

辞海编辑委员会，2010. 辞海（第六版缩印本）［M］. 上海：上海辞书出版社.

顾明远，1990. 教育大辞典（第三卷）［M］. 上海：上海教育出版社.

河南省教育史志年鉴编纂委员会，2013. 河南教育年鉴 2013［M］. 郑州：大象出版社.

胡寿根，2014. 高职院校教育评估指标研究［M］. 北京：高等教育出版社.

胡卫，何金辉，朱利霞，2010. 办学体制改革：多元化的教育诉求［M］. 北京：教育科学出版社.

黄启兵，2007. 中国高校设置变迁的制度分析［M］. 福州：福建教育出版社.

教育部财务司，国家统计局社会科技和文化产业统计司，2015. 2014 中国教育经费统计年鉴［M］. 北京：中国统计出版社.

李延平，2009. 职业教育公平问题研究［M］. 北京：教育科学出版社.

刘建，2014. 中国近代教育行政体制研究［M］. 上海：上海教育出版社.

罗朝猛，2014. 我国公立学校权利研究［M］. 广州：广东教育出版社.

毛澹然，1989. 美国社区学院［M］. 北京：高等教育出版社.

毛礼锐，沈灌群，1986. 中国教育通史（第六卷）［M］. 济南：山东教育出版社.

米靖，2009. 中国职业教育史研究［M］. 上海：上海教育出版社.

彭爽，2010. 中国近代职业教育法律制度研究［M］. 长沙：湖南人民出版社.

璩鑫圭，童富勇，张守智，1994. 中国近代教育史料资料汇编·实业教育 师范教育［G］. 上海：上海教育出版社.

璩鑫圭，童富勇，张守智，，1991. 中国近代教育史料资料汇编·学制演变［G］. 上海：上海教育出版社.

史万兵，2008. 高等教育行政管理体制深化改革研究 ［M］. 北京：教育科学出版社.

宋旭峰，2008. 地方高等教育发展轨迹——江苏高等教育结构演变实证研究 ［M］. 南京：南京师范大学出版社.

孙绵涛，1992. 地方教育行政系列研究 ［M］. 武汉：武汉工业大学出版社.

孙绵涛，1998. 教育行政学（修订本）［M］. 武汉：华中师范大学出版社.

孙绵涛，罗建河，2008. 西方当代教育管理理论流派 ［M］. 重庆：重庆大学出版社.

孙祖复，金锵，2000. 德国职业技术教育史 ［M］. 杭州：浙江教育出版社.

万秀兰，2003. 美国社区学院的改革与发展 ［M］. 北京：人民教育出版社.

王占军，2012. 高等院校组织趋同机制研究 ［M］. 北京：北京师范大学出版社.

吴高岭，2013. 高等职业教育多元化办学体制研究 ［M］. 武汉：华中科技大学出版社.

吴洪成，廖承琳，黄英，等，2012. 中国近代职业教育制度史研究 ［M］. 北京：知识产权出版社.

谢长法，2011. 中国职业教育史 ［M］. 太原：山西教育出版社.

续润华，2000. 美国社区学院发展研究 ［M］. 北京：中国档案出版社.

袁文峰，2015. 我国公立高校办学自主权与国家监督 ［M］. 北京：中国政法大学出版社.

张人杰，1989. 国外教育社会学基本文选 ［M］. 上海：华东师范大学出版社.

中国标准化与信息分类编码研究所，1998. 单位隶属关系代码 ［M］. 北京：中国标准出版社.

《中国教育年鉴》编辑部，1984. 中国教育年鉴（1949—1981）［M］. 北京：中国大百科全书出版社.

《中国教育年鉴》编辑部，1986. 中国教育年鉴（1949—1984）（地方教育卷）［M］. 长沙：湖南教育出版社.

周振超，2009. 当代中国政府"条块关系"研究 ［M］. 天津：天津人民出版社.

二、外文译著

博伊德，2011. 教育大百科全书：教育管理 ［M］. 高洪源，译. 重庆：西南师范大学出版社.

戴维斯，道格拉斯·C，诺斯，2014. 制度变迁的理论：概念与原因 ［A］.

科斯，等．财产权利与制度变迁——产权学派与新制度学派译文集 [C]．
　刘守英，胡庄君，陈剑波，等译．上海：格致出版社·上海三联书店·
　上海人民出版社．

哈耶克，1997．自由秩序原理 [M]．邓正来，译．北京：生活·读书·
　新知三联书店．

经济合作与发展组织，2012．高等教育与区域：立足本地　致胜全球
　[M]．清华大学教育研究院，译．北京：教育科学出版社．

卡斯特，罗森茨韦克，1985．组织与管理——系统方法与权变方法 [M]．
　李柱流，刘有锦，苏沃涛，译．北京：中国社会科学出版社．

克拉克，1994．高等教育系统：学术组织的跨国研究 [M]．王承绪，徐辉，
　殷企平，等译．杭州：杭州大学出版社．

罗尔斯，2000．正义论 [M]．何怀宏，何包钢，廖申白，译．北京：中国
　社会科学出版社．

三、中文期刊论文

曹淑江，董克用，2007．我国政府之间高等教育投资责任划分问题研究 [J]．
　财贸经济（9）．

陈廷柱，2000．高等教育管理研究的方法 [J]．高等教育研究（5）．

费重阳，1985．职业教育管理体制是统一管理型好，还是分散管理型好？
　[J]．教育与职业（1）．

佛朝晖，邢晖，2013．转型期高职院校发展的政策期待——基于对 120 名
　高职院校书记、校长的调研分析 [J]．职业技术教育（1）．

佛朝晖，2014．地市政府应强化统筹主导职业教育的责任——对地市职业
　教育行政管理现状的调查与思考 [J]．职教通讯（25）．

谷振清，姚晓明，2012．河南省与中西部其他地区高等教育经费投入的比较
　分析 [J]．郑州大学学报（哲学社会科学版）（3）．

黄日强，何小明，2007．德国联邦职业教育的行政管理机构 [J]．河南职业
　技术师范学院学报（职业教育版）（1）．

刘春生，2003．强化职业教育市（地）统筹管理的理论思考 [J]．教育研究
　（2）．

卢洁莹，马庆发，2012．美国公立社区学院治理的基本特征——基于社区
　学院与政府和社会关系的视角 [J]．职教论坛（16）．

逯长春，2014．从"职业学院"到"双元制大学"——德国巴符州职业学院
　发展轨迹及启示 [J]．高校教育管理（4）．

史慧武，李海云，李建军，等，2011. 市属公立高职院校行政管理体制现状及对策研究［J］. 新课程研究（6）.

谭黎明，毛频，熊建武，2013. 国有公司举办高校之公益性与营利性法律思考［J］. 山西农业大学学报（社会科学版）（7）.

邬大光，1998. 办学体制：深化高教体制改革的关键［J］. 高等教育研究（2）.

邬大光，1999. 试论高等教育管理、办学与投资体制改革的相关性［J］. 高等教育研究（2）.

吴岩，2005. 论美国联邦政府在高等职业教育中的政策取向［J］. 比较教育研究（9）.

邢晖，2010. 对职业教育若干问题的政策建议——全国分管职业教育厅长学习贯彻《纲要》专题研讨班综述［J］. 中国职业技术教育（34）.

徐理勤，2000. 德国第三级教育领域中的双元制教育模式——职业学院（BA）——以巴登－符腾堡州的职业学院（BA）模式为例［J］. 外国教育研究（2）.

杨金土，孟广平，严雪怡，等，1999. 论高等职业教育的基本特征［J］. 教育研究（4）.

俞启定，1997. 职业教育应突出"职业"性［J］. 中国职业技术教育（3）.

张连绪，王超辉，2013. 高等职业教育财政拨款体制国际比较——基于对美国、芬兰及澳大利亚的分析［J］. 职业技术教育（25）.

张延华，2010. 充分发挥行业优势　促进交通高职教育发展［J］. 中国高等教育（21）.

张应强，2014. 当前我国高等职业教育改革发展的两个问题［J］. 苏州大学学报（教育科学版）（2）.

郑小琴，邹俊，2009. 德国州级职业教育的行政管理机构［J］. 成人教育（10）.

周远清，1996. 深化高等教育管理体制改革［J］. 求是（19）.

四、中文博士硕士学位论文

董仁忠，2008. "大职教观"视野中的职业教育制度变革研究［D］. 上海：华东师范大学博士学位论文.

耿洁，2011. 职业教育校企合作体制机制研究［D］. 天津：天津大学博士学位论文.

江奇，2014. 德国职业教育校企合作机制研究［D］. 西安：陕西师范大学博士学位论文.

蒋春洋, 2013. 制度分析视角下我国高等职业教育发展研究 [D]. 长春:
东北师范大学博士学位论文.

兰小云, 2013. 行业高职院校校企合作机制研究 [D]. 上海: 华东师范
大学博士学位论文.

刘铁, 2003. 中国高等教育办学体制研究 [D]. 厦门: 厦门大学博士学位
论文.

刘晓, 2012. 利益相关者参与下的高等职业教育办学模式改革研究 [D].
上海: 华东师范大学博士学位论文.

彭志武, 2007. 高等职业教育学制研究 [D]. 厦门: 厦门大学博士学位论文.

乔佩科, 2009. 中国高等职业教育政策发展研究 [D]. 沈阳: 东北大学
博士学位论文.

孙田蕗, 2014. 上海市地方行业高校管理体制改革研究 [D]. 上海: 上海
师范大学硕士学位论文.

王安兴, 2012. 高职院校股份制办学体制研究 [D]. 天津: 天津大学博士
学位论文.

臧志军, 2013. 职业教育国家制度的比较研究 [D]. 上海: 华东师范大学
博士学位论文.

张茂聪, 2010. 论教育公共性及其保障 [D]. 济南: 山东师范大学博士学
位论文.

张少辉, 2010. 山东高职教育发展的调查分析与评价研究 [D]. 天津:
天津大学博士学位论文.

郑春光, 2006. 博弈、知识与教育——基于社会转型的研究 [D]. 上海:
华东师范大学博士学位论文.

周兰领, 2007. 论政府与公立学校的行政法律关系 [D]. 北京: 中国政法
大学博士学位论文.

祝爱武, 2012. 责任与限度: 高等教育办学主体研究 [D]. 南京: 南京
师范大学博士学位论文.

邹晓东, 2007. 从公共服务的政府垄断到多元化供给———面向新公共管理
的政府管制研究 [D]. 上海: 复旦大学博士学位论文.

五、中文报纸
国家发展和改革委员会. 中原经济区规划 (全文) [N]. 郑州: 河南日报,
2012-12-03 (3, 4, 5).

教育部 . 2012 年全国教育事业发展统计公报［N］. 北京：中国教育报，2013－08－17（2）.

李剑平 . 教育部定调：高职升本科问题现阶段不争论不动摇［N］. 北京：中国青年报，2010－09－17（6）.

周远清 . 高教管理体制改革和布局结构调整取得历史性的重大进展［N］. 中国教育报，2000－12－15（1）.

六、网络文献

国务院 . 国务院关于支持河南省加快建设中原经济区的指导意见［Z/OL］.（2011－10－07）［2013－09－30］. http：//www. gov. cn/zwgk/2011－10/07/content _ 1963574. htm.

河南省教育厅 . 2012 年河南省教育事业发展统计公报［Z/OL］.（2014－03－10）［2014－09－27］. http：//www. haedu. gov. cn/2014/03/10/1394430041618. html.

河南省教育厅 . 河南省高等学校基本信息［Z/OL］.（2013－07－30）［2014－07－30］. http：//plan. haedu. gov. cn/Gxjbqk/Default. aspx.

河南省机构编制委员会办公室 . 2011 年度河南省直事业单位法人年度检验结果公示［Z/OL］.（2013－09－29）［2014－09－29］. http：//www. hnsbb. gov. cn/info/news/info/5872. htm.

教育部 . 2015 年全国高等学校名单（截至 2015 年 5 月 21 日）［Z/OL］.（2015－05－21）［2016－05－20］. http：//www. moe. gov. cn/srcsite/A03/moe _ 634/201505/t20150521 _ 189479. html.

七、外文文献

A. M. COHEN，F. B. BRAWER，2008. The American Community College（5th ed. ）［M］. San Francisco：Jossey-Bass Publishers.

C. X. WANG，2009. Definitive Readings in the History Philosophy Practice and Theories of Career and Technical Education［M］. Hangzhou：Zhejiang University Press.

G. C. PETTY，2009. Prevalent Work Ethics in Career and Technical Education［A］. Victor C. X. WANG. Definitive Readings in the History, Philosophy, Practice and Theories of Career and Technical Education. Hangzhou：Zhejiang University Press.

J. A. STAVENGA DE JONG, RONNY F. A. WIERSTRA, JOSE HERMANUSSEN，2006. An exploration of the relationship between acadenuc and experiential learning aches in vocational education ［J］. The British journal of educational psychology-Pt 1.

L. BAARTMAN, L. RUIJS, 2011. Comparing perceived and actual competence in higher vocational education ［J］. Assessment&Evaluation in Higher Education (4).

M. LINDELL, MARJA-LEENA STENSTROM, 2005. Between policy and practice: Structuring workplace learning in higher vocational education in Sweden and Finland ［J］. Journal of Workplace Learning (3).

P. KRAMET, J. HINOJOSA, C. B. ROYEEN, 2003. Perspectives on Human Occupation: Participation in Life ［M］. Lippincott Williams & Wilkins.

YANMING LI, JIN LI, XIUMEI ZHANG, 2009. Study on the Higher Vocational Mode Combining Production with Learning and Research Based on AHP ［J］. International Education Studies.

后 记

本书是作者将博士学位论文稍加修改而来。

作者的求学经历略显曲折和蹉跎。作者高中毕业考取河南省一所专科学校攻读企业管理专业。在专科学校学习期间，教育部门每年都在相邻的一所大学设置面向所在城市和该大学的适龄学生的研究生招生考试报名点。每每那时，作者都会去翻阅在那里公开陈列的几大本研究生招考目录。也就是从那时起，作者萌生了"考研"的梦想。后来在供职的技工学校评上中级职称，具备了报考教育硕士研究生的资格以后，考取和攻读了一所师范大学的教育硕士学位，随后去往省内一所专科学校工作。攻读教育硕士学位期间与老师、同学们的交流，慕名到一位拥有当时稀缺的博士学位但并未给教育硕士班授课的老师家里请其开列书单，以及获知国外高校教师入职一般都要先取得博士学位，这些经历和信息又催生和坚定了作者的"博士梦"。于是，有了始于2007年，成于2011年的考博之路，以及在当时供职单位人事部门提出的"不脱离工作岗位"的书面协议约束下的八年读博之路。

作者从开始接受学校教育，到进入教师职业至今，一直在跟教育、教师、教学打交道，现在的供职单位又有了"研究"的工作任务，是"出了学校门，又进学校门"。而且已经年届五旬，今后应该不会再有新的职业变动了。所以，算是"一辈子都在学校里"了。作者"读研"之后知道，研究是一种保证取得预期效果的通用性工作方式。从事教育，是要使人"日新"，臻于"至善"，所以，从业者势必以研究的方式进入而且保持终了，方能达到预期目标。因此，作者庆幸，在从事教育的职业道路上，有机会"读研"，又有机会"读博"，扩展理论眼界，习得研究方法，夯实操作功夫，让自己不至于太过误人子弟。但是，"宿命"地说，以往成就乏善可陈，未来结果也难有成。不过，作者从来都不采信"命运"一说，而是始终奉持"绝知此事要躬行"的理念，只是每每都要和自己的惰性作斗争，时时"拂拭"和保持出发时的雄心和姿态，向前，向前，向前……

以下是博士学位论文的"致谢"。原文照录，以作纪念。

220

行笔至此，心里稍许松弛下来。回望过去，草木荣枯，人事更替，万千话语竟不知从何说起，诚可谓"悲欣交集"。

求学之路，初时长夜而至，继则百来分钟，来去经年，都是郑州出发，终到华科，武汉。也有一次，发自故乡南阳，待身到武汉，已是夜半，独步长街，栖身华科门外旅店。每每匆匆，走进"森林大学"，来到教科院，问学五楼房间。

走近华科，学术气息已令凝心静神。进教科院，得研古今中外各式"泡菜"理论。

感谢导师陈廷柱教授！愚钝如我，何幸入门。论文从开题到预答辩，再到盲审、答辩，甚至小论文、学术报告，陈师反复启导，或有督责，勉力助我提升学力。（感谢陈老师于新冠肺炎疫情肆虐之时赐序）

感谢指导开题的李太平、柯佑祥、贾永堂、雷洪德诸位先生！感谢指导预答辩的贾永堂、陈敏、余东升、雷洪德、魏署光诸位先生！感谢指导答辩的康翠萍主席、黄明东、贾永堂、陈建文、朱新卓诸位委员，感谢答辩秘书魏署光老师热诚帮助！感谢审议鉴定论文的沈红、李太平先生及不知名的诸位先生！感谢不得其名的盲审诸位先生！难忘偶遇的涂又光先生！感谢授课的刘献君、冯向东、张应强、沈红、李太平、赵炬明、张晓明、柯佑祥、贾永堂、余东升、陈敏、周光礼、周治金、许晓东、郭卉诸位老师，感谢开设讲座的黄福涛、陈建文等先生！感谢刘雅老师指引！

感恩硕士生导师，河南师范大学王玉福教授！

感谢参考文献列名以及其他未曾列名的各位学者。

感谢读博的引路人、学友，开题、预答辩、答辩时提供支持的同门、院友。

感恩、想念逝去的双亲：父亲汤清亮先生，母亲王凤芝女士！此时此刻，泪流满面：曾为赴汉听课，错失母亲在世的唯一一次寿庆；今学业将果，二老不待，时时哀伤，无尽思念……

学术道路漫长，我将上下求索，不怨，不悔……

由于本人学识有限，书中错讹难免，欢迎读者批评指正。

汤敏骞

于 2020 年 7 月 31 日
并于 2020 年 8 月 2 日修改